Eckhard Schnabel

Inspiration und Offenbarung

Die Lehre vom Ursprung und Wesen der Bibel

R. BROCKHAUS VERLAG WUPPERTAL

Die THEOLOGISCHE VERLAGSGEMEINSCHAFT (TVG)
ist eine Arbeitsgemeinschaft
der Verlage R. Brockhaus Wuppertal und Brunnen Gießen.
Sie hat das Ziel, schriftgemäße theologische Arbeiten
zu veröffentlichen.

CIP-Kurztitelaufnahme der Deutschen Bibliothek

Schnabel, Eckhard:
Inspiration und Offenbarung: d. Lehre vom Ursprung
u. Wesen d. Bibel / Eckhard Schnabel. –
Wuppertal: Brockhaus, 1986.
(TVG: Allgemeine Reihe)

© 1986 R. Brockhaus Verlag Wuppertal
Umschlaggestaltung: Carsten Buschke, Leichlingen 2
Umschlagfoto: Papyrusfragment aus dem 3. Jahrhundert, Chester
Beatty Library, Dublin (Johannes 10,31–11,10)
Gesamtherstellung: Breklumer Druckerei Manfred Siegel KG
ISBN 3–417–29519–X

Meinen Eltern
in Dankbarkeit

INHALT

Zweiter Teil:

Die Lehre von der Inspiration nach der Heiligen Schrift

EINLEITUNG

Es sind mehrere Gründe, die dieses Buch über die göttliche Offenbarung und Inspiration der Bibel notwendig machen. Einmal besteht im Blick auf das Thema ein gewaltiger Nachholbedarf im deutschsprachigen Raum. Es sind Jahrzehnte vergangen, seitdem ein deutscher Theologe dieses Thema monographisch behandelt hat. Von evangelikaler Seite wurde vor über fünfzehn Jahren die Übersetzung des Buches von René Pache, einem Juristen, über die »Inspiration und Autorität der Bibel« veröffentlicht, und dabei ist es auch praktisch geblieben. Im angelsächsischen Raum sieht es völlig anders aus: Allein seit 1978 wurden über zwanzig Bücher zur Schrift- und Inspirationslehre veröffentlicht.

Über die Gründe, weshalb man sich hierzulande an dieses Thema anscheinend nicht herantraut, kann man nur Vermutungen anstellen. Die Universitätstheologen halten das Thema der Inspiration der Bibel infolge der angeblich gesicherten Ergebnisse der historisch-kritischen Erforschung der Schrift in der Mehrzahl für antiquiert, überholt und überflüssig. Höchstens die Dogmatiker sehen sich gehalten, zur Inspirationslehre Stellung zu nehmen, weil diese eben traditionell zu den abzuhandelnden *loci* gehört. Das Schweigen der Konservativen – von einigen Ausnahmen abgesehen – ist angesichts der zahlreichen evangelikalen Veröffentlichungen im Ausland besonders auffällig und läßt sich vielleicht nur durch eine heimliche Verlegenheit, Martin Luthers *sola scriptura* nicht mehr fundiert und mit Überzeugung verteidigen und darstellen zu können, plausibel machen. Diese allgemeine Verunsicherung ist der zweite Grund, weshalb dieses Buch notwendig ist.

Der dritte Grund ist die gegenwärtige Diskussion um die Inspiration der Heiligen Schrift, die seit einigen Jahren vor allem in Nordamerika geführt wird. Wenn auch nicht alle Einzelheiten der Diskussion dargestellt werden brauchen oder können, so ist es trotzdem sehr wohl angebracht – im Anschluß an das wiedererwachende Interesse – der Aufgabe, die uns in jeder Generation neu gestellt ist, auch im Blick auf dieses Thema nachzukommen: die Aufgabe, die in der Kirche Jesu Christi geglaubte und verkündigte Wahrheit zu überdenken, mit dem vorfindlichen Denken des Menschen und seiner Zeit zu konfrontieren und im aktuellen Kontext neu zu formulieren.

Das vorliegende Buch bietet keine ausführliche wissenschaftliche Auseinandersetzung mit jeder der zahlreichen Theorien, Hypothesen, Meinungen und Überzeugungen, die zur Lehre von der Inspiration der Heiligen Schrift geäußert wurden und werden. Der äußere Rahmen läßt dies nicht zu. Es wurde jedoch versucht, eine verständlich gehaltene historische und systematische Einführung in die Fragen und Probleme der Schrift- und Inspirationslehre zu bieten.

Das Manuskript des vorliegenden Buches wurde bereits 1984 abgeschlossen. Leider hat sich die Veröffentlichung verzögert, ohne daß es möglich gewesen wäre, auf Neuerscheinungen, die unser Thema berühren (z.B. das neue Buch von H. Stadelmann), noch einzugehen.

Zu danken ist Dr. Helge Stadelmann, der das Manuskript mitgelesen und hilfreiche Hinweise gegeben hat, sowie meinen Eltern, die bei der Abschrift für den Druck und beim Lesen der Korrekturen mitgeholfen haben. Ihnen, die stets Vorbild waren in der Liebe zur Heiligen Schrift und im Gehorsam gegenüber ihrer Autorität, ist dieses Buch gewidmet.

Manila, Philippinen   Eckhard Schnabel

Erster Teil:

Die Lehre von der Inspiration in der Theologiegeschichte

1. Die frühe Kirche

In den ersten Jahrhunderten der Kirche wurde viel und heftig über verschiedene Lehrmeinungen gestritten. Ein Thema wurde dabei allerdings nie berührt: die Autorität und Inspiration der Heiligen Schrift. Bei aller Meinungsverschiedenheit und theologischen Gegnerschaft war man sich darüber einig, daß die Bibel Gottes Wort ist und deshalb göttliche Autorität besitzt. Was die Bibel *lehrte,* war zum Teil umstritten, nicht jedoch was sie *war:* nämlich die gewisse und verbindliche Offenbarung Gottes. Aus diesem Grund wurde die Lehre von der Heiligen Schrift in den frühen Bekenntnissen auch nicht beschrieben oder definiert.[1]

1.1 Die apostolischen Väter

Die »Apostolischen Väter« des späten 1. und des 2. Jahrhunderts akzeptieren das Alte Testament als von Gott inspirierte, autoritative Offenbarung. Das Neue Testament lag zu dieser Zeit noch nicht allgemein als kanonisierte, verbindliche Sammlung vor.

a) *Clemens* betont in seinem Schreiben an die Gemeinde von Korinth (95/96 n.Chr.) wiederholt den Inspirationscharakter der Heiligen Schrift. »Die Diener der Gnade Gottes«, d.h. die Schreiber des Alten Testaments, haben »durch den Heiligen Geist« geredet[2], ihre Worte sind die Worte des Heiligen Geistes[3], die Worte Gottes[4]. Deshalb ist die Schrift »heilig«[5] und »wahr«[6].

b) *Polykarp,* Bischof von Smyrna, bezeichnet denjenigen, der »die Worte des Herrn« verdreht, als »Erstgeborener des Satan«[7].

c) Der wohl von einem heidenchristlichen Lehrer verfaßte

Barnabasbrief (ca. 130/135 n.Chr.) leitet die zahlreichen alttestamentlichen Zitate mit Formeln ein wie »es spricht der Herr im Propheten«, »der Geist des Herrn prophezeit«, »Moses sprach durch den Geist«[8].

1.2 Die Apologeten

Die sog. Apologeten des 2. Jhs. widmeten sich in erster Linie der Widerlegung der Vorwürfe, die die heidnische Gesellschaft und gegnerische Schriftsteller gegen das Christentum erhoben, indem sie gegen den Polytheismus und gegen die griechische Philosophie polemisierten. So suchten sie das Christentum als einzig wahre Religion zu erweisen. Dabei benutzten sie häufig die Grundbegriffe der griechischen Philosophie zur Darstellung der christlichen Wahrheit.[9] In dieser Zeit wurde die Bildung des neutestamentlichen Kanons abgeschlossen.

a) *Justin*, der ca. 165 als Märtyrer in Rom starb, ist überzeugt, daß »Gottes Stimme« durch die Apostel sprach.[10] Er erklärt in seiner ersten Apologie: »Wenn ihr jedoch die Worte der Propheten einer Person in den Mund gelegt findet, so dürft ihr sie nicht als von den Inspirierten selbst gesprochen ansehen, sondern von dem sie bewegenden göttlichen Logos.«[11]

b) *Athenagoras* von Athen schreibt in seiner »Bittschrift für die Christen« (177/180)[12] über die Schreiber der Heiligen Schrift, daß der Geist sich ihrer bediente »wie wenn ein Flötenspieler die Flöte bläst«.[13]

c) *Theophilus*, Bischof von Antiochien, betont in seiner Apologie »An Antolykos« ebenfalls, daß die menschlichen Schreiber »Instrumente«, »Gefäße« und »Organe« des Heiligen Geistes waren. Sie wurden vom Heiligen Geist erleuchtet und von Gott inspiriert, mit Weisheit begabt und heilig und gerecht gemacht. Deshalb wurden sie von Irrtum und Widersprüchen bewahrt, als sie Ereignisse beschrieben, die vor ihrer Zeit geschahen.[14]

1.3 Die frühkatholische Tradition

Im 2. und 3. Jh. verbanden die Lehrer und Leiter der Kirche die Theologie der Apologeten mit dem zur apostolischen Wahrheitsregel (*regula fidei*) erhobenen Taufbekenntnis, das bald zur verbindlichen Glaubensgrundlage wurde. Im Kontext der Abwehr gnostischer Irrlehren war dies verständlich. Es erwies sich jedoch später als verhängnisvoll, daß man nicht nur die Heilige Schrift, sondern auch diese Glaubensregel, die immer mehr in Richtung einer kirchlichen Tradition anwuchs, als absolut verbindlich und unfehlbar betrachtete.[15] Die Heilige Schrift wurde jedoch, zumindest am Anfang dieser Entwicklung und auch später immer theoretisch und offiziell, der Tradition nie unter-, sondern stets übergeordnet.

a) *Irenäus* ist der erste bewußte Schrifttheologe.[16] In seinem Hauptwerk »Entlarvung und Widerlegung der fälschlich sogenannten Gnosis« (180/189) zitiert er 1 200 mal die Heilige Schrift. Er hält als Grundsatz fest: »Die Schrift ist vollkommen, weil sie von Gottes Wort und seinem Geist gesprochen (diktiert) ist«.[17]

b) *Hippolytus* illustriert die Instrumentalität der Schreiber der Heiligen Schrift mit der Methapher des Musikinstrumentes und betont auf diese Weise die göttliche Vollkommenheit der Schrift.[18]

c) *Tertullian* (ca. 150–222) bezeichnet den Heiligen Geist als Schreiber der Heiligen Schrift.[19] Er stellt Offenbarung menschlichen Meinungen gegenüber und setzt sie von diesen ab: »Es ist besser, unwissend zu sein wenn Gott nicht gesprochen hat, als Wissen von Menschen zu erwerben und von menschlichen Konjekturen abhängig zu sein.«[20]

d) Auch *Klemens* von Alexandrien ist überzeugt, daß die Heilige Schrift vom Mund Gottes gesprochen wurde.[21] Sie ist die einzige Quelle der Erkenntnis und als solche Gottes Wort. Die Apostel und Propheten sind Werkzeuge Gottes.

e) Der geniale aber nicht unproblematische ›Kirchenphilosoph‹ *Origenes* (ca. 185–254) geht von der Wirklichkeit einer allgenügsamen Gottesoffenbarung nach dem Zeugnis der Bibel aus. Er sieht die Heilige Schrift ebenfalls als vom Heiligen

Geist geschrieben an und weist gleichzeitig jeden Vergleich der Inspiration der biblischen Schreiber mit den in Ekstase verfaßten heidnischen Orakeln zurück.[22] Origenes rechnet infolgedessen mit der Vollkommenheit und Irrtumslosigkeit der Schrift, die jedoch im Rahmen seiner Lehre und Praxis des dreifachen Schriftsinnes nur auf die ›geistliche‹ und nicht auf die buchstäbliche Ebene zu beziehen sind, auf der durchaus Unhistorisches und Ungereimtes zu finden sei.[23]

f) *Johannes Chrysostomos*, der große Prediger des 4. Jhs., vergleicht die Tätigkeit der Schreiber der Heiligen Schrift ebenfalls mit einem Musikinstrument, das die dem Willen des »Bläsers« oder »Autors« getreue Melodie wiedergibt.[24] Aber auch er will damit nicht sagen, daß die Inspiration in einem Zustand der konstanten Ekstase stattfand, in dem die Schreiber gedanken- und willenlose »Werkzeuge« oder »Instrumente« waren, bar der eigenen Persönlichkeit. Chrysostomos spricht deshalb von der »Herablassung« oder »Kondeszenz« *(synkatabasis)* des Geistes, der sich dem Stil und der Persönlichkeit des jeweiligen Schreibers angepaßt hat.[25] Und trotzdem kann er die Irrtumslosigkeit der Schrift voraussetzen und annehmen.[26]

g) Der Herausgeber der lateinischen Bibel, *Hieronymus* (ca. 345–420), betrachtete gleichfalls den Geist Gottes als Autor der Heiligen Schrift.[27] Die menschlichen Schreiber waren die Werkzeuge des Heiligen Geistes und sind »Instrumenten« vergleichbar.[28] Deshalb ist die Schrift unfehlbare Wahrheit, irrtumslos und oberste Autorität.[29]

h) *Augustin* (354–430), der bedeutendste lateinische Kirchenvater, war schließlich ebenfalls fest davon überzeugt, daß Gott der wahre Autor der Heiligen Schrift sei und der Heilige Geist dieselbe geschrieben habe.[30] Gott ist der *auctor primarius* der Heiligen Schrift; die Propheten und Apostel sind die Instrumente, die Gottes Geist beim Verfassen der Schrift gebraucht hat.[31] Augustin betont aber auch, daß Bewußtsein und Persönlichkeit der menschlichen Schreiber nicht ausgeschaltet waren. Die um 400 verfaßte Schrift »De consensu evangelistarum« ist aufschlußreich für Augustins Schrifthaltung.[32] Er wendet sich in erster Linie gegen Anhänger eines gewissen Porphyrius, die auf Widersprüche in den vier Evangelien hingewiesen hatten. Augustin will deshalb die völlige Übereinstimmung der Evangelien nachweisen. Er geht davon aus, daß die Heilige Schrift irrtumslos ist: ». . . an der Irrtumslosigkeit dieser Schriften aber zu zweifeln wäre Sünde«.[33] Dies ist die selbstverständliche Folgerung aus der Tatsache, daß die Verfasser vom Geist Gottes inspiriert wurden. Das schließt jedoch die menschliche Mitwirkung nicht aus. Die Evangelisten haben je ihre besondere Tendenz, waren frei in der Auswahl des Stoffes und in der Chronologie. Aber wirkliche Widersprüche sind tatsächlich nicht vorhanden und überhaupt unmöglich.[34]

Augustin, wie andere vor ihm, verwendet häufig das Verb »dictare«, wenn er die Aktivität des Heiligen Geistes bei der Kommunikation der Heiligen Schrift beschreibt.[35] Deshalb hat man Augustin vorgeworfen, er verfechte eine mechanistische (Diktat-) Inspirationslehre.[36] Es ist jedoch zu beachten, daß »dictare« durch »inspirare«, »suggerere« und »gubernare« beliebig ersetzt werden kann und daß diese Ausdrücke, zumindest im Blick auf das schriftliche Festhalten des Wortes Gottes, dasselbe bezeichnen sollen. Sie sind am besten mit »geben«, »beauftragen«, »kommunizieren«, »lenken«, »anregen« zu übersetzen.[37] Diese Verben sollen deutlich machen, daß Gott beim Schreiben der Bibel die eigentliche und entscheidende Initiative zukommt und die Heilige Schrift deshalb ganz Gottes Wort ist.

1.4 Die syrische Theologie

Der erste große Kirchenlehrer des syrischen bzw. aramäischen Christentums war *Afrahat*. Seine 23 Lehrbriefe (327/345) weisen keine Berührungen mit griechischer Philosophie oder mit den Problemen der vornicänischen Apologeten auf. Er entwickelt seine Theologie als Auslegung des Alten und des Neuen Testaments und achtet die Schrift als göttlich, weil sie von Gott inspiriert ist.[38]

2. Die römisch-katholische Tradition

Nach dem Fall Roms wurde im Westen bis ins 11. Jh. kaum noch ernsthafte, konstruktive Theologie getrieben. Das zeigte sich schon darin, daß Hebräisch und Griechisch praktisch unbekannt waren. In der Scholastik wurde die kirchliche Theologie dann neu gestaltet. Die Theologen machten sich an die Aufgabe, die Lehre der Kirche logisch zu durchdenken und ihre Vernünftigkeit, ja Notwendigkeit, zu beweisen. Obwohl sie Tausende von Seiten schrieben und in alle möglichen Detailfragen gingen, findet man nur vereinzelte Aussagen zur Frage des Ursprungs, des Charakters und der Autorität der Heiligen Schrift. Solche Aussagen finden sich meist im Zusammenhang einführender Bemerkungen zu Fragen der Epistemologie, der Offenbarung und der prophetischen Erkenntnis.[39] Zweifellos hielt man an dem göttlichen Ursprung der Bibel, an ihrer Inspiration, Unfehlbarkeit und Autorität, als Selbstverständlichkeit und Voraussetzung jeder Theologie fest.[40]

2.1 Die Scholastik

a) Auf dem Höhepunkt der Scholastik entwickelte der Dominikaner *Thomas von Aquin* (1225–1274) ein sorgfältig aufgebautes Gesamtsystem der Theologie, das autoritativ von der Gesamtsicht der Offenbarung her entworfen ist.[41] Seine Schrifthaltung ist in den Prolegomena zum Wesen der »*sacra doctrina*« in seinem Hauptwerk »*Summa theologica*« zu finden.

Er hält folgende Punkte fest: (1) Die Erlösung des sündigen Menschen erfordert eine gewisse, wahre Lehre, die größer ist als der menschliche Verstand und deshalb göttliche Offenbarung sein muß.[42] (2) Auch wenn der menschliche Verstand manche Wahrheiten erforschen kann, so braucht der Mensch dennoch auch bei diesen Wahrheiten göttliche (unfehlbare) Offenbarung; andernfalls würden sie nur von einigen Wenigen erkannt werden – nach langer Zeit und mit Irrtümern vermischt. (3) Richtige Theologie verwendet die Autorität der kanonischen Heiligen Schrift als notwendige Argumentation; der Glaube beruht auf der Offenbarung, die den Aposteln und

Propheten, welche die kanonischen Bücher schrieben, gegeben wurde. Thomas bekräftigt seine Erläuterungen mit dem bereits erwähnten Abschnitt aus Augustins Briefen.[43]

Bei Thomas finden wir keine systematisch-analytische Behandlung der Heiligen Schrift, ihres Ursprungs und ihres Charakters. Er bekräftigt allerdings eindeutig die Irrtumslosigkeit der Heiligen Schrift als fundamentale Annahme der Theologie: »Es ist häretisch, wenn man sagt, die Evangelien oder irgendein kanonisches Buch enthielten irgendeine Unwahrheit.«[44] Verfasser der Schrift ist Gott allein; die menschlichen Schreiber waren »Handlanger« (lat. *ministri, secretarii, amanuenses*). Der eine Autor verbürgt die Einheit des Inhalts. Der Heilige Geist paßte sich jedoch der Schwäche der menschlichen Werkzeuge an. Thomas bestimmt das Resultat des Inspiriertwerdens der biblischen Schreiber – negativ – als Bewahrung vor Irrtümern und – positiv – als Erleuchtung zur Erkenntnis übernatürlicher Wahrheiten und zur Beurteilung natürlicher Wahrheiten.[45]

b) Der Franziskaner *Johannes Duns Scotus* (1270–1308) betont gegenüber Thomas den Primat des Willens; die Theologie wird zur praktischen Darlegung des Willens Gottes. Der Inhalt der Offenbarung und die Autorität der Heiligen Schrift (wie auch die Tradition der Kirchenlehre!) treten mehr in den Mittelpunkt der Theologie.[46] Nach einem größeren Abschnitt über die Notwendigkeit der Offenbarung behandelt Duns Scotus die Wahrheit und Suffizienz der Heiligen Schrift, die mit acht Argumenten erwiesen wird: (1) Prophezeiung und Erfüllung; (2) die Übereinstimmung der Schrift mit sich selbst (Widerspruchslosigkeit); (3) die göttliche Autorität der biblischen Schreiber; (4) die bei der Bildung des Kanons angewandte Sorgfalt, die nur jene Bücher zuließ, welche durch göttliche Inspiration geschrieben worden waren; (5) die Vernünftigkeit und göttliche Vollkommenheit des Inhalts der Schrift; (6) die Unfehlbarkeit und Irrtumslosigkeit der Schrift; (7) die Beständigkeit der Kirche, die die Schrift akzeptiert; (8) die Beglaubigung durch die Wunder.

c) Der Hauptvertreter des spätmittelalterlichen Nominalismus, *Wilhelm von Ockham* (ca. 1285–1347) bekräftigt die absolute Autorität der Bibel mit der Begründung: »da durch Eingebung *(instinctus)* des Heiligen Geistes ebendaselbst geschrieben und bestätigt wurde.«[47] Die Heilige Schrift ist unfehlbar; Widerspruch gegen die Bibel bedeutet Häresie. Der an Ockhams Schriften gebildete *Gabriel Biel* (1410–1495) faßt in seiner Schriftlehre die wesentlichen Stücke der Scholastik zusammen: Die kanonische Schrift ist vom Heiligen Geist »diktiert und inspiriert« und daher irrtumslos.[48]

In der mittelalterlichen, römisch-katholischen Tradition galt die Schrift anfangs als alleinige Grundlage der Theologie. Langsam aber immer stärker nahmen dann allerdings die kirchliche Tradition und das kirchliche Lehramt nicht mehr nur einen der Schrift nachgeordneten Rang ein, sondern standen gleichrangig neben derselben. Aber eines steht fest: Der göttliche Ursprung und die sich daraus ergebende Wahrheit, Unfehlbarkeit und Autorität der Heiligen Schrift wurde nicht aufgegeben oder eingeschränkt sondern immer neu bekräftigt.

2.2 Der tridentinische Katholizismus

Das *tridentinische Konzil* (1545–1563) gab die abschließende Antwort der katholischen Kirche auf die Reformation. Man korrigierte zwar einzelne Mißstände, betonte jedoch grundsätzlich den unaufgebbaren Zusammenhang mit der eigenen Vergangenheit. Die Session IV gibt einen breiten Konsensus im Blick auf die Schriftlehre wieder: die Heilige Schrift ist weiterhin als von Gott »diktierte« und deshalb wahre und unfehlbare Offenbarung anerkannt, wird aber – als »geschriebenes Wort Gottes« – mit dem »ungeschriebenen Wort Gottes« in den übergeordneten Begriff der Tradition eingespannt und verliert so ihren gesonderten Stellenwert.[49]

Der nachtridentinische Theologe *Robert Bellarmin* (1542–1621) versucht in der ganzen ersten »controversia generalis« seines bedeutenden Hauptwerks, der »Disputationen über die Kontroversien des christlichen Glaubens«, sich mit der reformatorischen Betonung der Heiligen Schrift auseinanderzusetzen und nach der klärenden Arbeit des Trienter Konzils eine ausgewogene Stellungnahme abzugeben.[50] Auch bei Bellarmin bildet die Autorschaft Gottes bzw. Christi die Grundlage eines sachgemäßen Schriftverständnisses. Das Wesen der Schrift spiegelt die Doppelnatur Christi wider: dem äußeren und inneren Sinn des geschriebenen Wortes Gottes (*materia* und *forma*) entspricht die unsichtbar göttliche und sichtbar menschliche Natur Christi.[51]

Bellarmin hebt im Blick auf die Inspiriertheit der Schrift fünf Kriterien heraus: (1) Die Schrift ist heilig, weil sie Gottes Wort ist, »unmittelbar geoffenbart und geschrieben, gewissermaßen, als ob Gott diktiert«[52]. Die Schreiber der Bibel sind Werkzeuge des Heiligen Geistes.[53] (2) Die »heiligen Schriftsteller« schrieben auf, was ihnen der Heilige Geist in den Sinn gab. (3) Deshalb ist die Schrift generell irrtumsfrei. (4) In der Schrift ist alles korrekt niedergeschrieben und nichts überflüssig. (5) Die Authentizität der Schrift ergibt sich deshalb aus ihr selbst und muß nicht von außerhalb legitimiert werden.[54]

Bellarmins Meinung über die Funktion des Papstes bringt ihn dann allerdings in Widerspruch zu sich selbst, wenn er die Schrift und ihre Auslegung an das kirchliche Lehramt gebunden und von da aus kontrolliert wissen will; damit sind eindeutig die Suffizienz und die Vollkommenheit der Heiligen Schrift bedroht.[55]

3. Die Reformation

Die Reformation brachte innerhalb ihres Wirkungsbereiches das römisch-katholische Dogma an vielen Stellen zum Einsturz. Die Reformatoren haben in ihrer Theologie jedoch die Verbindungslinien zum Mittelalter nicht immer und nicht überall ganz abgeschnitten. Dies gilt besonders für die Frage des Schrift- und Inspirationsverständnisses, die in der frühkirchlichen und in der scholastischen Theologie weithin gleich beantwortet wurde. Der neue, christozentrische Ansatz der reformatorischen Theologie führte aber andererseits zu unverkennbaren neuen Betonungen innerhalb der Schriftlehre und zu einer neuen Hermeneutik.

3.1 Martin Luther (1483–1546)

Luther hat sein Schriftverständnis nie prinzipiell dargelegt; es läßt sich aber aufgrund der impliziten Voraussetzungen seiner Theologie sowie zahlreicher expliziter Aussagen leicht eruieren.[56]

a) Luther setzt grundsätzlich die *Inspiriertheit der Heiligen Schrift* voraus: Sie ist »des heiligen geists eigen, sonderlich buch, schrift und wort« (WA 38, 340; vgl. WA 54, 3.474). Der Heilige Geist redet nicht nur in den zentralen Aussagen der Schrift, sondern auch in ihren sprachlichen Eigentümlichkeiten.[57] Deshalb ist Wort Gottes und Heilige Schrift für Luther identisch. Der Buchstabe der Schrift ist auch und gerade in seiner Äußerlichkeit Gottes Wort, da das Wort des Geistes zuerst und vor allem im »*verbum externum*« zum Ausdruck kommt.[58] So kann Luther sagen: »Die heilige Schrift ist Gottes Wort, geschrieben und (das ich so rede) gebuchstabet und im buchstaben gebildet, gleich wie Christus ist das ewige Gottes wort, in die Menschheit verhuellet« (WA 48,31). Luther kann sowohl Gott als auch den Geist als »Autor« oder »Verfasser« der ganzen Heiligen Schrift und auch einzelner biblischer Bücher bezeichnen.[59]

Bei Luther ist die Inspiration mit der Irrtumslosigkeit der Schrift verbunden.[60] Er bekräftigt die Autorität des »*verbum Dei infallibile*«, des unfehlbaren Wortes Gottes (WA 2,279). Immer wieder hält er an der einzelnen Vokabel fest: »denn wer ein eintzel Gottes wort veracht, der achtet freylich auch keines nicht gros« (WA 26,450). Jede Mäkelei, ja jede vergewissernde Rückfrage ist schon ein Zeichen des Unglaubens: Wir haben das Wort als Ganzes wie Kinder hinzunehmen.[61] Die menschlichen Vermittler (Schreiber) des Wortes Gottes sind infolge ihrer Inspiriertheit »unfehlbare Doktoren« *(infallibiles doctores).*[62]

b) Eine direkte Folge der Inspiration ist die *Klarheit (claritas)* der Heiligen Schrift. In seiner Auseinandersetzung mit

Erasmus legt Luther am ausführlichsten dar, was er unter der »Klarheit der Schrift« versteht.[63] Er stellt zunächst fest, daß die Dunkelheiten nicht im Bereich der Sache, sondern der Sprache liegen. Die »Sache« liegt klar zutage: Christus. Daraus ergeben sich seine beiden hermeneutischen Regeln: (1) Man kann die Sache der Schrift nur verstehen, wenn man stets den Zusammenhang mit Christus achtet; (2) man kann zunächst unverständliche Sprache verstehen, wenn man die Schrift aus dem Vergleich der dunklen mit den klaren Stellen zu deuten lernt.

Nach Luther muß man eine doppelte Klarheit unterscheiden. Die »äußere Klarheit« *(claritas externa)* ist von Gott in das Wort der Schrift selbst und in die auf ihr gegründete Verkündigung gelegt: »Was die äußere Klarheit betrifft, so ist nichts dunkel oder zweideutig geblieben« (WA 18,609). Die »innere Klarheit« *(claritas interna)* ereignet sich im Herzen des einzelnen, der das Wort glaubend aufnimmt, und wird durch den Heiligen Geist geschenkt. Die äußere Klarheit hat den Vorrang vor der inneren: Der Grund des Glaubens ist das objektiv ergehende Wort. Luther bestimmt den Begriff der Klarheit der Schrift näher: Dem Wort Gottes eignet zuerst und vor allem eine eindeutige Klarheit, d.h., es ist deutlich und klar verstehbar. Die Schrift besitzt weiter Evidenz, d.h., sie ist eine selbstverständliche Gegebenheit und leuchtet ein. Das Wort Gottes ist rein, d.h., menschlich-sündhaftes Mitwirken ist schlechterdings ausgeschlossen.[64] Luther weiß, daß die Philosophen die so beschriebene Klarheit der Heiligen Schrift für absurd und unmöglich halten.[65] Und trotzdem (oder gerade deshalb?!) gilt: »Es muß unter Christen als vollkommen verbürgt und sicher gelten, daß die Heilige Schrift ein geistliches Licht ist, viel klarer als die Sonne selbst« (WA 18,653).

Luther zog aus der Inspiration und der sich daraus ergebenden Unfehlbarkeit und Klarheit der Heiligen Schrift, die zu seiner Zeit selbstverständliche Voraussetzungen der Theologie waren, die letzte Konsequenz: Es gibt keine andere Autorität neben der Autorität des Wortes Gottes – *sola scriptura*. Schon in der Leipziger Disputation (1519) hat Luther dies Eck gegenüber klargemacht und festgehalten. Das »allein durch den Glauben« ist gebunden an das »allein durch die Schrift«. »Das war ein Nein gegen die Entscheidung der Konzile, das war ein Nein gegen den Primat des Papstes, das war ein Nein gegen den freien Willen des Menschen, der da meint, aus sich heraus, durch seine Vernunft oder seine Gefühle Maßstäbe über die Bibel setzen zu können, um Gott zu erkennen.«[66] Glaube ist Vertrauen in Gottes Treue in seinem Wort!

c) Die Klarheit der Schrift ist für Luther nicht nur etwas Gegebenes, sondern auch etwas, das eintritt *(clarificatio scripturae)*. Im Handeln Gottes gelangt das »äußere Wort« als hörbares, veröffentlichtes Wort zur Klarheit. Als Mittel dieser Klarwerdung sind vor allem das gehorsame Hören auf die Schrift und der Heilige Geist wichtig. Das *Schriftstudium* kann nur dann richtig betrieben werden, wenn der Ausleger von der Botschaft persönlich betroffen ist, sich dem Wort rückhaltlos ausliefert, d.h. diesem durchaus und entschieden voreingenommen begegnet; Bemühung um philologische Korrektheit – d.h. das Bestreben, möglichst genau gelten zu lassen, was Gott gesprochen hat – kommt dann auch noch hinzu.[67] Der *Heilige Geist* spricht in der Schrift. Deshalb besitzt für Luther die Gewißheit um den Schriftinhalt die Evidenz mathematischer Axiome: wie 2 plus 3 gleich 5 ist, so hat der Inhalt der Schrift den zureichenden Grund in sich selbst, völlig unabhängig von den Faktoren, die ihn darbieten oder die ihn leugnen.[68] Wenn dieses äußerliche, vom Geist gesprochene und deshalb gewisse Wort etwas ausrichten soll, muß der Geist im Herzen der Zuhörer wirken. So ist der Geist Gottes nicht nur für die Inspiration des Wortes Gottes, sondern auch für das Verstehen desselben unabdingbar.

d) Nun hat man gemeint, Luther aufgrund angenommener *bibelkritischer* Äußerungen für eine weniger »biblizistische« Schriftauffassung für sich reklamieren zu können.[69] Luthers fast abfällig klingende Aussagen über den Jakobusbrief (»stroherne Epistel«) und andere Antilegomena sollten in diesem Zusammenhang nicht genannt werden; sie haben mit Luthers Kanonsverständnis, nichts jedoch mit seinem Inspirationsverständnis zu tun. Was zum Kanon gehört, ist für Luther unbestreitbar Gottes eigenes Wort und daher absolut verbindlich.[70] Was für Luthers »Sachkritik« angeführt wird[71], hat nichts mit heutiger Bibelkritik und der so vehement betriebenen Aufdeckung von Widersprüchen zu tun. Es ist richtig, daß Luther auf historische und chronologische Problemstellen zu sprechen kommt. In solchen Fällen weist er dann darauf hin, daß die Wirklichkeit Gottes der Schlüssel aller Erkenntnis – auch der historischen – ist. Mit dem Hinweis auf diese höhere Dimension bricht Luther jedoch nicht ab; da Gott in der Geschichte handelt, muß dies ja auch von der rechten (!) Vernunft wahrgenommen werden können. So versucht er in einem zweiten Arbeitsgang das Zustandekommen der verschiedenen Nachrichten zu erklären und »Ungereimtheiten« so weit wie möglich auszuräumen.[72]

Die Tatsache, daß für Luther in der Bibel Gottes lebendige Stimme gehört wird *(viva vox evangelii)*, besagt nicht, daß er den Wortlaut der Bibel als fehlbar ansah. Dieses logische *non sequitur* setzt voraus, daß die Schrift statisch (und deshalb mit Gottes lebendiger Stimme unvereinbar) wäre. Dies ist jedoch nicht der Fall und wurde von Luther auch so nicht gesehen. Luthers Betonung der Gnade Gottes schließt ebenfalls sein Festhalten an der verbindlichen Geltung der Bibel in religiösen und sittlichen Fragen nicht aus.

Die fast durchweg unprogrammatischen und sicherlich nicht systematischen Äußerungen Luthers zum Wesen der Heiligen Schrift (das damals nicht umstritten war!) lassen keinen Zweifel daran, daß er eine strenge Schriftauffassung voraussetzt und vertritt: Die Heilige Schrift ist Gottes Wort und ist als solches irrtumslos, klar, verbindlich, und wirksam.

3.2 *Johannes Calvin (1509–1564)*

Der große Reformator von Genf denkt, anders als Luther, prinzipiell-dogmatisch und entwickelt deshalb auch eine strenge Inspirationslehre. Calvins Schrift- und Inspirationsverständnis findet sich in seinem Hauptwerk, der »*Institutio Christanae Religionis*« (I,6–9 und IV,8), aber auch in seinen die Bibel fortlaufend erläuternden Predigten und Kommentaren.[73]

a) Calvin entwickelt sein Schriftverständnis auf dem Hintergrund des Grunddatums der *Offenbarung Gottes* (I,4). Obschon Gott der Schöpfer sich ständig offenbart, sowohl in der Natur als auch im Herzen der Menschen, führt diese Offenbarung den Menschen aufgrund seiner Verderbtheit nicht zum Schöpfer, sondern zu Unwahrheit, Lüge, Götzendienst und Verdammnis. Deshalb ist die Heilige Schrift *notwendig*: Sie ist notwendig als Führer und Lehrer für den, der zu Gott dem Schöpfer kommen will. Dasselbe gilt für die Kenntnis Gottes als Erlöser: Sie ist von der sog. »allgemeinen« Offenbarung verschieden, verlangt aber wiederum die Schrift als Führer und Lehrer, wenn wir Gottes rettende Gnade erfahren wollen. Nur die Schrift kann uns, gleichsam wie ein roter Faden, aus dem Labyrinth der menschlichen Verlorenheit in Sünde herausführen. So ist die Schrift zuallererst ein Geschenk der Gnade Gottes für die Sünder, die ohne sie Gott nie erkannt haben könnten. Deshalb ist die Mißachtung der Schrift verkehrt, undankbar und verhängnisvoll.

b) So bekräftigt Calvin im Blick auf das *Wesen der Schrift* immer wieder, daß Gott selbst der Urheber der Schrift ist. Die Autorität der Schrift ist erst da anerkannt, wo man glaubt, »daß sie vom Himmel herab kommt, als ob Gottes eigene Stimme hier lebendig vernommen würde«.[74] Gott hat die Bibel gegeben und redet in ihr; deshalb kann man sagen, »daß ihr Urheber Gott ist. Deshalb wird durchweg die höchste Beglaubigung der Schrift darin gesehen, daß hier Gott in Person redet.«[75] So schreibt Calvin in seinem Kommentar zu 2. Tim. 3,16: »Darin besteht nämlich der Hauptunterschied zwischen unserer und allen anderen Religionen, daß wir wissen, daß Gott zu uns geredet hat. Wir sind überzeugt, daß Gott zu uns geredet hat. Wir sind überzeugt, daß die Propheten nicht aus eigener Phantasie gepredigt, sondern uns als Werkzeuge des Heiligen Geistes gesagt haben, was ihnen vom Himmel aufgetragen war. Wer also von den Schriften Gewinn haben will, muß vor allem daran festhalten, daß er es im Gesetz und den Propheten nicht mit einer aus menschlicher Willkür hervorgebrachten Lehre zu tun hat, sondern mit einer vom Heiligen Geist eingegebenen, diktierten Lehre.«[76]

c) Calvins Sicht der *Inspiration* der Schrift läßt sich in vier Begriffen beschreiben.[77] (1) Die Schrift kam zu uns, durch den Dienst der menschlichen Schreiber, vom »Mund Gottes« *(os Dei)*.[78] D.h., Gott gebrauchte die menschliche Sprache um zum Menschen zu reden. (2) Die Schrift ist göttliche, himmlische, vom Geist eingegebene »Lehre« *(doctrina)*. Sie ist Rede, Lehre und Predigt Gottes.[79] (3) Das Werk des Heiligen Geistes im Blick auf die menschlichen Schreiber der biblischen Bücher wird öfter mit dem Verb »diktieren« *(dictare)* gekennzeichnet: Der Geist Gottes hat den Inhalt der Schrift »diktiert«.[80] Die Schreiber waren »sichere und wahre Sekretäre«[81] und »Werkzeuge«[82] des Heiligen Geistes. Diese Ausdrücke erklären die Heilige Schrift für direkt von Gott stammend.[83] Calvin gebraucht das Wort »diktieren« nicht im Sinne eines mechanistischen Vorgangs, sondern als theologische Metapher zur Bezeichnung völliger Korrespondenz zwischen Gottes Offenbarung und der Heiligen Schrift.[84] (4) Gottes Methode und Art der wörtlichen Instruktion der Schreiber wird mit dem Ausdruck *Kondeszenz* (Herablassung) oder *Akkommodation* (Anpassung) beschrieben. In seiner großen Liebe hat Gott sich herabgelassen, unsere Sprache zu sprechen, manchmal mit einer »geringzuschätzenden Niedrigkeit an Worten«.[85] An manchen Stellen der Bibel »stammelt« oder »plappert« Gott zu uns wie eine Mutter mit ihrem Säugling redet.[86]

Calvin stellt ausdrücklich fest, daß die biblischen Schreiber nie in Ekstase gerieten; sie besaßen vielmehr eine »in ihrem Herzen eingegrabene feste Gewißheit« hinsichtlich der Göttlichkeit ihrer Erfahrungen, auf die hin sie dann unter der Leitung des Geistes redeten und schrieben.[87] Für Calvin haben die biblischen Schreiber einen aktiven Verstand und eine eigene Schreibmethode, die zusammen mit ihrer ganzen Persönlichkeit bei der Niederschrift der Offenbarung beteiligt waren.[88] Und doch sind die Schreiber, durch das souveräne Handeln Gottes, Instrumente des Heiligen Geistes.

d) Calvin führte explizit den Gedanken vom *Zeugnis des Heiligen Geistes* in die reformatorische Lehre von der Heiligen Schrift ein.[89] Es besteht eine genaue Entsprechung, in der das Wort der biblischen Schreiber für sie und durch sie selbst Gottes Wort war, und der Gewißheit, in der es als solches auch uns einleuchtet. Bei ihnen wie auch bei uns kann nur Gott selbst für sich zeugen – zunächst in seinem Wort, und dann in den Herzen der Menschen. Der Geist, durch den sich Gott hier wie dort bezeugt, ist hier wie dort derselbe. Dieses Zeugnis des Geistes wird an seiner Übereinstimmung mit der Schrift erkannt, damit uns nicht irgendein Geist eine andere Lehre aufdrängen kann.[90] Wort und Geist gehören unzertrennlich zusammen. Das Zeugnis des Geistes wirkt im Gläubigen bedingungslose Zustimmung zur Heiligen Schrift. Auch die objektive Beweiskraft der »indicia« (Alter, Wunder, erfüllte Prophezeiungen, Rolle in der Geschichte, etc.) braucht das Zeugnis des Geistes, um einen festen Glauben zu wirken.

e) Calvin räumt im Vollzug der Exegese ein, daß die Schrift Schreibfehler (von Abschreibern der Originalhandschriften), Unterschiede in der chronologischen Reihenfolge in den synoptischen Evangelien, runde Zahlen u.ä. enthält. Es wäre jedoch falsch anzunehmen, Calvin wollte hier auf Fehler in der Bibel hinweisen und widerspräche in der Praxis der Auslegung seiner theoretischen Überzeugung von der Irrtumslosigkeit der Schrift. Trotz des oben beschriebenen, in unseren Augen eindeutigen prinzipiell-systematischen Sachverhaltes wurde bis in die jüngste Zeit dies immer wieder behauptet.[91] Eine der wenigen angeführten Belegstellen aus Calvins Schriften ist seine Kommentierung von Apg. 7,16, in der er ausführt, in der Verwendung des Namens Abraham sei offensichtlich ein Fehler unterlaufen *(erratum palam est)*. Hier ist jedoch festzuhalten, daß Calvin den Fehler, den er im Text sieht, nicht ausdrücklich Lukas selbst zuschreibt und daß er einer Emendation des Textes das Wort redet und dabei sehr wahrscheinlich der Meinung ist, der Fehler gehe auf ein Versehen der Kopisten des Textes zurück (vgl. seine Behandlung von Apg. 7,14!). Calvins Textkritik, Redaktionskritik oder Beschreibung der Auswirkungen von Gottes Akkommodation hat nichts mit Kritik an der Bibel zu tun. Er ist theoretisch-theologisch von der Gottgewirktheit der Heiligen Schrift überzeugt und bringt diese Haltung auch praktisch-exegetisch zum Tragen.[92]

3.3 Die Bekenntnisschriften

a) Die *lutherischen Bekenntnisschriften* der Reformationszeit (die »Confessio Augustana« und die »Apologie« von 1530, die »Schmalkaldischen Artikel« von 1537) haben keinen besonderen Abschnitt über die Heilige Schrift. Dasselbe trifft auf Luthers Katechismen von 1529 zu. Aber die Schrift wird eindeutig als selbstverständliche Norm vorausgesetzt.[93] Die implizite Schriftlehre ist aus der Art des tatsächlichen Schriftgebrauchs zu entnehmen: Die Häufigkeit der Schriftzitate, die Gewichtigkeit ihrer Position und ihr Charakter als entscheidende und abschließende Begründung zeigen – zusammen mit den immer wiederkehrenden Seitenhieben auf Vernunft und Philosophie –, daß die Inspiriertheit und göttliche Autorität der Heiligen Schrift vorausgesetzt ist. Im abschließenden Bekenntnis der lutherischen Kirche, der »*Konkordienformel*« von 1577, fehlt eine ausgeführte Schrift- und Inspirationslehre ebenfalls, aber die »prophetischen und apostolischen Schriften sowohl Alten als Neuen Testaments« werden als »einzige Regel und Richtschnur« *(unica sola regula et norma)* proklamiert, nach der alle Lehren erkannt und beurteilt werden müssen.[94]

b) Die Bekenntnisse der *reformierten Kirchen* sind bewußt vom Wort Gottes her und als Wegweiser zum Wort Gottes hin geschrieben worden.[95] So steht die Erläuterung des Schriftprinzips an erster oder zweiter Stelle.[96] So heißt es in den *Berner Thesen* (1528): »1. Die heilige christliche Kirche, deren einziges Haupt Christus ist, ist aus dem Worte Gottes geboren und hört nicht die Stimme eines Fremden. 2. Die Kirche Christi macht nicht Gesetze und Gebote ohne Gottes Wort. Deshalb binden alle Menschensatzungen . . . uns nicht weiter, als sie im göttlichen Wort begründet und geboten sind.« Im *Ersten Helvetischen Bekenntnis* (1536) lautet der 2. Artikel: »Die kanonische Schrift ist das Wort Gottes, vom Heiligen Geist überliefert und durch Propheten und Apostel der Welt kundgetan.« Die Hugenotten schrieben in der *Confessio Gallicana* (1559): »2. Dieser Gott offenbart sich als solcher den Menschen . . . zweitens und klarer durch sein Wort, welches er anfangs durch Ausdrücke offenbarte, und das bald danach schriftlich verfaßt worden ist in den Büchern, die wir Heilige Schrift nennen . . . 5. Wir glauben, daß das in diesen Büchern enthaltene Wort von Gott ausgegangen ist, von dem allein es seine Autorität empfängt, und nicht von Menschen. Und weil es die Richtschnur der gesamten Wahrheit ist und alles enthält, was zum Dienste Gottes und unserem Heil notwendig ist, ist es Menschen nicht erlaubt, ja nicht einmal den Engeln, etwas hinzuzufügen, abzutrennen oder zu verändern.« Im 3. Artikel der *Confessio Belgica* (1561) heißt es: »Das Wort Gottes wurde nicht durch menschlichen Willen überbracht oder überliefert, sondern heilige Männer Gottes haben es, durch das Anwehen des göttlichen Geistes ausgesprochen.« Das von Heinrich Bullinger verfaßte *Zweite Helvetische Bekenntnis* (1566) überschreibt das 1. Kapitel mit »Die Heilige Schrift, das wahre Wort Gottes« und setzt ein mit den Worten: »Wir glauben und bekennen, daß die kanonischen Schriften . . . das wahre Wort Gottes sind, und daß sie aus sich selbst heraus Kraft und Grund genug haben, ohne der Bestätigung durch Menschen zu bedürfen.« Die *Konsensusformel* der reformierten Schweizer Kirchen (1575)[97] erklärt in den ersten drei »Canones«, daß der Inhalt der Bibel in ihrem vorhandenen Bestand Wort Gottes ist; sowohl das Alte wie auch das Neue Testament sind nach Inhalt und Worten »der einzige und unversehrte Maßstab«.

So betonen die reformierten – implizit auch die lutherischen – Bekenntnisse die Einheit von kanonischer Schrift und Wort Gottes, ihre Geistgewirktheit und Provenienz von Gott sowie ihre Normativität und Autorität.

4. Die lutherische Orthodoxie

Die heutige protestantische Theologie hat ein gebrochenes Verhältnis zur Zeit der Orthodoxie. Die zu konstatierende negative Voreingenommenheit geht einerseits sicher auf die Aufklärung und deren Abneigung gegen die als fremd empfundenen Scholastizismen und Denkstrukturen zurück, andererseits wohl auch auf die abwertenden Urteile des Pietismus, dessen Vertreter gegen die angeblich ungenügende Frömmigkeit und den erstarrten Intellektualismus der Orthodoxie polemisierten.[98] Die Mißdeutungen und Fehlurteile von vielen Darstellungen der Orthodoxie im Allgemeinen und ihres Schriftverständnisses im Besonderen sind oft einfach auf die mangelnde Bereitschaft, ein gerechtes Urteil abzugeben, zurückzuführen und wurden deshalb in letzter Zeit wiederholt kritisiert.[99] Der angenommene Widerspruch zwischen Luther und den Dogmatikern der Orthodoxie im Blick auf das Schriftverständnis ist eine Konstruktion.[100] Der einzige Unterschied besteht darin, daß die Terminologie sich ändert, die Formulierungen ausgeprägter sind und die Argumente länger werden.

4.1 Voraussetzungen und Anfänge

a) Die *Voraussetzungen* der Orthodoxie sind in der epochemachenden Rezeption der aristotelischen Philosophie zu finden.[101] Am Ende des 16. Jhs. hielt die scholastische Metaphysik nach und nach ihren Einzug. Schon in Philipp Melanchthons »*Loci communes*« (1521) sind die ersten Spuren des neu aufgekommenen Aristotelismus zu entdecken. Der Bahnbrecher des Aristotelismus im Protestantismus war *Cornelius Martini* (1568–1621), Professor für Logik in Helmstedt. Theologische Motive für das Studium der Metaphysik und, vor allem, der Ontologie des Aristoteles waren einmal die Anforderungen des akademischen Unterrichts – verbunden mit der Notwendigkeit, die eigene theologische Wahrheit zu beweisen und präzise zu begründen –, andererseits die Apologetik gegen die innerprotestantischen wie die katholischen Gegner. Die Übernahme galt als unbedenklich, da die Metaphysik als Grundwissenschaft und die aristotelische Logik als Methodenlehre verstanden wurden. Der Ertrag für die Theologie war grundsätzlich eine gedankliche und begriffliche Festigung und eine gewaltige und durchaus beeindruckende Aufgliederung des Stoffes. Inhaltliche Auswirkungen lassen sich ebenfalls feststellen.

b) Die *Anfänge* der lutherisch-orthodoxen Schriftlehre sind mit Martin Chemnitz (1522–1586) verbunden, dem Mitverfasser der Konkordienformel. Er hat zwar noch keinen eigenen Locus »*De scriptura sacra*«, setzt sich aber mit der Frage nach der Heiligen Schrift im dritten Teil seiner »*Loci theologici*« auseinander, und zwar in der Form von »Thesen von dem Wort Gottes oder der Heiligen Schrift.«[102] Johann Wigand (1523–1587) und Matthäus Judex (1528–1564) schaffen in ihrer »*Syntagma*« als erste einen Locus für die Schriftlehre.

Die bedeutendsten lutherischen Dogmatiker des 17. Jhs. sind Johann Gerhard (1582–1637), Johann Andreas Quenstedt (1617–1686) und Abraham Calov (1612–1686). Die dogmatische Lehreinheit der lutherischen Theologen dieser Epoche rechtfertigt eine thematische Darstellung ihrer Lehre von der Heiligen Schrift.[103]

4.2 Das Wesen der Heiligen Schrift

a) Am Anfang des Locus »Über die Heilige Schrift« steht, daß die Heilige Schrift einziges und sachgemäßes *Prinzip der Theologie*, d.h. die einzige Norm der christlichen Lehre ist. Sie ist Prinzip der Theologie nur in instrumentaler Hinsicht als *Erkenntnisprinzip (principium cognoscendi)*. Grund der Theologie an sich ist Gott als Seinsprinzip *(principium essendi)*. Der Unterschied zwischen Gott als Grund des Seins, der die Wahrheit offenbart, und der Schrift als Grund der Erkenntnis, d.h. der geoffenbarten Wahrheit, wird genau durchgehalten. Die Bibel wird nicht vergöttlicht.[104] Sie ist das Mittel *(causa media)*, durch das wir Gott und seinen Willen kennenlernen.[105]

Im Blick auf die Theologie, die von Gott und seinem Willen in der Offenbarung handelt, ist das geoffenbarte und geschriebene Wort Gottes, die Heilige Schrift, die *einzige* Quelle des Wissens. Gott spricht nicht zu uns, es sei denn durch die Heilige Schrift. Der Christ glaubt der Schrift nicht aufgrund externer Beweise, sondern nimmt sie im Glauben an (und wird ihrer Glaubwürdigkeit versichert durch das innere Zeugnis des Heiligen Geistes). Das Wesen und die Eigenschaften der Schrift sind nicht ableitbar: die Schrift ist Prinzip *(princi-*

pium). Hier treten die formalen Grundlagen des Schriftprinzips, die aristotelische Wissenschaftslehre und Metaphysik, deutlich zutage: ein Prinzip ist nicht hinterfragbar und besitzt so axiomatischen Charakter.[106] Und ein Prinzip steht allein.[107] So haben wir hier zugleich eine strenge Durchführung des sola-scriptura-Prinzips.[108]

Die Schrift ist *Wort Gottes:* »Zwischen dem Wort Gottes und der Heiligen Schrift besteht materiell verstanden kein wirklicher Unterschied.«[109] Diese Identifikation wird begründet u.a. mit dem Inhalt der Schrift (z.B. prophetische Weissagungen), mit der logischen Regel, daß das Akzidens nicht das Wesen der Sache ändert, und mit der Ähnlichkeit der Naturen beider Worte.

b) Das Wesen der Heiligen Schrift wird mit vier »Ursachen« oder »Gründen« *(causae)* und mehreren »Wirkungen« oder »Folgen« *(effectus)* beschrieben.[110] Die *bewirkende Ursache (causa efficiens)* der Schrift ist eine zweifache. (1) Die *prinzipielle* bewirkende Ursache *(causa principalis)* ist der dreieinige Gott. Sie wird beweisen *a. in genere* aus dem Gegenstand der Schrift, der mit der göttlichen Offenbarung identisch ist, aus dem göttlichen Auftrag zu schreiben und aus dem inneren Antrieb zu schreiben (2. Petr. 1,21; 2. Tim. 3,16) und *b. in specie* von dem dreieinigen Gott. (2) Die *instrumentale* bewirkende Ursache *(causa efficiens instrumentalis)* sind die Schreiber der Heiligen Schrift, die Propheten, Evangelisten und Apostel. Sie schrieben im Auftrag des dreieinigen Gottes *(scribendi mandatum).* Sie redeten und schrieben nicht nach ihrem eigenen Willen, sondern getrieben vom Heiligen Geist. So werden die Schreiber der Schrift »Organe«, »Werkzeuge«, »Sekretäre«, »Notare« des Heiligen Geistes genannt.[111] Diese Ausdrücke sind keine Erfindung der Orthodoxie, wie manchmal behauptet wird, sondern sind schon bei den Kirchenvätern und den Scholastikern zu finden. »Sie schrieben nicht als Menschen, sondern als Menschen Gottes, d.h. als seine Knechte und Organe des Hl. Geistes. Doch werden sie in ihrer Selbständigkeit noch ernst genommen.«[112]

Die *formale Ursache (causa formalis)* beschreibt das innere Wirkungsprinzip der Schrift.[113] Sie hat prinzipiell den Primat vor der materialen Ursache. Sie ist dafür verantwortlich, daß die Bibel Wort Gottes und somit von allen anderen Büchern verschieden ist. Sie unterscheidet sich (1) in eine *innere*, d.h. essentielle Form *(forma interna sive essentialis)* – die göttliche Autorität und Majestät der Schrift mit ihrer Bedeutung –, und (2) in eine *äußere*, d.h. akzidentielle Form *(forma externe sive accidentalis)* – die hebräische und griechische Ursprache sowie Idiom- und Stileigenschaften der Schrift.

Die *materiale Ursache (causa materialis)* behandelt die Dinge, die heute in den biblischen Büchern durch die göttliche Inspiration enthalten sind. Man unterscheidet (1) die »*materia ex qua*«, d.h. die Silben, Buchstaben, Wörter und Wendungen, die zusammmen die Schrift ausmachen, und (2) die »*materia circa quam*«, d.h. das schriftlich fixierte Heilsereignis.

Die Unterscheidung zwischen »Form« *(forma)* und »Materie« *(materia)* ist von prinzipieller Bedeutung. Wenn die Dogmatiker dieser Epoche von der Heiligen Schrift als dem Wort Gottes sprechen, denken sie in erster Linie an die »Form«, d.h. an den inspirierten Inhalt und die göttliche Bedeutung der Schrift.[114] Die »Form« hat immer den Primat vor der »Materie«. Calov bekräftigt sogar, daß er in der Disputation über das Wort Gottes nicht vom sog. Materialprinzip (den Silben, Buchstaben, Worten) spricht, sondern vom Formalprinzip, d.h. dem durch die Buchstaben und Silben zum Ausdruck gebrachten göttlichen Inhalt. Das Materialprinzip kann nur uneigentlich, und nur in einem kennzeichnenden Sinn, Wort Gottes genannt werden. Formalprinzip ist Wort Gottes im eigentlichen Sinn, da es die Weisheit und den Ratschluß Gottes darstellt.[115]

Die *finale Ursache (causa finalis)* bezeichnet die Glaubens- und Sittenlehre. Die Schrift hat (1) im Blick auf Gott dessen Verherrlichung zum Ziel, (2) im Blick auf den Menschen dessen Belehrung, Widerlegung, Zurechtweisung, Bildung, Heiligung und schließlich sein ewiges Heil.

c) Die Wirkungen oder *Eigenschaften der Heiligen Schrift* sind genau dieselben wie die des Wortes Gottes. Die Behandlung der »*effectus*« bzw. »*affectiones*« setzt die Identität von Wort Gottes und Heiliger Schrift voraus. So ist sichergestellt, daß die Wirkungen oder »göttlichen Wohltaten« zum Menschen kommen.

Die erste Eigenschaft der Schrift ist ihre *Autorität (auctoritas)*. Die Autorität der Schrift ist eine doppelte: die Schrift besitzt eine *absolute* Autorität, d.h. eine unabhängige Majestät, die dem Wesen des Wortes Gottes angesichts seines Ursprungs entspricht. Sie besitzt auch eine »*relative*«, d.h. auf den Menschen bezogene Autorität, die von den Menschen Glauben und Gehorsam fordert. Die Heilige Schrift leitet ihre Autorität als Wort Gottes von Gott allein ab. Weder die Kirche als Ganze noch einzelne Christen können deshalb diese Autorität vermehren oder vermindern.[116] Weil Gott der Urheber der Schrift ist, muß die Autorität der Schrift a priori, d.h. von vornherein und ohne Vorbehalt anerkannt werden. Und weil die Autorität der Schrift eine unbedingte ist, muß die unfehlbare Zuverlässigkeit der Schrift ebenfalls a priori anerkannt werden. Dieses a priori sichert das *sola scriptura* und damit das *sola fide* des reformatorischen Glaubens.

Es gibt aber auch *Kriterien*, die den Menschen von der Autorität der Heiligen Schrift als dem Wort Gottes überzeugen können. Als *äußere* Kriterien gelten (1) das Alter der Schrift, (2) die geistliche Einsicht der Schreiber und ihr großes Interesse an der Wahrheit, (3) die Wunder Jesu, der Propheten und der Apostel, (4) das ständige Festhalten der Kirche an der biblischen Botschaft über Jahrhunderte hinweg, (5) die Tausende von Märtyrern, (6) das Zeugnis zahlreicher Menschen, welche die Schrift nicht gekannt haben, (7) die schnelle Ausbreitung des christlichen Glaubens in der ganzen Welt, (8) die harte Bestrafung, die sehr oft die Menschen traf, die den christlichen Glauben verfolgt haben. Die *inneren* Kriterien sind (1) die Majestät Gottes, der in der Schrift von sich selbst redet, (2) die Wahrhaftigkeit der Schrift, (3) die Erhabenheit der in der Schrift geoffenbarten Geheimnisse, (4) die Vollkommenheit der Lehren und Vorschriften in der Bibel, (5) die tiefe, einfache und klare Redeweise in der Schrift, (6) die Macht der Schrift, die Herzen sündiger Menschen zu bewegen, (7) die Fähigkeit der Schrift, trotz Verfolgung und langer Zeiträume ihre Zuverlässigkeit aufrecht zu erhalten, und (8) die bemerkenswerte Übereinstimmung zwischen Altem und Neuem Testament sowie die vollkommene Übereinstimmung der Lehren in den verschiedenen biblischen Büchern.

Weil diese Kriterien zu einer bloß menschlichen, intellektuellen Überzeugung führen, braucht man das *innere Zeugnis des Heiligen Geistes (testimonium Spiritus sancti internum)*. Dieses Zeugnis ist das übernatürliche Werk Gottes, durch das er mittels des Geistes und durch die Schrift unsere Herzen für den Glauben an sein Wort bewegt und erleuchtet.[117]

Aus der bewirkenden und der finalen Ursache der Schrift ergibt sich die *Deutlichkeit bzw. Klarheit (perspicuitas s. claritas)*, die *Vollkommenheit bzw. Hinreichendheit (perfectio s. sufficientia)* und die *Wirksamkeit (efficacia)* der Heiligen Schrift. »Die vollkommene Schrift zielt auf den vollkommenen Menschen ab, auf sein Heil.«[118]

Aus der Vollkommenheit der Schrift als Wort Gottes ergibt sich ihre *Irrtumsfreiheit*: die für das Heil notwendigen Ereignisse und Lehren können nicht verfälscht sein. Die Irrtumslosigkeit gehört zur Vollkommenheit der Schrift und wird aus ihrem Zweck abgeleitet (sie kann allerdings auch aus der Inspiration gesichert werden).

Die Vollkommenheit und Klarheit der Schrift lassen sich beweisen (1) biblisch aus AT und NT, (2) aus dem Willen Gottes, der sein Wort vollkommen machen und klar darlegen wollte, (3) aus den Teilen und Gegenständen der Schrift, die das menschliche Heil betreffen und die bestätigen, daß die biblischen Schreiber klar und ohne Widerspruch redeten, (4) aus der Wirksamkeit der Schrift (Lk. 16,29; 2. Tim. 3,15) sowie aus der Tatsache, daß alle Kapitel des Wortes Gottes auf Gesetz und Evangelium bezogen werden können, und (5) aus dem Verbot Gottes, der Schrift etwas hinzuzufügen oder etwas wegzulassen, sowie aus der Ableitung aus dem Absurden. Die Unfehlbarkeit gilt nicht in jedem Fall für das, was »recitative« in der Schrift steht (wie z.B. Aussagen Satans), sondern auf alles, was positiv und ausdrücklich geltend gemacht und bestätigend ausgesagt wird.[119]

4.3 Die Inspiration der Heiligen Schrift

a) Unter *Inspiration* wird der Akt verstanden, durch den Gott der Menschheit sowohl den Inhalt dessen weitergab, was er um des Menschen willen geschrieben haben wollte, als auch die Worte, in denen dieser Inhalt zum Ausdruck gebracht werden sollte. Die Inspiration der Schrift ist nicht mit dem allgemeinen Wirken Gottes gleichzusetzen, durch das z.B. die Menschen zum Gutestun veranlaßt werden. Sie ist auch kein besonderes oder erweitertes Wirken Gottes wie z.B. die Gegenwart Gottes in den Gläubigen. Sie ist auch keine bloße, übernatürliche Erleuchtung des Verstandes der biblischen Schreiber. Die Inspiration ist nach Quenstedt »ein außerordentlicher Antrieb, Anreiz, Anhauch, Drang und Diktat des Heiligen Geistes, dieses und nichts anderes zu schreiben.«[120] Die Schreiber wurden von Gott angeregt, ihren Verstand dem Schreiben seines göttlichen Wortes anzupassen; sie wurden in ihrem Innern durch ein übernatürliches Licht erleuchtet; und sie wurden vom Heiligen Geist mit allem begabt, was für die Niederschrift des Inhalts und der Worte der göttlichen Offenbarung nötig war. Besonders die späteren Dogmatiker unterscheiden (1) das äußere Mandat, d.h. den göttlichen Befehl, Gottes Wort niederzuschreiben *(mandatum scribendi)*, (2) den inneren Impuls, d.h. den göttlichen Antrieb, Gottes Wort aufzuschreiben *(impulsus ad scribendum)* sowie (3) die Kommunikation des Inhalts *(suggestio rerum)* und (4) die Kommunikation der Worte *(suggestio verborum)* durch den Heiligen Geist.

In diesem Zusammenhang wird darauf hingewiesen, daß die äußerlichen (kulturellen, sozialen, etc.) Gegebenheiten und die Nachforschungen der Schreiber, welche in Rechnung zu stellen sind, die Inspiration im Allgemeinen und das Mandat Gottes im Besonderen nicht aufheben oder überflüssig machen.[121]

Die Inspiration ist als Werk des dreieinigen Gottes, der bewirkenden Ursache der Schrift, zu verstehen. So ist die Heilige Schrift gleichzeitig »Stimme Gottes«, »Stimme Christi« und »Stimme des Heiligen Geistes«. Die Beziehung zwischen dem dreieinigen Gott und den biblischen Schreibern wird also monergistisch aufgefaßt: Die Heilige Schrift entstand nicht durch den Willen von Menschen.[122]

Die Inspiration ist nicht mit der Offenbarung gleichgesetzt. *Offenbarung* ist das Handeln Gottes, durch das er sich selbst und seinen Willen dem Menschen kundtut; ihr letztes Ziel ist die Erlösung. Die Inspiration ist das Wirken Gottes, insbesondere des Heiligen Geistes, durch den das tatsächliche Wissen um diese Dinge auf übernatürliche Weise dem biblischen Schreiber mit seinem geschaffenen Verstand übermittelt wird und somit Teil der Niederschrift ist.[123] Die Inspiration ist also eine Form der Offenbarung. Die objektive übernatürliche Offenbarung ist mit dem Abschluß des biblischen Kanons zu Ende gegangen. Subjektiv werden jedoch die Geheimnisse des Glaubens, die den Inhalt der inspirierten Schrift ausmachen, durch das Wort und durch den Geist auch heute den Menschen weitergegeben und geoffenbart.

b) Die Inspiration betrifft notwendigerweise die *gesamte Schrift*: Es gibt nichts im Alten und Neuen Testament, was nicht inspiriert ist. So schreibt Calov zu 2. Tim. 3,16: »Dieses ›von Gott eingegeben‹ bezieht sich auf die ganze Schrift und auf alle ihre Teile: denn darin besteht die Heilige Schrift, was ihr Formalprinzip anbelangt.«[124] Auch Angaben über Chronologie, Historie, Geographie, Astronomie und Physik, die für die Erlösung selbst nicht notwendig sind, sind inspiriert.[125] Calov begründet: (1) Der Urheber der gesamten Schrift ist der Heilige Geist, der die Quelle aller Weisheit und Erkenntnis ist und von dem nichts Irrtümliches ausgehen kann; (2) die Heilige Schrift wurde in jeder Hinsicht, als Ganze und im Einzelnen von Gott eingegeben und unter göttlicher Leitung unfehlbar niedergeschrieben; (3) die Heilige Schrift ist ganz Wort Gottes, dem der Glaube nirgends auch nur teilweise entzogen werden darf; wenn die Heilige Schrift in Dingen, die nicht das Heil betreffen, etwas dem allgemeinen Zweifel preisgäbe, wäre sie nicht frei von Irrtümern, und wäre damit nicht in allem Wort Gottes; dadurch würde Gott sich schuldig machen, geirrt zu haben, und diese Annahme wäre gotteslästerlich.[126] Die durchgängige Inspiration schließt die Möglichkeit des Irrtums aus, es sei denn man wollte Gott selbst des

Irrtums bezichtigen.[127] Aber Gott kann nicht lügen und lügt auch durch andere nicht.[128] Wenn die Schrift an einer Stelle irren kann, ist dies auch an anderen Stellen möglich.[129] Man erkennt, daß die Ablehnung der durchgängigen, gleichmäßigen Inspiration unvermeidlich in eine nie endende Suche nach den menschlichen bzw. göttlichen Aspekten der Schrift führt und die Autorität und Zuverlässigkeit des Wortes Gottes und der Heiligen Schrift unsicher macht.

c) In dieselbe Richtung geht die Bekräftigung der *Verbalinspiration*. Der Heilige Geist inspirierte nicht den Inhalt oder den Sinn der Schrift oder die Bedeutung der Worte, sondern er inspirierte die einzelnen Worte und Ausdrücke.[130] Die Heilige Schrift ist eben nicht nur hinsichtlich ihres Formalprinzips, sondern auch in ihrem Materialprinzip inspiriert: Der Geist leitete die biblischen Schreiber bis hinein in die Wortwahl. Diese Aussage wird in Übereinstimmung mit dem Grundsatz des *sola scriptura* ausführlich biblisch dargelegt. Neben 2. Petr. 1,21 ist 2. Tim. 3,16 der *locus classicus*.[131] Es ist anzumerken, daß die Dogmatiker in diesem Zusammenhang die Worte der Schrift nicht an sich, d.h. losgelöst von ihrem Kontext und Sinn, im Auge haben.[132]

Die Inspiration wird eigentlich immer auf den Text der Originalhandschriften (Autographen) bezogen.[133] Man war sich – zwar zumindest teilweise – der Tatsache bewußt, daß es viele Handschriften mit unterschiedlichen Lesarten gibt, die man vergleichen muß.[134] Andererseits war man überzeugt, daß Worte wie Inhalt der Autographen infolge einer sorgfältigen Überlieferung in authentischen Kopien vorliegen.[135] Dafür haben die Vorsehung Gottes *(providentia Dei)* und die Sorgfalt der Abschreiber gesorgt. Der größte Teil der Schäden sind Varianten technischer Art oder Mängel von geringerer Bedeutung, was leicht korrigiert werden kann.

Es ist darauf hinzuweisen, daß die Dogmatiker der Orthodoxie die Lehre vom Wesen und der Inspiration der Schrift in gewissen Teilen sehr wahrscheinlich als Reaktion auf andere, inadäquate Ansichten abgrenzten und ausformulierten.[136]

4.4 Fehldeutungen

Zum Schluß sind noch einige Mißverständnisse und Fehldeutungen abzuwehren, die in der Diskussion um das orthodoxe Schriftverständnis immer wieder auftauchen.

a) Zuerst ist festzuhalten, daß die monergistische Inspirationsauffassung, welche die Heilige Schrift auf den Willen Gottes (und nicht auf den Willen des Menschen) zurückführt, für die Dogmatiker keine *»Entmenschlichung« der biblischen Schreiber* impliziert. Quenstedt bekräftigt, daß die Schreiber bei klarem Bewußtsein, mit Verständnis und mit dem ganzen Hintergrund ihrer Erfahrung schrieben: »Wir müssen unterscheiden zwischen denen, die fortgerissen wurden und sich in Trance befanden und nicht wissen, was sie sagen und tun, und den Aposteln, welche der Heilige Geist so aktiviert hat, daß sie die Dinge verstanden, die sie sprachen und schrieben.«[137]

b) Die Dogmatiker vertraten keine *»mechanistische« Inspirationslehre* etwa in dem Sinne, daß die Schreiber zu leblosen Maschinen reduziert waren, mit völliger Ausschaltung des Geistes und des Verstandes. Es wird wiederholt darauf hingewiesen, daß die Schreiber ihre Feder bewußt (!) aufnahmen.[138] Ihre Bezeichnung als »Werkzeuge« oder »Sekretäre« will lediglich die Überzeugung herausstellen, daß Gott der Urheber der Schrift ist. Auch der Vorwurf der »Diktatinspiration« trifft ins Leere.[139] Es wurde bereits darauf hingewiesen, daß der Begriff »Diktat« oder »diktieren« *(dicto)* im früh- und spätmittelalterlichen Latein begrifflich nicht eindeutig bestimmt war.[140] Dasselbe trifft auch für das 17. Jh. zu: Die Dogmatiker faßten »*dicto*« als komplementären Ausdruck zu »*suggero*« oder »*inspiro*« auf. »Diktat« hat für sie schon deshalb keine rein mechanistische Bedeutung, da sie von »Diktat von Vorstellungen« sprechen können: höchstens Worte können (mechanisch) »diktiert« werden.[141] Der Ausdruck »Diktat« will lediglich ausdrücken, daß die biblischen Schreiber nur (!) die Worte schrieben, die der Heilige Geist ihnen eingab. Die Unterscheidung von *»suggestio rerum«* und *»suggestio verborum«* schließt eine mechanische Deutung aus: Die hier vorliegende logische Unklarheit, wie Sachen vor den Worten mitgeteilt werden können, schließt jedenfalls die aktive Beteiligung der Person nicht aus, sondern ein.[142]

So können die Dogmatiker durchaus stilistische Unterschiede zwischen den einzelnen Büchern der Schrift beachten. Der Heilige Geist paßte sich den Umständen, den Fähigkeiten und den natürlichen Gaben der Schreiber an. So schreibt Quenstedt: »Innerhalb der Heiligen Schrift besteht im Blick auf den Stil und die Sprechweise eine große Mannigfaltigkeit, die darauf zurückgeht, daß sich der Heilige Geist der gewöhnlichen Sprechweise angepaßt hat, indem er jedem einzelnen seine Ausdrucksweise ließ.«[143] Man nennt dies die Akkommodation (Anpassung) oder Kondeszendenz (Herablassung) des Heiligen Geistes.

c) Der Umstand, daß die Dogmatiker die hebräischen Vokalzeichen als inspiriert betrachtet haben[144], wird immer wieder als Verirrung angesehen, die sich eben als konsequente Durchführung der Verbalinspirationstheorie ergeben habe.[145] Dies ist jedoch nicht der Fall. Das Hauptinteresse der Dogmatiker bei der Behandlung der Vokalzeichen gilt nicht ihrer Inspiration, sondern ihrer Authentizität.[146] Die Jesuiten wiesen (mit Recht, wie heute allgemein anerkannt wird) darauf hin, daß die Vokale erst später zu den hebräischen Texten hinzugefügt worden sind. Die Dogmatiker sahen dadurch die Klarheit der Schrift untergraben und die Tradition der Kirche als den Text korrigierende Norm aufgerichtet. Aus diesem Grund behauptete man die Ursprünglichkeit der Vokalzeichen. In der Darstellung der Inspiration als solcher werden die Vokalzeichen nicht erwähnt. Hutter kommt ohne die Behauptung der Authentizität der Vokalzeichen aus, und Dannhauer läßt diese Frage ausdrücklich offen, weil sie nichts mit der Inspiration zu tun habe.[147] Nicht die Verbalinspiration, sondern ein falsches linguistisches Prinzip führte zur These der Authentizität und Inspiration der Vokalzeichen.[148]

Es ist gerade in diesem Zusammenhang erwähnenswert, daß die Dogmatiker anscheinend keine Analogie von Christologie und Inspiration erwähnen.[149] Das heißt, die Inkarnation oder Fleischwerdung des Sohnes Gottes wird nicht korreliert mit der »Inverbation« oder Schriftlichwerdung des Wortes

Gottes.[150] Die Herstellung dieser Analogie wäre für die Dogmatiker ein völlig unzulängliches Mittel, die einzigartige hypostatische Vereinigung des fleischgewordenen Sohnes mit
dem Vater zu beschreiben; sie war eine Vereinigung von Gott
und Mensch, d.h. von eigentlich sich gegenseitig ausschlie-
ßenden »disparata«.[151]

Zusammenfassend kann man sagen, daß die Dogmatiker
der Orthodoxie keine mechanistische Inspirationsauffassung
vertraten. Auch der Vorwurf, sie hätten die Rechtfertigung
des Menschen »sola fide« unter den Tisch fallen lassen, trifft
ins Leere.[152] Die behandelten Fehlbeurteilungen sind wohl
darauf zurückzuführen, daß der konsequente Monergismus
der orthodoxen Inspirationslehre viele verwirrt hat.

Andererseits ist ein gewisser Widerspruch zwischen Methode und Theologie festzustellen: Die Dogmatiker versuchen
zum Teil, Sachverhalte in einfache und logisch zusammenhängende Formeln zu fassen, die nur im Glauben akzeptiert
werden können (z.B. die Ausführungen zu den »Kriterien« der
Schrift).[153] Der menschliche Aspekt der Entstehung der
Schrift wurde nicht stark genug beachtet, wie auch die (heils-)
geschichtliche Perspektive der einzelnen biblischen Bücher
nicht richtig ins Blickfeld kam. Aus diesen Gründen verbietet
sich heute eine einfache Repristination der altprotestantischen Inspirationslehre. Aber ihr Ansatz ist auch heute noch
von grundlegender Bedeutung.

5. Die protestantische Vielfalt

Vom 16. bis 18. Jh. entstanden neben den großen Kirchen der
Reformation – der lutherischen, reformierten (calvinisti-
schen) und der anglikanischen Kirche – andere protestantische Konfessionen (Baptisten, Methodisten) sowie Bewegun-
gen innerhalb dieser Kirchen, die bestimmte Aspekte der
christlichen Existenz betonten (Puritaner, Pietisten).

5.1 Die Baptisten

Die Baptisten suchten präskriptive Glaubensbekenntnisse zugunsten deskriptiver Bekenntnisse zu vermeiden.[154] Bis ins 20. Jh. vertraten die Baptisten eine strenge Schrift- und Inspirationslehre.[155] Charakteristische Bekenntnisse stützen sich ausdrücklich und direkt auf den Text und die Lehren der Heiligen Schrift, die deshalb auch ständig zitiert wird.

a) Die 1644 von sieben Baptistengemeinden in *London* verfaßte »*Confession of Faith*« schuf den Präzedenzfall. Im 7. Artikel heißt es: »Der Maßstab der Kenntnis, des Glaubens und des Gehorsams im Blick auf die Anbetung Gottes und den Dienst für Gott sowie im Blick auf alle anderen christlichen Pflichten besteht nicht in menschlichen Erfindungen, Meinungen, Einfällen, Gesetzen, Konstitutionen oder ungeschriebenen Traditionen, sondern einzig und allein im Worte Gottes, das in den kanonischen Schriften beinhaltet ist.« Die absolute Zuverlässigkeit und Autorität der Bibel kommt hier und an anderen Stellen klar zum Ausdruck.[156]

b) Das »*Zweite Londoner Bekenntnis*« (1677/1689) behandelt gleich im ersten Kapitel die Lehre von der Heiligen Schrift in zehn Punkten. Der erste Satz lautet: »Die Heilige Schrift ist der einzig hinreichende, sichere und unfehlbare *(infallible)* Maßstab aller rettenden Kenntnis, allen Glaubens und Gehorsams.« Der vierte Abschnitt lautet: »Die Autorität der Heiligen Schrift, aufgrund derer man ihr glauben soll, hängt nicht von dem Zeugnis irgendeines Menschen oder einer Kirche ab, sondern nur von Gott ihrem Autor (der die Wahrheit in Person ist); deshalb soll sie angenommen werden, weil sie das Wort Gottes ist.« Die Methode der Inspiration wird in diesem Bekenntnis nicht diskutiert. Die Tatsache und das Resultat der Inspiration werden betont: Gott und der Heilige Geist werden als »Autoren« der Schrift verstanden, durch deren Wirken beim Schreiben der Bibel diese sicher und unfehlbar wurde.[157] Dieses Bekenntnis wurde 1742 von amerikanischen Baptisten als »Philadelphia-Bekenntnis« übernommen und im Süden und Südwesten der Vereinigten Staaten viel benutzt. C.H. Spurgeon veröffentlichte die definitive Ausgabe dieses Bekenntnisses.

c) Fast zweihundert Jahre später wurde das kürzere »*Glaubensbekenntnis von New Hampshire*« (1833)[158] sehr populär und weithin gebraucht. Der erste Abschnitt handelt »von den Schriften« und lautet: »Wir glauben, daß die Heilige Schrift von Männern geschrieben ist, die vom göttlichen Geist inspiriert waren, und daß sie einen vollkommenen Schatz himmlischer Unterweisung darstellt; daß sie Gott als ihren Urheber hat, Rettung als ihr Ziel und Wahrheit, ohne jede Beimischung von Irrtum, als ihren Gegenstand; daß sie die Grundsätze offenbart, nach denen Gott uns richten wird. Und daher ist sie – und soll das bis zum Ende der Welt bleiben – das wahre Zentrum der christlichen Einheit und die oberste Norm, an der alles menschliche Verhalten, alle Glaubensbekenntnisse und alle Auffassungen zu prüfen sind.« Dieser Artikel wurde im Bekenntnis der Southern Baptists (1925) wörtlich übernommen und 1963 *(The Baptist Faith and Message)* sogar noch verstärkt: die Heilige Schrift wird bezeichnet als »Dokument« *(record)* von »Gottes Offenbarung seiner selbst an den Menschen.«[159]

d) *C.H. Spurgeon* (1834–1892), der berühmte und heute noch viel gelesene baptistische Prediger, verteidigte eine strenge Schrifthaltung gegenüber bibelkritischen, rationalistischen und evolutionistischen Tendenzen, die in die Kirchen einzudringen anfingen. Spurgeon identifizierte in seiner Monatszeitschrift »*Sword and Trowel*« die Quelle theologischer Irrtümer (wie Evolution) als Mangel an ausreichendem Glauben an die göttliche Inspiration der Heiligen Schrift; das Verständnis der Schrift als autoritativer und unfehlbarer Maßstab des Glaubens und Lebens ist historische, christliche Wahrheit.[160] Weil Spurgeon den göttlichen Ursprung und die göttliche Autorität der Schrift so stark betonte, warf man ihm vor, er vernachlässige die menschliche Seite der Schrift, die ja notwendigerweise Irrtümer enthalten müsse. Spurgeon entgegnete in einem Artikel mit dem Titel »Die menschliche Seite der Inspiration«[161], daß die Heilige Schrift natürlich eine menschliche Seite habe. Daraus folge jedoch nicht, daß die

Schrift deshalb unvollkommen ist: Gott kann seine Gedanken durch Menschen bekanntmachen, ohne daß diese Gedanken durch die natürliche Fehlbarkeit des Menschen in Mitleidenschaft gezogen werden müssen. »Das Zeugnis Gottes sowohl auf der menschlichen wie auch auf der göttlichen Seite ist vollkommen und unfehlbar; und wie auch andere darüber denken mögen, so werden wir nicht aufhören, von ganzem Herzen und ganzer Seele daran zu glauben.« Der Heilige Geist hat keinen Fehler gemacht, weder auf dem Gebiet der Geschichte, der Physik noch der Theologie. Gott ist ein größerer Wissenschaftler als alle, die diesen Titel für sich in Anspruch nehmen. Wenn die menschliche Seite der Schrift die weniger wichtigen Aussagen verdorben hätte, könnten wir keine Sicherheit haben, was wichtigere Aussagen anbelangt. Wenn man einem Mann nicht für einen Pfennig traut, dann kann man ihm auch nicht in Geschäftsangelegenheiten trauen, bei denen es um Tausende von Mark geht.

5.2 Die Puritaner

Der Puritanismus stellt den konservativen, calvinistisch beeinflußten Flügel der Kirche Englands dar. Die Puritaner setzen sich für eine radikale Reinigung (purification) und Sanierung der Kirche und des Staates auf der Grundlage des Wortes Gottes, ohne Rücksicht auf menschliche Tradition, ein.[162]

a) Grundsätzliche Überlegungen zu Notwendigkeit und Charakter der Offenbarung oder zum Wesen der Inspiration sind selten; die Bibel war für die Puritaner eindeutig.[163] Sie vertraten den Grundsatz, daß die Heilige Schrift das gesamte Leben der Kirche und des Einzelnen zu bestimmen hat, bis in die sog. Adiaphora hinein, und daß nichts zulässig ist, was die Schrift nicht direkt und ausdrücklich gebietet.[164] Die Bibel ist für sie das inspirierte, unfehlbare Gotteswort, das auf allen Gebieten und in allen Fragen absolute, maßgebende Autorität ist.[165]

b) Einer ihrer herausragenden Theologen, *John Owen* (1616–1683), schrieb ein Buch mit dem Ziel, die Abhängigkeit der Autorität der Heiligen Schrift von ihrem göttlichen Ursprung zu beweisen.[166] Owen betont, daß die göttliche Inspiration nicht nur die Schreiber oder die von ihnen festgehaltene Lehre bestimmte, sondern auch die Worte, die sie gebrauchten. Neben der Personal- und Realinspiration wird also auch und gerade die Verbalinspiration bekräftigt.[167] Die Wahrheit, Autorität und Unfehlbarkeit der Heiligen Schrift ist somit gesichert.[168] Verstand und Persönlichkeit der Schreiber waren nicht ausgeschaltet, sondern beim Abfassen der Schrift beteiligt. Göttlichkeit und Autorität der Heiligen Schrift gleichen dem Licht, das sich selbst manifestiert und keiner weiterer Argumente für seine Anwesenheit, noch Zeugen von seiner Existenz bedarf.[169] Schließlich überzeugt der Heilige Geist den Menschen von der Wahrheit und Autorität des Wortes Gottes.

c) Die Schriftauffassung der Puritaner fand in der *Westminster Confession of Faith* (1646) bekenntnishaften Ausdruck.[170] Der theologische Leitfaden dieses Bekenntnisses ist die calvinistische Prädestinationslehre, und ihr sachlicher Aufbau folgt der reformierten Bundestheologie. Der erste Artikel handelt »Von der Heiligen Schrift« und beschreibt zunächst die logische und chronologische Priorität der Offenbarung Gottes vor der Heiligen Schrift. Dann wird gesagt, daß die schriftliche Fixierung der Offenbarung notwendig war: »damit die Wahrheit besser bewahrt und ausgebreitet und damit die Kirche gegen die Verderbnis des Fleisches und die Bosheit Satans und der Welt sicherer bewahrt und getröstet würde.« Im folgenden Abschnitt werden die 66 kanonischen Bücher aufgezählt, die »durch Eingebung Gottes geschrieben (sind) zur Richtschnur von Glauben und Leben.« Die Apokryphen sind »nicht von Gott eingegeben« und deshalb nicht anders zu benutzen als andere menschliche Schriften.

Der vierte Abschnitt beschreibt die Autorität der Bibel: »Die Autorität der Heiligen Schrift, derentwegen man ihr glauben und gehorchen soll, beruht nicht auf dem Zeugnis irgendeines Menschen oder irgendeiner Kirche, sondern gänzlich auf Gott (der die Wahrheit selbst ist) als ihrem Autor, und sie ist deswegen anzunehmen, weil sie das Wort Gottes ist.« Das heißt: Das Selbstzeugnis der Schrift reicht für die Begründung ihrer Inspiration aus. Aber unsere volle Überzeugung von der unfehlbaren Wahrheit und göttlichen Autorität der Schrift ist nicht auf menschliche oder kirchliche Argumente gegründet, sondern stammt »vom inwendigen Werk des Heiligen Geistes, der durch und mit dem Wort Zeugnis in unserem Herzen gibt.« Der ganze Ratschluß Gottes ist ausdrücklich in der Schrift niedergelegt bzw. kann aus ihr folgerichtig abgeleitet werden, »wozu nichts zu irgendeiner Zeit hinzugefügt werden darf, weder durch neue Offenbarungen des Geistes noch durch Menschenüberlieferungen.« Die Schrift gilt als unfehlbar.[171]

Im achten Abschnitt wird die Authentizität der hebräischen und griechischen Grundschrift festgehalten, die »von Gott unmittelbar eingegeben« und durch seine Vorsehung unverfälscht bewahrt wurden. Im Blick auf die Auslegung der Schrift gilt: »Die unfehlbare Regel der Schriftauslegung ist die Schrift selbst.« Im zehnten Abschnitt wird schließlich erklärt, daß alle Religionsstreitigkeiten, Beschlüsse und Meinungen vom in der Schrift redenden Heiligen Geist geprüft und entschieden werden müssen.

Die Verfasser des Westminster-Bekenntnisses identifizieren also ebenfalls die Heilige Schrift mit dem Wort Gottes und sehen ihre Worte als vom Heiligen Geist eingegeben und deshalb unfehlbar und irrtumslos an.[172]

Das Westminster-Bekenntnis wurde von der Kirche Schottlands und den englischen Presbyterianern als gültig angenommen, von Kongregationalisten und den sog. Regular Baptists modifiziert akzeptiert, und besitzt bis heute (theoretisch) Autorität unter den amerikanischen Presbyterianern und Kongregationalisten.

5.3 Die Pietisten

Die auf bestimmten Gebieten so verschiedenen Vertreter des Pietismus hielten grundsätzlich an der überlieferten Inspirationsauffassung fest. An erster Stelle ist hier *J.A. Bengel* (1687– 1752) zu nennen, der als Gelehrter ganz von der Bibel und für die Bibel lebte.[173]

Für Bengel liegt der göttliche Ursprung der Heiligen Schrift fest: »Überhaupt die Heilige Schrift alten und neuen Testaments, welche durch alle ihre Theile sehr eng zusammenhängt, hat einen göttlichen Ursprung.«[174] Die Apostel haben »*divinu motu*«, d.h. aus einem göttlichen Trieb heraus geschrieben.[175] Nicht nur der Heilsplan und der Inhalt der Schrift, sondern selbst die Zahlen wurden durch göttliche Eingebung in der Heiligen Schrift festgehalten.[176] Die ursprüngliche Offenbarung war zuvor mündliche Anrede *(vox)*, und von daher gesehen ist das geschriebene Wort nur Notbehelf; für die Nachwelt haben die Hl. Schriften jedoch einen solchen Wert, als ob es nie eine mündliche Anrede gegeben hätte.[177] Deshalb gilt: »Was Gottes Propheten sagen, sagt Gott.«[178] Bengel sieht eindeutig Wort Gottes und Heilige Schrift als identisch an.

Bengel vertritt die Inspiration oder Theopneustie der Bibel. Gott hat sich Menschen mitgeteilt und sie durch seinen Geist inspiriert, seine Absichten und seinen Heilsratschluß aufzuschreiben. Dabei mußte der vollkommene Gott sein Wort in eine unvollkommene Form geben und sich menschlicher »Rauheit« und »Ungebildetheit« anpassen: »Die Redeweise der Schrift ist durchgängig lauter Herablassung.«[179] Der heilsgeschichtliche Ansatz Bengels ermöglicht es, die Persönlichkeit der menschlichen Schreiber stärker zu berücksichtigen und sogar mit Abstufungen in der Inspiration zu rechnen. Die Apostel, die im »Mannesalter« lebten, hatten eine größere Freiheit als die Propheten des »Jünglingsalters« – aber die Schriften der Apostel sind darum nicht weniger Wort Gottes. Innerhalb des NT schreibt Bengel Matthäus und Johannes (!) einen höheren Grad an Präzision und Pünktlichkeit zu als den beiden anderen Evangelisten. Für die Offenbarung des Johannes gilt: »Was er Johanni dictieret, ist ebenso viel, als ob er es eigenhändig geschrieben hätte. Jesus Christus hat seine Offenbarung Johanni dictieret . . . Wort zu Wort gleichsam protocolliret.«[180]

Bei all diesen Überlegungen hält Bengel durchweg an der strengen Verbalinspiration fest. In seinen Ausführungen zu 2. Petr. 1,21 betont er die Passivität der biblischen Schreiber, die auf diese Weise Gottes Wort reden und schreiben konnten.[181] Sie waren die »Griffel« Gottes, denen der Heilige Geist sowohl den Inhalt als auch den Ausdruck der Schrift eingab.[182] Deshalb sind auch die von ihnen gebrauchten Worte und Buchstaben von Bedeutung: »Jedes Wort, vom Geist Gottes ausgegangen, hat eine geistliche Kraft; um so weniger ist es zu bezweifeln, daß alle Buchstaben des Neuen Testaments gezählt seien, wie der Herr von den Haaren auf dem Haupt der Seinen sagt. Auch der kleinste Teil der aus göttlichem Munde hervorgegangenen Rede ist göttlich. Es gibt kein Biegelein in der Heiligen Schrift, das nicht seine Kraft und Bedeutung hätte … So sind die Accente selbst darum kein unnützer Unrath.«[183]

Bengel war es aufgrund seiner heilsgeschichtlichen Gesamtkonzeption möglich, die strenge Verbalinspiration (und Unfehlbarkeit) der Heiligen Schrift zu vertreten und gleichzeitig die menschliche Persönlichkeit ihrer Schreiber stärker als dies in der Orthodoxie der Fall war zu berücksichtigen.[184]

Neben Bengel ist noch der Königsberger Literat *Johann Georg Hamann* (1730–1788) zu erwähnen, der nach seiner Bekehrung einen Offenbarungsglauben pietistischer Prägung vertrat. Er äußerte als erster den Gedanken, daß die Lehre von der Verbalinspiration als Korrelat der Lehre von der Verbalinkarnation bedürfe.[185] Auf der einen Seite ist die Schrift göttlich, gerade auch in ihrem Wortlaut; Gott ist ihr »*auctor principalis*«. Zugleich ist die Schrift menschlich und entspricht darin der Verhüllung Gottes in der Knechtsgestalt Christi. Hamann stellt die anstößige »Niedrigkeit« der Schrift, welche Folge der Erniedrigung und Entäußerung des Geistes Gottes ist, deutlich heraus. Es ist nicht klar, welche Konsequenzen sich für ihn im Blick auf die Geltung des einzelnen konkreten Satzes ergeben. Er zieht jedenfalls nicht die Konsequenz, den biblischen Aussagen Irrtumsfähigkeit zuzugestehen. Die Autorität des einzelnen Wortes bleibt unangetastet. Für Hamann kommt die Charakterisierung der Verhüllung des Wortes Gottes als Irrtum nicht in Frage, weil dies einen übergeordneten Wahrheitsmaßstab voraussetzen würde. Die Schrift in ihrer vorfindlichen Gestalt ist für Hamann letztlich ein nicht aufzulösendes Geheimnis.

Der Führer der großen Erweckungsbewegung im 18. Jh. in England, *John Wesley* (1701–1791), bekräftigte wiederholt seinen Glauben an die Inspiration und die Autorität der Hl. Schrift als von göttlich inspirierten Männern geschriebene Aussprüche Gottes.[186] Auch er leitet von der Inspiration die Unfehlbarkeit und Wahrheit der Hl. Schrift ab.[187] Am 24. Juli 1776 schreibt er in sein Tagebuch: »Wenn es irgendeinen Fehler in der Bibel gäbe, können es gut auch tausend sein. Wenn es in diesem Buch einen einzigen Irrtum gibt, dann kam es nicht von dem Gott der Wahrheit.«[188] Gleichzeitig betonte Wesley unablässig die Notwendigkeit, daß der Geist Gottes im Herzen der Menschen wirkt und die Hl. Schrift bei den Hörern und Lesern mit Glauben verbunden wird. Sonst ist die Bibel nur toter Buchstabe. Er hält aber fest, daß der Heilige Geist nicht unter Absehung vom geschriebenen Wort handelt.

Bischof J.C. Ryle beschrieb die Erweckungsbewegung und ihre Führer im Blick auf ihre Schrifthaltung folgendermaßen: »Die geistlichen Reformer des vergangenen Jahrhunderts lehrten unablässig die Allgenügsamkeit (Suffizienz) und Überlegenheit der Heiligen Schrift. Die Bibel, ganz und unverstümmelt, war ihr einziger Maßstab für Glaube und Leben. Sie akzeptierten alle ihre Aussagen ohne Fragen oder Disput. Sie hielten keinen Teil der Schrift für uninspiriert. Sie ließen es niemals zu, daß der Mensch in sich irgendeine ›verifizierende Fähigkeit‹ hat, durch welche er Aussagen der Schrift abwägt, ablehnt oder annimmt. Sie sind niemals vor der Aussage zurückgeschreckt, daß das Wort Gottes keinen Fehler beinhalten kann, und daß für den Fall, wo wir Teile ihres Inhalts nicht verstehen oder mit anderen Teilen nicht in Übereinstimmung bringen können, der Fehler nicht im Text sondern im Interpreten liegt. Sie waren in ihrem ganzen Predigtdienst vor allem Männer *eines* Buches. Sie waren willens, ihren Glauben an dieses Buch zu binden und durch dieses Buch zu stehen oder zu fallen.«[189]

Diese strenge Schrifthaltung wurde vom Methodismus bis in das frühe 20. Jh. hinein vertreten und verteidigt.[190]

6. Anfänge umd Grundlagen der historisch-kritischen Theologie

Der breite, stillschweigende, aber selbstverständlich vorausgesetzte Konsens in der Frage des Ursprungs, des Wesens und der Autorität der Heiligen Schrift wurde durch außertheologische Ursachen unterhöhlt und schließlich aufgelöst. Im 17. und 18. Jh. kam die kritische Beschäftigung mit der Bibel auf, in deren Verlauf ihre Geltung und bald auch ihr göttlicher Ursprung zunehmend eingeschränkt wurden. Im Folgenden wollen wir eine kurze Darstellung der historischen und geistigen Voraussetzungen, der Motive des Verlaufs dieser Entwicklung geben.

6.1 Geschichtliche Ursprünge

Der geschichtliche Ursprung der Bibelkritik ist nicht mit bestimmten Theologen zu verbinden, wie dies immer wieder geschah[191], sondern mit geistesgeschichtlichen und philosophischen Strömungen, die zur Infragestellung der Bibel als autoritatives Wort Gottes führten. Hier sind vor allem Humanismus, englischer Deismus, Sozinianismus, Naturwissenschaft und Cartesianismus zu nennen.

a) Der *Humanismus* ist nach H. Reventlow die eigentliche Wurzel jener Denkanstöße, die zur kritischen Beschäftigung mit der Bibel führte.[192] Der Humanismus des 15. und 16. Jhs. war als »zweite Reformation« radikaler als die protestantische Reformation.[193] Er war »ungleich einflußreicher auf die Entwicklung der Geistesgeschichte der Neuzeit« und hat »das Verhältnis der neueren wissenschaftlichen evangelischen Theologie zur Bibel bestimmt.«[194] Entscheidende Bedeutung gewannen die folgenden vier Betonungen von Humanismus und Renaissance: (1) Anthropozentrismus, d.h., der Mensch steht im Mittelpunkt des Denkens; (2) Rationalismus, d.h., die menschliche Vernunft wird wichtiger als die Tradition; (3) Moralismus, d.h., die moralisch-sittliche Zielsetzung ist entscheidend; (4) Spiritualismus, d.h. die Hochschätzung des subjektiven, »geisterfüllten« Menschen, der eine höhere Form der Erkenntnis besitzt und den »objektiven« Buchstaben der Schrift bald als überflüssig betrachtet.[195]

b) Der *englische Deismus* ist das zweite Hauptmoment der geistesgeschichtlichen Entwicklungslinie, die zur Kritik der Bibel führt.[196] Die Grundlage seiner Denkweise ist (1) der Rationalismus: Man hat ein uneingeschränktes Vertrauen in die (angeblich) unvoreingenommene menschliche Vernunft, vor der sich auch die Offenbarung verantworten muß und die letztgültiger Maßstab für die Auslegung der Bibel ist. Keine Aussage, die der klaren, menschlichen Vernunft widerspricht, kann als Offenbarung gelten oder anerkannt werden.[197] So kommen manche Deisten (2) zu einem allgemeinen Skeptizismus, besonders gegenüber der Offenbarung, sowie (3) zu einer autonomen Ethik, die mit dem Gesetz der Natur oder dem weltimmanenten Harmoniegedanken verbunden wird.[198] Die humanistische Weltauffassung war (4) der Maßstab deistischer Bibelkritik, die die historisch-kritische Exegese des 19. Jhs. nachhaltig bestimmte. Damals wurden die entscheidenden Weichen für eine Reihe von praktisch unerschütterlichen Denkvoraussetzungen der Bibelkritik gestellt.[199] Dies gilt im Blick auf den Antizeremonialismus (der alles Priesterliche gering- und das antikultisch gedeutete Prophetische hochschätzte), im Blick auf das humanistische Verfallsschema (das die Entwicklung der Religion von einer reinen, natürlichen Urform via Ritualismus zu einer niedrigeren Endform postulierte) und im Blick auf die Entfremdung zwischen alt- und neutestamentlicher Theologie. Unter den englischen Deisten sind vor allem Herbert von Cherburg (1582–1648), Thomas Hobbes (1588–1679), John Locke (1632–1704), John Toland (1670–1722), Shaftesbury (1671–1713), Anthony Collins (1676–1729) und Matthews Tindal (1656–1733) zu nennen.[200]

c) Der *ozinianismus* ist nach K. Scholder auf dem europäischen Kontinent symptomatisch für den Geist selbstbewußter Weltbemächtigung, der die Grundpositionen des überlieferten Glaubens in Zweifel zog.[201] Die kritische Kraft der sozianistischen Gedanken geht von der zum ersten Mal mit großer Schärfe im modernen Sinn gestellten Frage nach dem Verhältnis von Heiliger Schrift und Vernunft aus. Die Vernunft *(ratio)* trat als neue Größe mit selbständigem Anspruch auf und emanzipierte sich immer mehr von der Schrift. Entscheidend wird der hermeneutische Grundsatz, daß nichts behauptet werden darf, was der »gesunden Vernunft« widerspricht oder was in sich selbst widersprüchlich ist.

d) Die aufkommenden *Naturwissenschaften* gründeten sich auf die methodisch vorgehende Vernunft und die objektiven »Fakten«. Vier Kennzeichen der sich daraus ergebenden Haltung sind (1) die Verwerfung aller Argumente, die nur auf Tradition und Autorität beruhen, (2) die Selbständigkeit der naturwissenschaftlichen Forschungen gegenüber Theologie und Philosophie, (3) die Anwendung der mathematischen Denkweise bei der Aufstellung von Hypothesen und (4) die Prüfung der abgeleiteten Resultate durch die Empirie.[202] Wo Differenzen zwischen den neuen Erkenntnissen und der Lehre der Hl. Schrift (bzw. der Kirche!) auftraten, behalf man sich mit der Akkommodationstheorie als hermeneutische Lösung: Die Schrift redet oft nur nach dem Augenschein und hat im übrigen nicht das Ziel, über historische oder naturwissenschaftliche Fragen Auskunft zu geben.[203]

e) Die Bedeutung des *Cartesianismus* für die hier besprochene Entwicklung liegt nicht so sehr in seinen Ergebnissen als vielmehr in seinem Prinzip.[204] Drei Aspekte der von René Descartes (1596–1650) vollzogenen Revolution sind hervorzuheben: (1) Das denkende Subjekt (das *Cogito*) ersetzt das zu bedenkende Objekt (z.B. die Offenbarung) als vorgegebener Ausgangspunkt; (2) die Folge ist ein grundsätzlicher Bruch mit der Tradition: Die Vernunft kann sich nur auf sich selbst verlassen, und das Wahre ist das Evidente und nicht mehr einfach das Verbürgte; (3) die Frage der doppelten Wahrheit (der theologischen und der philosophischen) wird jetzt im Sinn der universalen Herrschaft der Vernunft entschieden. Theologen, die einerseits Respekt vor der Autorität der Bibel hatten, andererseits aber von Descartes' Methode fasziniert waren, bildeten die sog. cartesianische Mittelpartei. Diese operierte mit folgenden Voraussetzungen: (1) Die Hl. Schrift besitzt in allen theologischen Fragen uneingeschränkte Autorität, soweit sie klare Aussagen macht; (2) die Philosophie besitzt in allen »natürlichen« Fragen uneingeschränkte Autorität und hat das Recht, in diesem Bereich alles frei und kritisch zu prüfen; (3) Theologie und Philosophie sind als auf verschiedenen Prinzipien beruhende und mit verschiedenen Materien befaßte Weisen des Erkennens grundsätzlich getrennt; (4) theologische und philosophische Sätze widersprechen sich nicht. Damit war nach Scholder die Bibelkritik zum ersten Mal prinzipiell begründet: »... denn wenn einerseits die philosophischen Erkenntnisse als sicher gelten, andererseits die Möglichkeit eines Widerspruchs ausgeschlossen wurde, so war die Kritik an der Schrift grundsätzlich gefordert, soweit nicht klare und *dogmatische* Aussagen ihr Grenzen setzten.«[205]

f) Die *Aufklärung* des 18. Jhs. zog diese Linien konsequent aus. Bei der Aufklärung handelt es sich ganz allgemein um ein »Lebenssystem, das gegründet ist auf die gläubige Voraussetzung der Allmacht des menschlichen Verstandes.«[206] Man ist von der Überlegenheit des menschlichen Selbstbewußtseins zutiefst überzeugt. Diese grundsätzliche Überlegenheit bemächtigt sich neben der erfahrbaren Wirklichkeit auch der Geschichte. Als Maßstab für das Urteil über die Geschichte gilt ganz einfach der Mensch der Gegenwart mit seiner Zuversicht zum menschlichen Urteilsvermögen. Dies bedeutet meistens ein radikales Gericht über die Vergangenheit. Auf dem Gebiet der Theologie unternahm man gleichfalls den Versuch, Gott in den Umkreis des souveränen menschlichen Selbstbewußtseins einzubeziehen.[207] Das Instrument der einsetzenden Kritik an Heiliger Schrift und Dogma ist das philosophisch-mathematische Denken, die anthropozentrische Grundhaltung, das neue Weltbild und der Maßstab der »historischen Wahrhaftigkeit«.

6.2 Die theologische Aufklärung

Die »natürliche Theologie« der Aufklärung blies zum Sturmangriff auf die überlieferten Glaubensinhalte. Man strich die Offenbarung immer mehr zusammen, bis am Schluß das übrig blieb, was man als »religiöse Vernunftwahrheiten« für gesichert hielt. So wird unter anderem auch die Lehre von der Inspiration der Heiligen Schrift geleugnet oder durch Umdeutung beseitigt.

a) So führt *J.F. W. Jerusalem* (1709–1789) in seinen »Betrachtungen über die vornehmsten Wahrheiten der Religion« (1768) aus, daß man unter Offenbarung die Bestätigung des allen Religionen zugrunde liegenden Glaubens an einen Gott zu verstehen habe. Diese »Offenbarung« ist relativ, weil sie keinen zureichenden Grund in sich selbst hat.

b) Der bedeutendste wissenschaftliche Vertreter der theologischen Aufklärung, *Johann Salomo Semler* (1725–1791) griff die Autorität des biblischen Kanon, die Gleichstellung von Altem und Neuem Testament, die Inspiration des biblischen Textes sowie die Identifizierung von Heiliger Schrift und Offenbarung mit historischen Mitteln und dem Kriterium der sittlichen Brauchbarkeit an.[208] Semler gibt die Identität von Wort Gottes und Heiliger Schrift preis. Er schreibt: »Es ist mir unbegreiflich, wie es geschehen kann, daß nachdenkende Christen, und sogar Lehrer, die nach ihrem Beruf helfen sollen, daß die heilsame Erkenntnis wachse, noch immer sich selbst hier verirren können, und heilige Bücher oder Schriften der Juden, und das hie und da, nicht durch und durch, darin enthaltene, mitgetheilte, eingekleidete Wort Gottes, oder allgemeine moralische Belehrung immer verwechseln.«[209] Dieses Zitat zeigt weiter, daß Semler unter »Wort Gottes« »allgemeine moralische Belehrung« versteht und der Meinung ist, daß die Bibel dieses »Wort Gottes« nur »hie und da« enthält.[210] Kriterium für die Feststellung, was nun »Wort Gottes« ist, soll die apostolische Christusbotschaft sein. Die zahlreichen Textvarianten sowie die zeitliche Priorität des mündlichen Wortes Gottes vor der geschriebenen Bibel machen nach Semlers Meinung die Unterscheidung von Gottes Wort und Bibel notwendig.[211] Die Textüberlieferung wird von Semler auch als Begründung dafür angeführt, weshalb die Lehre von der Verbalinspiration abzulehnen sei.[212] Für Semler ist nur der Inhalt der Schrift »göttlich«. Für das Äußere der Schrift gilt: »Wir können an den Buchstaben und Worten und an ihrer Verknüpfung in einer Schrift (der Bibel) nichts Göttliches im Unterschied (von) menschlicher Schrift sehen.«[213] Schon Semler gibt also die Verbalinspiration zugunsten einer Realinspiration auf.[214] Die alleinige Grundlage für die Überzeugung von dem göttlichen Ursprung des Inhalts der Bibel ist das innere Zeugnis des Heiligen Geistes.[215]

c) Auch *Johann Gottfried Herder* (1744–1803) konnte mit der Göttlichkeit und Inspiration der Bibel nichts anfangen. Er glaubte, daß die Offenbarung von der Vernunft abhängig sei. Die Bibel ist nicht etwa göttlichen Ursprungs, sondern lediglich Bildungs- und Geistesquelle.[216] Die Lehre von der Inspiration, diesem »Unbegriff der Eingeistung«[217], ist für Herder eine »niedrige Denkart dunkler Zeiten«, für die er nur Spott übrig hat.[218]

d) Bei *Gotthold Ephraim Lessing* (1729–1781) finden wir die Zusammenfassung der seitherigen Tendenzen. Die Lessingsche Veröffentlichung von Fragmenten aus der von H. S. Reimarus verfaßten »Apologie oder Schutzschrift für die vernünftigen Verehrer Gottes« (1767) war der schärfste Angriff auf das Christentum, den Deutschland im 18. Jh. erlebte. Die unmittelbare Folge der Veröffentlichung war der Fragmentenstreit (1777–1778).[219] Lessing interessierte vor allem die von Reimarus geübte historische Kritik der Offenbarung. Er betont gegenüber den Theologen, daß Offenbarung auf keinen Fall als historische Größe historisch begründet oder verteidigt werden kann. Ein historischer Beweis der Offenbarung impliziert einen historischen Beweis erfüllter Weissagungen und geschehener Wunder. Aber historische Beweise können nicht demonstriert werden. Deshalb folgert Lessing: »Wenn keine historische Wahrheit demonstriert werden kann: so kann auch nichts durch historische Wahrheiten demonstriert werden. Das ist: zufällige Geschichtswahrheiten können der Beweis von notwendigen Vernunftwahrheiten nie werden.«[220] Selbst wenn man die Inspiriertheit der biblischen Schreiber nachweisen könnte, wäre dies nur eine historische Gewißheit und keine (allgemeingültige) Vernunftwahrheit.[221] Geschichtswahrheiten können dann zu Vernunftwahrheiten werden, wenn sie menschlich »einleuchtend« sind und somit auch unabhängig von der Bibel sozusagen »rekonstruiert« werden können.[222] Die Polemik des Fragmentenstreits ist in ihren entscheidenden Sätzen eindeutig eine Bestreitung des Offenbarungsbegriffs und des protestantischen Schriftprinzips. Offenbarung ist nichts anderes als »Erziehung, die dem Menschengeschlechte geschehen ist und noch geschieht. Erziehung gibt dem Menschen nichts, was er nicht auch aus sich selbst haben könnte: sie gibt ihm das, was er aus sich selber haben könnte, nur geschwinder und leichter. Also gibt auch die Offenbarung dem Menschengeschlechte nichts, worauf die menschliche Vernunft, sich selbst überlassen, nicht auch kommen würde: sondern sie gab und gibt ihm die wichtigsten dieser Dinge nur früher.«[223]

6.3 Der theologische Idealismus

Der deutsche Idealismus, dem man die Philosophen Kant, Fichte, Schelling und Hegel, die Dichter Goethe und Schiller und unter den Theologen vor allem Schleiermacher zurechnet, setzt die Aufklärung voraus, geht aber in vieler Hinsicht über sie hinaus und sucht neue Lösungen der aufgeworfenen Fragen. Es zeigt sich jedoch, daß sich in den Fragen der Offenbarung und der Inspiration der Bibel kaum etwas geändert hat; die Linien der Aufklärung wurden konsequent ausgezogen.

a) Der Königsberger Philosophieprofessor *Immanuel Kant* (1724–1804) war von immenser Bedeutung für die protestantische Theologie. Menschliche Erkenntnis ist für ihn auf den Bereich der Erfahrung beschränkt, gebunden an die apriorischen Anschauungsformen von Raum und Zeit und an die unveränderlichen Denkkategorien. Das »Ding an sich«, die hinter den erfahrbaren Dingen liegende Wirklichkeit, kann nicht erkannt werden. Die menschliche Vernunft kann metaphysische Ideen wie Gott, Freiheit und Unsterblichkeit nicht beweisen, allerdings auch nicht widerlegen: Hier ist Platz für den Glauben. Sie sind Postulate der praktischen Vernunft, notwendige Überzeugungen des moralisch-sittlichen Bewußtseins. In der Religion kann a priori nur gelten, was auf Moral gegründet ist: die Moral ist das Ursprüngliche, die Religion das Hinzukommende, welche die sittlichen Pflichten als von Gott in unsere Vernunft gelegt erklärt. Das bedeutet eine Reduktion der Theologie auf Ethos und menschliche Existenz, die sich auf die Selbstgesetzgebung des menschlichen Willens gründet, die die Vernunft begreifen kann.[224]

Aus dem Gesagten wird deutlich, daß der Begriff »Offenbarung« die »bloße Vernunft« und damit die geforderte Vernunftreligion sprengt: Er beruft sich auf etwas, was nicht Gegenstand der Erfahrungserkenntnis sein kann.[225] Der Mensch hat die Religion in sich selbst mit seinem Verstand zu suchen und nicht außerhalb von sich selbst. Objektive, Information vermittelnde, autoritative göttliche Offenbarung ist grundsätzlich überflüssig.

Für die Bedeutung der Bibel ergibt sich aus dem Gesagten, daß sie »aus zwei ungleichartigen Stücken zusammengesetzt ist, dem ›Kanon‹, der den reinen Religionsglauben, und dem ›Organon‹ oder ›Vehikel‹, welcher den *angeblich* auf Offenbarung ruhenden Kirchenglauben erhält.«[226] Der moralisch-sittliche Gehalt der Bibel ergibt, »daß die Bibel gleich als ob sie eine göttliche Offenbarung wäre, aufbewahrt, moralisch benützt und der Religion als ihr Leitmotiv unterlegt zu werden verdiene.«[227] Die Auslegung der Bibel erschöpft sich in einer Kondensierung ihres Inhalts zu dem ethisch Verwertbaren im Vollzug der Vernunftreligion. Als hermeneutischer Grundsatz gilt: »Das Theoretische des Kirchenglaubens kann uns moralisch nicht interessieren, wenn es nicht zur Erfüllung aller Menschenpflichten als göttliche Gebote hinwirkt.«[228] Kant hat denn auch nie eine Kirche betreten, nicht einmal bei Universitätsfeiern. Der Mensch ist eben das Maß *aller* Dinge, auch der Religion und ihrer praktischen und theoretischen Möglichkeiten.[229]

b) Die *rationalistische Theologie* am Ende des 18. und in der ersten Hälfte des 19. Jhs. übernahm kritiklos die Maßgeblichkeit und Richtigkeit der Kantschen Kriterien. *J.F. Röhr* (1777–1848) betrachtet »die ursprüngliche, mit den Ansprüchen und Bedürfnissen unserer Vernunft und unseres Gewissens zusammengehaltene und aus dem Standpunkte des durch und durch sittlichen Geistes des Evangeliums in ihrem göttlichen Charakter erkannte Lehre Jesu Christi« als einzige

Richtschnur dafür, was in bezug auf den Sinn und den Inhalt der Bibel »als echt christlich und evangelisch anzusehen sei«[230]. Daraus ergibt sich konsequent: »Um also den christlichen Religionsglauben in seiner durchgängigen Vernunftmäßigkeit zu erkennen, kommt es nur darauf an, ihn von der zeit- und ortsgemäßen Hülle zu entkleiden, in der er Juden und Heiden dargeboten wurde, um sich an ihre Religionsbegriffe anzuschließen und sie allmählich zu läutern und zu berichtigen.«[231] Offenbarung und Inspiration wurden ersatzlos fallengelassen, die sittliche Vernunft des Menschen triumphiert.

Die »Normaldogmatik« dieser Theologie schrieb *J. A. L. Wegscheider* (1771–1849). Er bekennt sich ausdrücklich zu jenem »reineren« Religionstyp, der aus jenen Stellen der Bibel zu wissen ist, die mit den von Gott dem menschlichen Geist eingepflanzten Gesetzen übereinstimmen.[232] Wenn die Lehre der »positiven« Religion das Maß der »rechten Vernunft« überschreitet, ist die entsprechende Behauptung als antiker Mythus, als zeitlich bedingte Anpassung (Akkommodation), oder als spekulative Zutat auszuscheiden.[233]

c) Die *supranaturalistische Theologie,* die vor allem in Württemberg blühte, verteidigte unter apologetischer Verwendung von Kants erkenntnistheoretischen Kriterien den Glauben an eine unmittelbare, übernatürliche Offenbarung. Man erhob Jesus zum Garanten der göttlichen Autorität der Heiligen Schrift, ließ sich aber nicht daran hindern, diese ganz nach der Art des Rationalismus mit dem Maßstab der Vernunft zu behandeln. Der Hauptvertreter dieser Richtung war *G.Chr. Storr* (1746–1805). Er gibt die orthodoxe Verbalinspirationslehre preis und ersetzt die göttliche Kommunikation des Inhalts *(suggestio rerum)* durch »Leitung« *(directio).*[234] Die Bedeutung des Supranaturalismus besteht darin, daß er die konservativen theologischen und kirchlichen Kräfte anzog und damit die Überwindung des Rationalismus einleitete.[235]

d) Der Theologe und Philosoph *Friedrich Schleiermacher* (1768–1834), dessen Gedankenwelt die Theologie des 19. und beginnenden 20. Jhs. beherrschte, wußte sich für die intellektuellen und sittlichen Grundlagen der geistigen Welt am Ende des 18. Jhs. verantwortlich. Es war Karl Barth, der Schleiermachers Theologie als »Kulturtheologie«, die das Reich Gottes mit dem Fortschritt der Kultur identifizierte, zu verstehen lehrte.[236] Das christliche fromme Selbstbewußtsein, das sich selbst betrachtet und beschreibt, ist für Schleiermacher Grundlage und Inhalt der Theologie. So findet bei ihm eine Immunisierung des Offenbarungsbegriffs statt[237]: Der Ausspruch der Vorstellung »Gott« ist Aussprache des Gefühls über sich selbst, ist unmittelbarste Selbstreflexion. Schleiermacher wehrt sich gegen die Auffassung der Offenbarung als autoritativ mitgeteilte objektive Wahrheit, die den Menschen als kognitives Wesen anspricht. Eine göttliche Intervention in der Welt sei eine unnötige Bürde für das religiöse Denken[238], »Offenbarung« lediglich die Beschreibung des religiösen menschlichen Bewußtseins.

Schleiermachers Vorstellung von der »Inspiration« hängt mit seinem Begriff des Heiligen Geistes als »Gemeingeist der christlichen Kirche«[239] zusammen. Fragen nach dem Verhältnis dieses Geistes zu dem Heiligen Geist der Trinität werden ausdrücklich abgewiesen.[240] Die Inspiration soll an der Geschichte, in der sie erscheint, begreiflich gemacht werden. Das Alte Testament teilt weder die »normale Dignität« noch die »Eingebung« des Neuen; es ist aus dem israelitischen Gemeingeist geboren, der mit dem christlichen Gemeingeist nur insofern verwandt ist, als sich mit ihm das Bewußtsein der Erlösungsbedürftigkeit verbindet. Das Neue Testament ist der Ausdruck eines persönlich empfangenen Geistes. Die Apostel waren als die ursprünglichsten Nachfolger Jesu am stärksten Träger dieses christlichen Gemeingeistes – in dieser Hinsicht sind sie inspiriert, ist ihre »Gedankenerzeugung« vom Geist »eingegeben«. Der reinigende Einfluß der lebendigen Erinnerung an Christus macht sie als erstes Glied der Darstellung des christlichen Glaubens zur Norm für alle folgenden; auch die Apokryphen sind inspiriert, sofern sie noch mehr oder weniger aus diesem ursprünglichen Gemeingeist hervorgingen.[241] Für die Wirksamkeit des Geistes bleibt nur ein »innerlicher Impuls«.[242]

Inspiration im traditionellen Sinn kann man die schleiermacherscher »Beeinflussung durch den Gemeingeist«, die als innerlicher Impuls stattfand, nicht mehr nennen. Die Bibel ist hier nicht mehr Offenbarung und Wort Gottes, sondern vielmehr ein schriftliches Zeugnis von der Stellung des Menschen zu Gott, von der religiösen Erfahrung des menschlichen Selbstbewußtseins. Auch hier ist der Mensch allein auf dem Platz geblieben: er allein ist das Subjekt, die Heilige Schrift ist sein Prädikat geworden.[243]

7. Die Auseinandersetzung im 19. und frühen 20. Jahrhundert

Im 19. Jh. wurden in Deutschland ca. 300 Abhandlungen evangelischer Theologen (und Laien!) zur Schriftfrage veröffentlicht.[244] Nachdem Aufklärungstheologie und Rationalismus mit der Destruktivität ihres anthropozentrisch-rationalen Ansatzes zu erschreckend hohlen theologischen, das heißt eigentlich: moralisch-sittlichen Sätzen geführt hatten, tauchte mit dem Erstarken der konfessionellen Strömungen allmählich wieder das Bestreben auf, der Heiligen Schrift eine größere Autorität zu sichern.

7.1 Die konservative Theologie

Verschiedene konfessionell-orthodoxe Theologen, die meist mit der Erweckungsbewegung in Verbindung standen, verteidigten und bekräftigten die »alte« Inspirationslehre.

a) Der reformierte Theologe *L. Gaussen* (1790–1863) verteidigte, nachdem er als junger Pfarrer Anhänger des Rationalismus war und sich dann bekehrt hatte, mit Entschiedenheit die Verbalinspiration.[245] Unter »Theopneustie« versteht Gaussen die unerklärliche Macht, die der Heilige Geist auf die biblischen Schreiber ausgeübt hat, um sie in der Wortwahl zu leiten und sie vor jeglichem Irrtum zu bewahren. Alle Worte der Bibel sind von Menschen und gleichzeitig von Gott.[246]

b) Der aus der Erweckungsbewegung stammende Lutheraner *A.G. Rudelbach* (1792–1862) veröffentlichte in der von ihm mitbegründeten »Zeitschrift für die Gesamte Lutherische Theologie und Kirche« eine Artikelserie über die Inspiration, die historisch-apologetisch orientiert ist.[247] Er betont die Unzertrennlichkeit von Heiliger Schrift und Gottes Wort und die Bedeutung des Zeugnisses Jesu für die Inspiration des Alten Testaments.

c) Der ebenfalls der Erweckungstheologie verbundene Tübinger Dogmatiker *J.T. Beck* (1804–1878) will jede Einmischung trübender und verunreinigender Elemente bei der Auffassung und Mitteilung der Offenbarung ausschalten.[248] Die Heilige Schrift ist als vollkommene Offenbarung Organ der Wahrheit und originalgetreue Darstellung der jeweiligen Offenbarungsstufe und Geistwirksamkeit. Beim Vorgang der Theopneustie (Inspiration) wirkt der Geist so auf den Schreiber ein, daß seine Handlungen und Reden Reflexe dieser inneren göttlichen Einwirkung sind.[249] Das Offenbarungszeugnis hat in erster Linie mit geistlicher Wahrheit zu tun; wenn gegenständliche Dinge wie Chronologie, Geographie u.a. nicht aus dem »Kreis der Offenbarung« sondern aus der natürlichen Kenntnis der Schreiber stammen, so sind »Fehlgriffe« nicht ausgeschlossen.[250] Die Schrift ist entstanden aus lebendiger und dynamischer »Einung« und Durchdringung des menschlichen und des göttlichen Geistes.[251] Beck ist im Blick auf die Situation des 19. Jhs. kein entscheidender Neuansatz gelungen.

d) Konsequenter ist *F.A. Philippi* (1809–1882), der Inspiration definiert als »der höchste oder absolute Grad der Erleuchtung, bei welcher kein Irrtum und keine Trübung durch den Menschengeist mehr denkbar ist.«[252] Er setzt sich für eine Erneuerung der altprotestantischen Inspirationsauffassung mit einer Bekräftigung der Verbalinspiration ein.[253]

e) Am Ende des Jahrhunderts wurde die altprotestantische Inspirationslehre noch einmal gegen die Bibelkritik verteidigt. *W. Rohnert* bekräftigt, daß die Bibel durchgängig und sowohl in Haupt- wie in Nebensachen Gottes untrügliches, irrtumsfreies Wort ist. Er betont, daß diese Tatsache keine Passivität der Schreiber voraussetze.[254] Der Superintendent von Pless, *W. Kölling*, war ebenfalls ein entschiedener Verfechter der »orthodoxen«, d.h. auch patristischen und reformatorischen Schrift- und Inspirationsauffassung.[255]

7.2 Die liberale Theologie

Die hier im allgemeinen Sinn als »liberal« bezeichnete Theologie ging im Gefolge von Lessing, Kant und Schleiermacher von der Unmöglichkeit bzw. Irrelevanz objektiver, autoritativer Offenbarung aus und wehrte sich gegen die versuchte Erneuerung der alten Inspirationslehre. Entscheidend wurde, vor allem in der zweiten Hälfte des Jahrhunderts, die neukantianische Philosophie, die durch Albrecht Ritschl und Adolf von Harnack in die Theologie strömte. Die einseitige Betonung der inneren Wahrnehmung (Moral, Welt der Werte) als alleinige, primäre Realität im Gegensatz zur äußeren Wahrnehmung (Welt, Wesen des Seins)[256] hatte für die Theologie maßgebliche Folgen. Die »Wissenschaft«, also auch die historische Quellen- und Literarkritik an der Bibel, hat es mit einem wertneutralen Sein zu tun, das nach den deterministischen Gesetzen der Natur abläuft. Für die Religion sind die entsprechenden »Seinsurteile«, die Metaphysik, die Aussagen über das Wesen der Welt, eigentlich irrelevant: »Gott-verbunden« ist der Mensch nur in der Moral, in der Welt der Werte.[257] Diese Trennung von Seins- und Werturteilen auch in der Theologie, die die »Offenbarung« auf Ethos und Existenz einengte, führte zu einer Einengung der »Inspiration« der Schrift: Nur »Werturteile«, also Aussagen über Moral (das Heil hier miteingeschlossen!), sind relevant und deshalb als »inspirierte Offenbarung« anzusehen.

a) Der einflußreichste Dogmatiker seit Schleiermacher, *Albrecht Ritschl* (1822–1889), will die »alte Inspirationstheorie« durch den Weg geschichtlicher Betrachtung ersetzt sehen.[258] Der Vorzug der biblischen Bücher vor allen anderen christlichen Schriften ist mit der »authentischen alttestamentlichen Bedingtheit des fundamentalen christlichen Ideenkreises« begründet. Wenn deshalb einzelne Anschauungen in den apostolischen Schriften nachweislich nicht auf einem authentischen Verständnis der alttestamentlichen Reli-

gion beruhen, sind sie für den theologischen Gebrauch ungeeignet.

b) Die baltische Kirche erlebte einen Entrüstungssturm[259],
als die Dorpater Professoren *W. Volck* und *E. Mühlau* den Gemeinden zu zeigen versuchten, daß die tatsächliche Beschaffenheit der Heiligen Schrift ein Festhalten an der alten Inspirationslehre unmöglich mache. Sie wiesen darauf hin, daß die
Preisgabe der Irrtumslosigkeit der Bibel und die Bibelkritik
die Würde der Bibel keineswegs außer Kraft setze.[260] Der
praktische Theologe Th. Harnack nahm die angegriffenen
Professoren in Schutz, indem er darauf hinwies, daß wir nicht
an ein Buch, sondern an Jesus Christus glauben.[261]

c) Der Marburger *Wilhelm Herrmann* (1846–1922), ein
Lehrer Rudolf Bultmanns, fragt unter dem Einfluß von Kants
Vernunftbegriff nach dem Recht und der Selbständigkeit der
Religion. Von Ritschl ausgehend lehnt er die alte Inspirations-
lehre grundsätzlich ab, da die Vorstellung einer »inspirierten«
Schrift die Erkenntnis der Offenbarung, die nicht mit Hetero-
nomie in Verbindung zu bringen ist, erschwere. Die normative
Autorität der neutestamentlichen Bücher ergibt sich aus de-
ren geschichtlicher Stellung sowie aus der Tatsache, daß sie
von der Kirche als Urkunde der Offenbarung anerkannt sei.
Von einer Inspiration kann nur insofern die Rede sein, als sie
aus dem Eindruck des Offenbarungsgeschehens auf gläubige
Menschen hervorgegangen ist, und diese Inspiration »sollen
wir alle haben«.[262]

7.3 *Die vermittelnde Theologie*

Nicht nur die Vermittlungstheologen im eigentlichen Sinn
(wie Rothe), sondern auch »konservative« Liberale und »offene« Konservative versuchten, die Offenbarung, die Inspiration und die Autorität der Bibel zu retten und gleichzeitig
(mehr oder weniger bewußt) der philosophischen Grundströ-
mung und den Ergebnissen der historischen und naturwissenschaftlichen Disziplinen sowie der Bibelkritik Rechnung zu
tragen.

a) Der Erweckungstheologe *A. Tholuck* (1799–1877) verteidigte gegenüber Rudelbach eine »freiere Fassung« der Inspirationslehre.[263] Er betont, daß die uns vorliegende Bibel »auf keinen Fall als wörtlich inspiriert gelten« kann, da ihr äußerlicher Gehalt nicht bis in alle Details gesichert ist.[264] Er versteht Inspiration als Hebung der Individualität der Schreiber.[265]

b) Für die positiv gläubigen Kreise war weithin der Begriff von der »Gottmenschlichkeit« der Bibel die beliebteste Formel, um das Wesen der Heiligen Schrift zum Ausdruck zu bringen. Dieser Begriff war von *R. Stier* in die Diskussion eingebracht und von *J. Lange* und *E. Riehm* weiterentwickelt worden.[266] Man vergleicht den »Gottmenschen« Christus, der neben seiner göttlichen auch eine menschliche, auch ohne Offenbarung durch den menschlichen Verstand zugängliche Seite besitzt, mit der Bibel. Die Frage, wo die Grenze zwischen dem Göttlichen und dem Menschlichen in der Bibel verläuft, wird nicht beantwortet.

c) Der originellste Denker der eigentlichen Vermittlungstheologie, *R. Rothe* (1799–1867), veröffentlichte mehrere Artikel über das Thema »Offenbarung und Heilige Schrift«.[267] Er schreibt ganz offen: »So verzichte ich denn auf alle Verhüllungen und gebe offen und ehrlich die These, daß die Bibel inspiriert sei, überhaupt auf.«[268] Rothe will jedoch die Begriffe der Offenbarung und Inspiration nicht völlig preisgeben. Die Offenbarung hat eine objektive Seite, die in Gottes übernatürlicher Manifestation in der natürlichen Geschichte evident wird. Die subjektive Seite der Offenbarung besteht in der inneren Erleuchtung des Menschen durch Gott, die zu einer unmittelbaren Erzeugung von Erkenntnissen im Menschen und zum richtigen Verständnis der übernatürlichen Geschichtsereignisse führt. Dieses subjektive Moment nennt Rothe »Inspiration«[269]. Der Begriff der Inspiration ist ganz losgelöst von der Bibel, die lediglich eine Urkunde über die göttliche Offenbarung, aber nicht diese selbst ist.[270] Die Autorität dieser Offenbarungsurkunde ergibt sich aus dem unmittelbaren Eindruck, den sie auf uns »Spätgeborene« macht; von unbedingter normativer Autorität ist jedoch nur das »Offenbarungsgemäße« in der Bibel, alles andere ist im Grunde irrelevant.[271] Somit gerät der Glaube, und gerade der Glaube der gläubigen

Gemeinde, in die Abhängigkeit von der »wissenschaftlichen« Theologie, die die Aufgabe hat, das wahrhaft offenbarungsmäßige der Schrift herauszustellen.

d) Der Erlanger *J.Chr. K. von Hofmann* (1810–1877), der gewöhnlich unter die »Biblizisten« eingereiht wird, will die einzelnen Teile der Heiligen Schrift im Gesamtrahmen der Geschichte Gottes mit den Menschen verstehen und erst von daher als Wort Gottes anerkennen.[272] Er hat im Blick auf das Erstere viel Wichtiges gesagt, wich aber der Frage der Inspiration der Schrift oder ihrer Teile aus.

e) Der Dogmatiker *F.A. Nitzsch* (1832–1898) will die »Inspiration« in Beziehung zur Heiligen Schrift setzen und versteht sie deshalb als Erleuchtung der in der Schrift zu Wort kommenden Zeugen der Offenbarung, die in einem geschichtlich unwiederholbaren Verhältnis zum Offenbarungsgeschehen standen.[273] Diese »Personalinspiration« ist jedoch keinesfalls grundsätzlich von der bei allen Gläubigen durch die Offenbarung bewirkten Erleuchtung verschieden.

f) Eine ähnliche Position nimmt *H. Cremer* (1834–1903) ein, der auch als »Biblizist« gilt (und vom liberalen Kulturprotestantismus seiner Zeit bitter bekämpft wurde). Er definiert Inspiration als »die Einwirkung des heiligen Geistes auf die Entstehung der heiligen Schrift, durch welche dieselbe Ausdruck des uns geltenden Willens Gottes oder des Wortes Gottes geworden ist« und als »Amtsgnade« oder Charisma, »welches sie befähigt, ungeachtet der individuellen, allgemein menschlichen sowohl wie schuldbaren, Unvollkommenheit zu einer für alle Zeit grundlegenden und maßgebenden Aussage der Heilstatsachen und ihrer Bedeutung.«[274] Auch hier scheint sich die Autorität der Schrift auf die »Heilstatsachen« zu beschränken.

g) Der Erlanger *H.R. Frank* (1827–1894) lehnt es ab, »das Wort der Schrift als das Wort Gottes schlechthin oder allein anzusehen«, weil das Maß und der Grad der Inspiration davon abhängt, wie nah oder wie entfernt das Verhältnis zwischen den biblischen Aussagen und dem Zentrum des christlichen Glaubens ist.[275] Die Autorität der Schrift hängt mit der Augenzeugenschaft der biblischen Schreiber und der charismatischen Begabung der Urkirche zusammen. Auch hier wird die Autorität der Schrift nicht von Gott, sondern von Menschen garantiert.

h) Der Rostocker Professor für historische Theologie *A. Dieckhoff* (1823–1894) verteidigt gegenüber von Hofmann konfessionell-konservativ die reformatorische Lehre von der Ausschließlichkeit der Heiligen Schrift gegenüber subjektiver Erfahrung[276], schließt aber aufgrund der menschlichen Mitwirkung beim Zustandekommen der Heiligen Schrift ausdrücklich menschliche Irrtümer *nicht* aus.[277]

7.4 Der Streit auf Gemeindeebene

Vertreter der alten (Verbal-)Inspirationslehre wie Superintendent Kölling waren unter den Universitätstheologen praktisch nicht zu finden. Aber unter den Pastoren[278] und den gläubigen Laien[279] fanden sich umso mehr »Mitkämpfer«. Die oben erwähnte Auseinandersetzung im Baltikum ist ein Beispiel.

a) Ein weiteres Beispiel ist die Unruhe unter den konservativen Gemeinden und Gemeinschaften, die von einer Schrift von *R. Kinzler,* theologischer Lehrer am Basler Missionshaus, verursacht wurde.[280] Er wollte zeigen, daß die Heilige Schrift ihre Autorität für den Glauben nicht verliert, auch wenn man ehrlich Anstößiges und Unvollkommenes in der Bibel zugibt. Kinzler lehnt die Gleichsetzung von Wort Gottes und Heiliger Schrift ebenso ab, wie die »alte« Inspirationslehre, verteidigt aber entschieden die historisch-kritische Methode samt ihren Ergebnissen.[281] Ein »offener Brief« des Berner Schuldirektors *Th. von Lerber* griff Kinzlers Schrift heftig an und führte zu einer starken Beunruhigung der süddeutschen Gemeinschaftskreise.

b) In diese Zeit fällt auch die Gründung des *Bibelbundes* durch Superintendent Vogel, Professor Beyer, und fünf Pfarrer, um – wie sie es ausdrückten – die Treuen zu sammeln, die Schwachen zu stärken, den Kampf gegen den modernen Aberglauben aufzunehmen und die Bibel als Gottes Wort zu verteidigen.[282]

Die grundlegenden rationalistisch-humanistischen Entscheidungen des 18. Jhs. und die Forschungsergebnisse des 19. Jhs., die man im Rahmen des allgemeinen Fortschrittglaubens für »gesichert« hielt, machten es für einen Universitätstheologen anscheinend praktisch unmöglich die »alte« (Verbal-) Inspirationslehre, d.h. die objektive Offenbarungsqualität und göttliche Autorität der Heiligen Schrift zu vertreten. Während diese in vielen Gemeinden und vor allem in den Gemeinschaftskreisen geglaubt und verteidigt wurde, hielt die »wissenschaftliche« Theologie die Unhaltbarkeit der alten orthodoxen Inspirationslehre für eine Selbstverständlichkeit. Ihre konservativen Vertreter waren davon überzeugt, daß die Begründung der Autorität der Bibel *nicht* durch eine Lehre über die Entstehung der Bibel geliefert werden kann, sondern mit dem Erleuchtetsein der biblischen Schreiber als Augenzeugen und mit der Wirksamkeit der Schrift in Zusammenhang zu bringen ist.

a) Der dem sog. Biblizismus zugerechnete *Martin Kähler* (1835–1912) will deshalb zeigen, daß die orthodoxe Inspirationslehre nicht zu dem gehört, wofür die »Bibelverehrer« streiten dürfen.[283] Er führt dafür vier Gründe an: sie ist nicht die Lehre des NT; sie hat den Streit in Glaubensfragen auch zur Zeit ihrer Geltung nicht beenden können; wir haben keine entsprechend notwendige unfehlbare Auslegung; sie ist für den Heilsglauben nicht notwendig.[284] Angesichts der neuen Zeit wird man das Vertrauen der Bibel als dem Wort Gottes »in neuer Art und Weise, in neuen Anschauungen oder Anschauungsformen gewinnen müssen.«[285]

b) Für *Adolf Schlatter* (1852–1938) beruht die Autorität der Schrift auf ihrem Vermögen, »Lebensprozesse« in uns zu erregen, unseren »Gedankenlauf« von innen her zu reformieren, sich an uns als Gabe Gottes zu bewähren.[286] Das Postulat der Unfehlbarkeit der Schrift spricht dieser ein Merkmal zu, das allein Gott gebührt. Gottes Offenbarung bezieht bewußt den ganzen Menschen mit seinen Schwächen, seiner Fehlbarkeit und seiner Irrtumsfähigkeit ein. Unfehlbar ist die Schrift nur darin, daß sie uns zum Unfehlbaren, zu Gott führt.[287] Schlatter nimmt eine Mittelstellung zwischen Kritik und konservativer Schriftauffassung ein.[288]

c) Der von Professor *D. Kirn* auf der Württembergischen Theologischen Konferenz im Jahre 1897 gehaltene Vortrag über »Die Autorität der Heiligen Schrift für das christliche Leben und Erkennen« spiegelt die Schrifthaltung jener Theologen wieder, die einerseits die »Ergebnisse« des 19. Jhs. bewahren, andererseits den Bedürfnissen der Gemeinden gerecht werden wollten.[289] Seine fünf Hauptpunkte lauten: (1) Die Autorität der Bibel beruht auf ihrer Kraft, die der Glaube jederzeit erfahren kann, und nicht auf einer Theorie über ihre Entstehung. (2) Die Autorität der Bibel ist letzten Endes die Autorität Jesu Christi, von dem sie zeugt, und sie eignet jedem Teil der Bibel in dem Maße, als er Jesus dem Glauben erkennbar macht. (3) Die geschichtliche Heilsoffenbarung Gottes fordert ein religiöses *und* geschichtliches Verstehen, was der historisch-kritische Empirismus und der geschichtslose Supranaturalismus verkennt. (4) Die Heilige Schrift ist sowohl Gnadenmittel als auch Erkenntnisprinzip, wobei letzteres vom ersten abhängig ist. (5) Der praktisch-erbauliche Gebrauch der Bibel ist von den Fragen und Ergebnissen der Kritik unabhängig.

d) Der Hauptvertreter der sogenannten »positiven Theologie«, *R. Seeberg* (1859–1935), stellt fest, daß die »altersgraue Mauer« der Verbalinspiration der Bibel eingefallen und »wie über Nacht« verschwunden ist.[290] Kein namhafter Theologe setzt sich noch für sie ein. Er erkennt immerhin den revolutionären Charakter dieser Preisgabe einer jahrhundertelang vertretenen Lehre. Unter Inspiration versteht man jetzt nicht mehr eine Mitteilung von Tatsachen oder Worten, sondern die Einwirkung Gottes zum Verständnis der gegebenen geschichtlichen Offenbarungstatsachen: »Die Inspiration kann der Seele nie die Kenntnis von natürlichen oder geschichtlichen Tatsachen zuführen, die der Mensch sonst nicht kennt, sondern sie führt ihn zu dem Verständnis, zur Deutung, zur Beurteilung der Tatsachen.«[291] Es gelingt Seeberg nicht, die Autorität der Schrift als ganze oder auch nur der in ihr enthaltenen geschichtlichen Offenbarung festzumachen.

e) Die für lange Zeit letzte Schrift über die Inspiration der Bibel stammt von *Karl Girgensohn*.[292] Er geht von dem Begriff der »Gottmenschlichkeit« der Bibel aus: Die Schrift ist Urkunde der geschichtlichen Offenbarung, von Zeugen verfaßt, die zur Schaffung eines »Ausdrucks« inspiriert waren, welcher die Offenbarung so sah, verstand und wiedergab, daß er »fortzeugend« wirken konnte. Absolute Fehlerlosigkeit ist nicht gegeben und auch nicht notwendig, da nur das als Produkt des schriftstellerischen Verfahrens entstehen sollte, was Gott als Ziel beabsichtigt hatte. Nur die Verkündigung des Heilswillens Gottes und der Art seiner Realisierung sind inspiriert.[293] Girgensohn spaltet die Bibel dualistisch in eine inspirierte pneumatisch-göttliche und in eine menschlich-allzumenschliche Seite (mit Versehen, Widersprüchen, Irrtümern, Groteskheiten) auf. Auch ihm gelingt es nicht, über eine Personalinspiration der Zeugen und eine Realinspiration des Heilsgeschehens zur entscheidenden, weil Autorität begründenden, Frage der Inspiriertheit des Textes der Bibel vorzudringen.

7.6 Die Situation im Katholizismus

Bis in die Zeit nach der Reformation sprachen die katholischen Theologen von der Inspiration des Heiligen Geistes, ohne diese in ihrem Wesen, ihren Grundlagen und ihren Konsequenzen näher zu bestimmen. Die göttliche Autorität und Unfehlbarkeit der Heiligen Schrift wurden nicht angezweifelt. Mit dem Aufkommen der Naturwissenschaften und der von den rationalistisch-humanistischen Prinzipien der Aufklärung beherrschten protestantischen Bibelkritik wurden im 19. Jh. allmählich immer mehr abweichende Meinungen von katholischen Theologen und Laien vorgetragen.[294] Die Kirchenleitung war deshalb gezwungen, in offiziellen Verlautbarungen auf diese Meinungen einzugehen.[295]

a) Das *Erste Vatikanische Konzil* (1870) bekräftigt in der dogmatischen Konstitution »*Dei Filius*« im zweiten Kapitel »Über den Glauben« im wesentlichen die Bestimmungen des Trienter Konzils. Die Inspiration wird genauer erklärt: Die

Kirche hält die Bücher des Alten und Neuen Testaments nicht deshalb für heilig und kanonisch, »weil sie, von menschlicher Arbeit allein zusammengestellt, dann von ihrer Autorität gebilligt wären; auch nicht nur deshalb, weil sie die Offenbarung ohne Irrtum enthielten, sondern deswegen, weil sie, von der Inspiration des Heiligen Geistes geschrieben, Gott zum Verfasser haben und als solche der Kirche selbst übergeben sind.«[296] Die Bedeutung der menschlichen Faktoren bei der Entstehung der Bibel wurden noch nicht behandelt.

b) Papst Leo XIII. reagierte mit der großen Bibelenzyklika »*Providentissimus Deus*« (18.11.1893) auf katholische Forscher wie A. Rohling, Francois Lenormant, Kardinal Henry Newman, Maurice d'Hulst und andere, die die Inspiration und die mit ihr zusammenhängende Irrtumslosigkeit der Heiligen Schrift auf die in ihr enthaltenen Heilswahrheiten einschränken wollten.[297] Im Blick auf naturwissenschaftliche Schwierigkeiten heißt es, daß die Bibel an den entsprechenden Stellen oft im übertragenen Sinn redet und sich der allgemeinen, volkstümlichen Redeweise anpaßt. Eine Einschränkung der Inspiration auf bestimmte Teile der Schrift, auf Sachen des Glaubens und der Sitten, wird genauso abgelehnt wie die Meinung, die biblischen Schreiber hätten sich geirrt. »Vielmehr sind alle Bücher, die die Kirche als heilig und kanonisch anerkennt, vollständig mit allen ihren Teilen unter Eingebung des Heiligen Geistes verfaßt. Der göttlichen Eingebung jedoch kann kein Irrtum unterlaufen. Sie schließt ihrem Wesen nach jeden Irrtum aus. Mit derselben Notwendigkeit schließt sie ihn vollkommen aus, mit der Gott, die höchste Wahrheit, nicht Urheber eines Irrtums sein kann. So ist es alter und beständiger Glaube der Kirche.«[298]

c) Leo XIII. gründete mit dem apostolischen Schreiben »*Vigilantiae studiique*« (30.10.1902) die Bibelkommission[299], die in der Zeit vor dem Ersten Weltkrieg den Kampf gegen den Modernismus aktiv aufnahm.[300] Pius X. stellte in der Enzyklika »*Pascendi dominici*« (8.9.1907) eine Anzahl modernistischer Irrtümer zusammen, die nicht der katholischen Lehre entsprechen.[301] Unter anderem wird die Meinung zurückgewiesen, die Inspiration der Bibel unterscheide sich höchstens in der Intensität von dem Antrieb, der jeden gläubigen Menschen veranlaßt, seinen Glauben mündlich oder schriftlich mitzuteilen.

d) Benedikt XV. bekräftigt mit der Bibelenzyklika »*Spiritus Paraclitus*« (15.9.1920) in einer Zeit, in der man Anschluß an die gemäßigtere protestantische Schrifterklärung suchte, die durchgehende Inspiration, Wahrheit und Irrtumslosigkeit der Heiligen Schrift in *allen* Fragen.[302] Die Beschränkung der Inspiration auf bestimmte Teile oder Wahrheiten der Bibel wird wie die Annahme der Irrtumsfähigkeit der biblischen Schreiber ausdrücklich abgelehnt.

7.7 Die Situation in den Vereinigten Staaten

In Nordamerika war die Lage völlig anders als in Europa. Orthodoxe Presbyterianer und andere Konservative waren zum Teil sehr einflußreich und wirkten auf verschiedenen Ebenen in viele Kreise hinein.

a) Das 1812 von dem Presbyterianer Archibald Alexander mitbegründete *Princeton Theological Seminary* war ein Bollwerk gegen die in Nordamerika damals ohnehin nicht sehr einflußreiche liberale Theologie. Die dort unterrichtenden späteren Systematiker *Charles Hodge* (1797–1878) und *Benjamin B. Warfield* (1851–1921) vertraten und begründeten eine konservative Position und Apologetik, deren Grundlage die Überzeugung von der objektiven göttlichen Offenbarung und der Inspiration, Autorität und vollkommenen Unfehlbarkeit der Heiligen Schrift bildete.[303] Die lutherische *Missouri-Synode* ist als unmittelbare Fortsetzung der Orthodoxie bis in die Gegenwart hinein bezeichnet worden.[304]

b) Der sog. *Fundamentalismus* entstand durch verschiedene Bibelkonferenzen der 70er Jahre des 19. Jhs. in den Vereinigten Staaten, auf denen das Festhalten an den Grundlehren des christlichen Glaubens angesichts der modernen Bedrohungen durch den theologischen Liberalismus und die vom Evolutionsgedanken beherrschte Wissenschaft betont wurde. Man setzte sich vor allem für die Irrtumslosigkeit der Heiligen Schrift, die Jungfrauengeburt, das stellvertretende Sühnopfer und die leibliche Auferstehung und Wiederkunft Jesu Christi ein.[305] Die Bezeichnung »Fundamentalisten« entstand aus der Gewohnheit, diese zu verteidigenden Wahrheiten als *»fundamentals«*, als fundamentale bzw. grund-legende biblische Lehren zu bezeichnen.[306] 1919 wurde im *Moody Bible Institute* in Chicago die *»World's Christian Fundamentals Association«* gegründet, die lange Hauptträger der Bewegung war. Als die »Fundamentalisten« 1929 eine Wahl am *Princeton Theological Seminary* verloren, das sich in der Zwischenzeit den modernen Strömungen geöffnet hatte, trat eine ganze Reihe von Professoren zurück und gründete noch im selben Jahr das heute noch bestehende *Westminster Theological Seminary*. Weil die »Fundamentalisten« sehr stark im apologetischen Kampf gegen den Liberalismus engagiert waren, wurde ihnen der Vorwurf des Extremismus und Obskurantismus zum Teil leider zu Recht gemacht.[307]

8. Die Dialektische Theologie

Wie verschieden die einzelnen Systeme der Dialektischen Theologie auch sein mögen, so stimmen sie wenigstens darin überein, daß das, was mit »Offenbarung« bezeichnet wird, jedenfalls dynamisch zu verstehen ist und keine statische Form mit unveränderlichem Inhalt hat, der einer beschreibenden Analyse unterworfen werden könnte. »Offenbarung« kann nicht ontologisch, sondern nur existentiell erfaßt werden und ist in dieser Hinsicht Quelle des Glaubens.[308] Der Text der Bibel ist für die Dialektische Theologie in keinem Fall eine objektive, historisch zuverlässige, autoritative Offenbarung.

8.1 Rudolf Bultmann (1884–1976)

In einer frühen Schrift mit dem Titel »Der Begriff der Offenbarung im Neuen Testament« hält Bultmann grundsätzlich fest, daß der neutestamentliche Offenbarungsbegriff nicht als bloße Mitteilung sondern als Anrede zu verstehen ist.[309] »Offenbarung« ist ein Geschehen, »nicht Aufklärung, Wissensmitteilung«, und dieses Offenbarungsgeschehen ist »nicht ein außerhalb unser sich vollziehender kosmischer Vorgang«, sondern betrifft uns unmittelbar und vollzieht sich an uns selbst.[310] So formuliert Bultmann scharf: »Was ist also offenbart worden? Gar nichts, sofern die Frage nach Offenbarung nach Lehren fragt, nach Lehren etwa, auf die kein Mensch hätte kommen können, nach Geheimnissen, die, wenn sie mitgeteilt sind, ein für allemal gewußt werden. Aber alles, insofern dem Menschen die Augen geöffnet sind über sich selbst und er sich selbst wieder verstehen kann.«[311] Dieses wahre, existentielle Selbstbewußtsein, das der Mensch anhand biblischer Texte erlangt, ist Gehorsam, ist Glaube »je im Jetzt«, ist Antwort auf die Anrede Gottes. Die Frage, welches nun unzweideutig das Wort Gottes ist, muß als unberechtigt abgewiesen werden, da sie auf der falschen und irrigen Vorstellung beruht, daß das »Wort Gottes« ein vorfindlicher und in seinem Gehalt verständlicher Komplex von Aussagen sei.[312] Mit anderen Worten: »Wort Gottes« hat nichts mit objektiven, verständlichen Aussagen zu tun und ist schon gar nicht mit der Heiligen Schrift gleichzusetzen. Es ist dort irgendwie vorhanden, wo der Mensch je hört.

Man versteht von hier aus, daß Bultmann keinerlei Interesse an einer »Inspiration« der Bibel oder auch nur der biblischen Schreiber haben kann. Wenn Jungfrauengeburt und Auferstehung bloße Mythen und »Ausschmückungen«, und nicht etwa objektive historische Tatsachen sind, wenn »Überzeugungen« wie die Versöhnung durch Jesu Tod am Kreuz und ewiges Leben ebenfalls in den Bereich der Mythologie gehören, dann verwundert es nicht, wenn eine genauso übernatürliche objektive Offenbarung und Inspiration abgewiesen werden.

8.2 Emil Brunner (1889–1966)

Der reformierte Schweizer Theologe Emil Brunner bezeichnet die frühere Ineinssetzung von Wort Gottes und Heiliger Schrift als bedenklichen, fundamentalen Irrtum.[313] Häufig polemisiert er gegen die Verbalinspirationslehre.[314] Geschichte ist für Brunner grundsätzlich und immer die Dimension des Relativen. Deshalb kann es keine unfehlbare Schrift geben.

a) Aus diesem Grund kann für Brunner *Offenbarung* »im christlichen Sinne« nie mit historischen Gegebenheiten identifiziert werden. Die Offenbarung ist keine »Es-Wahrheit« sondern eine »Du-Wahrheit«: Jesus Christus ist die Offenbarung, die Wahrheit findet als Begegnung statt. Von Offenbarung kann man nicht reden: »Offenbarung ist nicht etwas Vergangenes, denn ein Vergangenes ist immer Objekt. Offenbarung ist die Gegenwart des vergangenen Wortes, die Gegenwart des gekreuzigten Christus, das Ganz Andere in mir.«[315]

b) Die *Bibel* ist das menschliche Zeugnis von Christus, der das Wort Gottes ist. Heilige Schrift und Wort Gottes sind nicht miteinander zu identifizieren. Die Bibel ist »das menschliche und dann durchaus nicht unfehlbare Zeugnis von der Gottesoffenbarung«, das andere Menschen persönlich-existentiell erfahren haben und auch uns zur Offenbarung *werden kann*, wenn wir es auf dieselbe Art wie diese empfangen.[316] Die Schrift ist Gottes Wort nur, »weil und sofern sie uns den Christus gibt.«[317]

Brunner vergleicht einmal die Stimme Gottes mit »His Master's Voice«, mit einer Schallplattenaufnahme des Tenors Caruso.[318] Die Platte hat viele Kratzer und gibt zahlreiche Nebengeräusche von sich, aber trotzdem hören wir »His Master's Voice«, hören wir Caruso. So verhält es sich auch mit der Bibel: Trotz der zahlreichen »Kratzer« und »Nebengeräusche« hören wir in ihr Gottes Stimme. Brunner vermeidet die hier zu stellende Frage, woher er weiß, daß es wirklich Caruso ist, den er singen hört. Er führt auch nicht aus, nach welchen Scheidungskriterien die Nebengeräusche von »His Master's Voice« zu trennen sind.

c) Brunner will die *Autorität* der Heiligen Schrift retten. Er erklärt, daß das Wort Gottes eben doch in der »Schriftgestalt« der Bibel als Medium auf uns zukommt, und daß es durchaus richtig ist, wenn man dogmatisch bei der Analogie der Lehre von der Heiligen Schrift und der Lehre von der Gottmenschlichkeit Christi ansetzt.[319] Die Autorität der Schrift gründet sich auf meine Begegnung mit Jesus Christus, wie er mittels des Geistes durch die Seiten der Bibel mit mir redet.[320] Brunner bleibt hier in dialektischer Widersprüchlichkeit und existentieller Subjektivität stecken.

8.3 Karl Barth (1886–1968)

Die Unterscheidung von der Heiligen Schrift als Zeugnis von Gottes Offenbarung und der Schrift als Wort Gottes, die der Schweizer Theologe Karl Barth in seiner Behandlung der Schriftfrage in seiner Kirchlichen Dogmatik (in I,2) vornimmt, bringt sein Schriftverständnis bereits voll zum Ausdruck. Weil Barths Schrift- und Inspirationsverständnis von großer Wirkung auf die Haltung vieler Konservativer und auch mancher Evangelikaler war, soll es hier etwas ausführlicher dargestellt werden.[321]

a) Wenn Barth die Bibel als *Zeugnis der Offenbarung* bezeichnet, liegt in dem Begriff »Zeugnis« zweifellos eine Beschränkung: »wir unterscheiden damit die Bibel als solche von der Offenbarung. Ein Zeugnis ist ja nicht einfach identisch mit dem von ihm und in ihm Bezeugten«[322]. Das »Zeugnis« hat eine zweite Funktion; neben der Einschränkung bezeichnet es auch die unauflösliche Einheit von Schrift und Offenbarung: ohne dieses Zeugnis hätten wir von der Offenbarung Christi im Fleisch keine Kunde.

Für Barths Verständnis dieser Einschränkung ist einmal seine Betonung des *Ereignischarakters der Offenbarung* bedeutsam. Die Einheit zwischen Schrift und Offenbarung muß erst zustande kommen: »Sie findet als Ereignis statt, *wenn* und *wo* das Bibelwort Gottes Wort *wird* und d.h. wenn und wo das Bibelwort als Zeugenwort in Funktion tritt.«[323] Die Bibel besteht aus menschlichen Versuchen, »dieses Wort Gottes in bestimmten menschlichen Situationen . . . in menschlichen Gedanken und Worten zu wiederholen und wiederzugeben. Hier *Deus dixit*, hier *Paulus dixit*. Das ist zweierlei« – die Bibel muß »je und je«, in der Freiheit der Gnade Gottes, Gottes Wort werden.[324]

Für die erwähnte Einschränkung ist zweitens Barths Betonung der »*Welthaftigkeit*« *der Rede Gottes* wichtig: »Wenn Gott zum Menschen redet, so zeichnet sich dieses Geschehen nie und nirgends so vom übrigen Geschehen ab, daß es nicht sofort auch als ein Teil dieses übrigen Geschehens interpretiert werden könnte ... Der Schleier ist dicht.«[325] Die Bibel ist deshalb ein ungeeignetes Mittel der Selbstdarbietung Gottes: »Sie entspricht der Sache nicht, sondern widerspricht ihr. Sie enthüllt sie nicht, sondern sie verhüllt sie.«[326] Gottes Wort kommt zu uns in der Form der sündhaften Kreatürlichkeit.[327] Die Bibel ist ein menschliches Produkt im Vollsinn des Wortes; es besteht zwischen ihr und »anderen Größen und Faktoren unseres menschlichen Kosmos kein Unterschied.«[328] Die Kreatürlichkeit und die damit gegebene Menschlichkeit der Bibel impliziert sofort auch ihre Fehlbarkeit: »Die Menschen, die wir hier als Zeugen reden hören, reden als fehlbare, als irrende Menschen wie wir selber ... die Propheten und Apostel waren auch als solche, auch in ihrem Amt, auch in ihrer Funktion als Zeugen, auch im Akt der Niederschrift ihres Zeugnisses wirkliche, geschichtliche und also in ihrem Tun sündige und in ihrem gesprochenen und geschriebenen Wort irrtumsfähige und tatsächlich irrende Menschen, wie wir Alle.«[329] Barth stellt konsequent fest, daß die Bibel »auf der ganzen Linie anfechtbares Menschenwort« ist und verteidigt deshalb auch ausdrücklich das Recht der Bibelkritik.[330]

Barths Motivation bei der Betonung des Zeugnischarakters der Heiligen Schrift ist darin zu sehen, daß er der Freiheit der Gnade Gottes Raum schaffen, die »Offenbarung« ausschließlich Gottes Tat sein lassen, und jegliche Möglichkeit von menschlichem Selbstruhm ausschalten möchte.[331]

b) Trotz der Menschlichkeit und Fehlerhaftigkeit der Schrift ist diese doch auch *Gottes Wort.* Dieses »ist« beschreibt allerdings keine direkte, sondern nur eine *indirekte Identität,* die sich in der Korrelation von Gottes Handeln und des Menschen Glauben verwirklicht.[332] Aber immerhin, Gott spricht zu uns durch den Text der Bibel, und nur durch diesen. Wir können und sollen darum beten, daß das Zeugnis, das wir in der Schrift haben, auch uns geschenkt wird, denn dieses »Ereignis« liegt allein in Gottes Macht.[333] Diese »Wort-Gottes-Werdung« der Bibel ist nicht durch eine horizontal-dualistische Scheidung von »Offenbarungsgemäßem« und »Nicht-Offenbarungsgemäßem« zu erreichen.[334] Die Bibel ist durchgehend grundsätzlich menschlich und kann sich als solche ganz als »Wort Gottes« ereignen. So ist der Begriff »Wort Gottes« ein Wunder und ein Geheimnis, ein Paradoxon im strengen Sinn des Wortes.[335]

c) Barth lehnt eine *Inspiration* der Schrift nicht ab, interpretiert sie aber von seinen Voraussetzungen her um. Das Ereignis der »Theopneustie« fand zum ersten Mal statt, als die biblischen Bücher geschrieben wurden. Die biblischen Schreiber redeten als Offenbarungszeugen im Auftrag des Heiligen Geistes, der somit der eigentliche Urheber des in der Schrift Gesagten ist. Sie redeten und schrieben aber doch in eigener Freiheit und Selbstbestimmung: ihre »Gehorsamstellung« unterschied sich weder äußerlich noch innerlich von dem »Sein und Verhalten« anderer Menschen.[336] Die »Theopneustie« oder Inspiration ist jedoch nicht nur eine Sache der Vergangenheit, sondern ereignet sich gleichfalls in der Gegenwart beim Lesen der Schrift und beim Hören des Wortes. Und dieser Aspekt scheint für Barth der entscheidende zu sein: die Inspiration der Bibel »liegt nicht vor uns, indem die Bibel vor uns liegt«, sondern in dem »Akt der Offenbarung«, in welchem sie uns das wird was sie ist.[337]

Was die Frage nach der *Autorität* in der Theologie betrifft, so polemisiert Barth immer wieder gegen die katholische Theologie und auch gegen den liberalen Neo-Protestantismus, die externe Autoritäten neben und dadurch letzten Endes über die Heilige Schrift stellen. Barth will den (von ihm wie oben ausgeführt verstandenen) Satz »Die Bibel ist Gottes Wort« exklusiv verstehen, betont aber, daß nur Jesus Christus als Herr der Schrift unmittelbare, absolute und inhaltliche Autorität besitzt.[338]

d) An *Kritik* an Barths Schrift- und Inspirationsverständnis ist folgendes anzumerken: Zum ersten ist grundsätzlich zu sagen, daß die berechtigte und auch von der altprotestantischen Orthodoxie getroffene Unterscheidung von Offenbarung und Heiliger Schrift bei Barth nicht nur quantitativen, sondern fundamental qualitativen Charakter hat. Und dies widerspricht dem biblischen Selbstzeugnis, gerade auf der christologischen Ebene.[339] Barths Ablehnung einer Identifikation von normativem Wort Gottes und den Aussagen der Bibel basiert auf einem unzureichenden Verständnis von Gottes Souveränität in der Welt[340] und öffnet Allegorisierungen und unkontrollierbaren privaten »Offenbarungen« Tür und Tor.[341] Wenn Gott wirklich souverän ist, dann kann er freie menschliche Handlungen (wie z.B. das Schreiben der biblischen Bücher) absolut kontrollieren und für das von ihm beabsichtigte Resultat sorgen.

Zweitens, Barths Engführung der Offenbarung auf Jesus Christus läßt sich biblisch ebenfalls nicht rechtfertigen, auch wenn Jesus Christus natürlich eine einzigartige Stellung in Gottes Offenbarung einnimmt.[342]

Drittens, Barths direkte Identifizierung von Menschlichkeit und Fehlbarkeit und die damit verbundene Ansicht, daß menschliche Sprache nicht Wort des absolut transzendenten Gottes *sein* kann, ist unhaltbar. Die Heilige Schrift leitet von Gottes Transzendenz nie die Unangemessenheit und Fehlbarkeit aller verbaler Offenbarung ab. Im Gegenteil: die verbale Offenbarung ist gerade wegen der göttlichen Transzendenz normativ. Barth hat mit der Betonung der absoluten Dichotomie zwischen Gott und Mensch recht, wenn es allgemein um Schöpfung und Erlösung geht; im Blick auf die Frage der Möglichkeit einer speziellen, objektiven Offenbarung trifft er jedoch am wahren Sachverhalt vorbei. Gott ist der Herr, auch der Herr der menschlichen Sprache![343] Barth hat nicht gesehen, daß die Gottesebenbildlichkeit des Menschen von Gen. 1,26, die im Sündenfall nicht völlig verlorenging und im Christen erneuert wird (Kol. 3,10), garantiert, daß der Mensch Wahrheit grundsätzlich erkennen *kann*.[344] Barths Syllogismus »Irren ist menschlich – die Bibel ist menschlich – folglich irrt die Bibel« ist unangemessen.[345] Die menschliche Seite der Bibel erfordert genausowenig die Existenz von Irrtümern wie die menschliche Seite Jesu Christi seine Sündhaftigkeit erfordert. Barths Vorwurf, die alte Verbalinspirationslehre sei doketisch, ist völlig ungerechtfertigt: Jesus konnte sündlos sein und trotzdem gleichzeitig Mensch, und der Mensch hört nicht auf, Mensch zu sein, wenn er die Wahrheit spricht.[346] Die Tatsache, daß alle Menschen, die biblischen Schreiber eingeschlossen, Sünder sind, macht die Existenz einer unfehlbaren Schrift nicht unmöglich, sondern unterstreicht deren Notwendigkeit! Wenn Barth Irrtümer für möglich (oder gar für notwendig?!) hält, so muß er zu deren Feststellung einen übergeordneten Maßstab haben – die Autorität des einzelnen biblischen Wortes ist so grundsätzlich aufgegeben und der Rückzug in die Unverbindlichkeit angetreten.[347]

Viertens, ist gegen Barth die Unterscheidung von Inspiration (der Schreiber der Bibel) und Erleuchtung (der späteren Hörer und Leser der Bibel) festzuhalten.

Fünftens, Barth kann die Frage nicht beantworten, wie das eigentliche Wort Gottes im »Je und Je« im Unterschied zum rein menschlichen Wort erkannt werden kann. Die Erkennbarkeit des Wortes Gottes im Ereignis des Glaubens kann nicht gesichert werden.[348] Barth kann nicht deutlich machen, wie das menschlich-fehlbare Zeugnis von der Offenbarung zum Vehikel des unfehlbaren Wortes Gottes wird. Es ist ungeklärt, was in den Augen Barths tatsächlich mit dem fehlbaren Zeugnis passiert, wenn es im »Ereignis der Offenbarung« von Gott in den Dienst genommen wird. Es ist schließlich ungeklärt, wie die Autorität dieses fehlbaren Zeugnisses in diesem Ereignis genau aussieht.[349] Für Barth verschwinden solche Probleme im Ereignis der Offenbarung, oder er zieht sich auf Begriffe wie Wunder, Geheimnis, Paradox zurück. Das ist im Endeffekt nichts anderes als theologischer existentieller Irrationalismus.

9. Die Diskussion im späten 20. Jahrhundert

Die Diskussion über Offenbarung, Wort Gottes, Inspiration und Autorität der Heiligen Schrift verläuft seit dem Zweiten Weltkrieg grob gesehen in drei Bahnen. Da sind auf der einen Seite jene Theologen, die in der Weise Rudolf Bultmanns und seiner Schüler eine übernatürliche Offenbarung und Inspiration ablehnen, eine von außen an den Menschen herantretende Autorität bestreiten, die Heilige Schrift als rein menschliches Produkt ansehen und den Begriff »Wort Gottes« höchstens im uneigentlichen Sinn, das heißt allegorisch, gebrauchen. In der »Mitte« stehen jene Theologen, die im Gefolge Karl Barths der Heiligen Schrift eine besondere Qualität, die sie von anderen Büchern unterscheidet, erhalten wollen und deshalb die Schrift mit dem Wort Gottes, mit Offenbarung und Inspiration in Beziehung setzen. Die Art dieser Beziehung wird unterschiedlich begründet und beschrieben, aber ausdrücklich und grundsätzlich von einer Identität abgerückt. Die automatisch relevant werdende Frage nach der Autorität der Bibel steht meist im Mittelpunkt des Interesses. Schließlich haben wir jene Gruppe, die die Verbalinspiration der Heiligen Schrift und damit ihre Unfehlbarkeit, ihre absolute Autorität und ihre Identität mit dem Wort Gottes verteidigt und bekräftigt.

9.1 Der Ökumenische Rat der Kirchen

Die Beurteilung der von Genf aus gesteuerten ökumenischen Bewegung wird dadurch erschwert, daß die Mitarbeiter und Personen des ÖRK wechseln und die verschiedenen Ebenen und Sektoren und Gliedkirchen nicht alle »gleichgeschaltet« sind. Eine Orientierung an offiziellen Verlautbarungen wird jedoch eine brennpunktartige gerechte Analyse gewährleisten.[350]

a) Im Bericht von *Wadham* 1949 stand die Betonung einer »biblischen Theologie« noch im Mittelpunkt.[351] Dieser Bericht ist durchdrungen von der Überzeugung, daß wir in der Bibel mit dem lebendigen Wort Gottes konfrontiert werden. Man geht von der Autorität der Bibel aus, warnt aber vor der Versuchung, sie als Einheit zu betrachten und in konkreten, heute relevanten Fragen zu leichtfertig Schriftstellen zu zitieren.

b) Der Bericht über »Heilige Schrift, Tradition und Traditionen« der vierten Weltkonferenz über »Glaube und Kirchenverfassung« 1963 in *Montreal* enthielt dann schon ganz andere Perspektiven.[352] Heilige Schrift und Wort Gottes werden ausdrücklich unterschieden. Die Bibel besteht aus früher, schriftlich festgehaltener Tradition und kann von dieser nicht unabhängig gesehen werden. Weder die Bibel noch die Tradition sind für sich autoritativ. Die Autorität des biblischen Kanons liegt in seiner Macht, die menschliche Realität zu formen.[353] Damit wird eindeutig das reformatorische »*sola scriptura*« qualifiziert und der dadurch gegebene Abstand zum Katholizismus verringert. Es ist deshalb auch nicht mehr möglich, eindeutig von *der* biblischen Botschaft oder *der* christlichen Lehre zu sprechen.[354]

c) Der Bericht von *Bristol* 1967 anerkennt ausdrücklich den Wert historisch-kritischer Methoden der Bibelexegese und zieht deutlich die theologischen Konsequenzen, die sich aus ihren Ergebnissen ergeben.[355] Die Aussagen des Berichts zeigen, daß man sich einig war, die Bibel sei eine Sammlung rein menschlicher Schriften und als solche zu behandeln. Theologische Unterschiede und reale Widersprüche, die man auf keinen Fall mit Gewalt weg-harmonisieren dürfe, werden in den Vordergrund gestellt.[356] Begriffe und Vorstellungen wie Offenbarung und Inspiration wurden nicht angesprochen.

d) Der Bericht von *Louvain* 1971 über »Die Autorität der Bibel« ist äußerst aufschlußreich.[357] Die Bibel wird in der einleitenden Problemstellung als eine Sammlung von menschlichen Dokumenten einer zeitlich weit zurückliegenden Epoche bezeichnet, die wie jedes andere literarische Dokument zu studieren und zu interpretieren ist. Die Frage, wie die unterschiedlichen Zeugen, die in der Bibel zu Wort kommen, Autorität haben können, steht im Mittelpunkt der Ausführungen. Die Autorität der Bibel ist keine von vornherein festgelegte, auch nicht in ihrer Hauptabsicht, Menschen zum Glauben zu führen. Die Bibel hat nur dann und nur deshalb Autorität, wenn und insofern sie durch ihr Zeugnis eine Kenntnis Gottes ermöglicht. Sie hat nur eine abgeleitete Autorität.[358] Mit anderen Worten: die Autorität der Bibel wird nur dann gegenwärtige Realität, wenn sie als Autorität *erfahren* wird.[359] Ihre Autorität ist keine gegebene, statische, sondern eine sich ereignende, dynamische. Es ist deshalb nur konsequent, wenn die Grenze zwischen kanonischen und nicht-kanonischen

Schriften – gerade in Sachen Autorität! – als fließend bezeichnet wird.[360] Der »dynamische« Charakter der biblischen Autorität kommt auch darin zum Ausdruck, daß den in der Bibel berichteten (Heils-) Ereignissen (Jungfrauengeburt, Wunder, Kreuz und Auferstehung werden genannt) als solchen *keine* Offenbarungsqualität zukommt – diese wird ihnen erst durch die Interpretation verliehen. Die zeitliche Nähe der Bibel zu den Ereignissen und ihr Charakter als Augenzeugenbericht sind ausdrücklich *nicht* entscheidend für ihre Autorität: spätere Interpretationen können durchaus dem Evangelium substantiell näher liegen.[361] Die biblische Autorität kann auch nicht durch die Berufung auf einen »Kanon im Kanon« oder eine materielle Sachmitte gesichert werden, weil es mehrere und durchaus verschiedenartige Beziehungsmitten in den verschiedenen Büchern gibt. Die »dynamische« Autorität der Bibel wird schließlich durch den verwandten Inspirationsbegriff demonstriert. Inspiration als a priorische dogmatische Voraussetzung wird verworfen; das heißt, die biblische Autorität kann nicht von der Inspiration abgeleitet werden. »Inspiration« ist das Ergebnis jener *Erfahrung,* in welcher die Botschaft der Bibel sich selbst als maßgebend erweist. »Die Behauptung, daß das biblische Zeugnis inspiriert ist, bleibt eine Glaubensäußerung. Wenn man Inspiration im voraus annähme, führte dies zu einer legalistischen Schriftauffassung.«[362] Die Bibel (und ihre Botschaft!) ist mit anderen Worten erst dann und *nur* dann »inspiriert«, wenn sie sich in der menschlichen Erfahrung selbst als maßgeblich erweist. Maßstäbe für diese Maßgeblichkeit werden in dem Bericht nicht genannt. Das große Dilemma dieser Haltung kommt in der aufgeworfenen aber unbeantwortet gelassenen Frage zum Ausdruck, inwiefern sich diese »Inspiration« der Bibel denn von der doch gleichen Wirkung (oder, eben, »Inspiriertheit«) heutiger Predigt unterscheide.

Die Preisgabe der objektiven Offenbarung und der a-priorischen Inspiration führt dazu, daß objektive Autorität ebenfalls verlorengeht. Der Mensch hat am Ende nur sich selbst und sein eigenes Reden und Erfahren.

9.2 Der moderne Katholizismus

Während die offizielle katholische Lehre die absolute Irrtumslosigkeit der Heiligen Schrift festhielt und bekräftigte, strebten zahlreiche katholische Gelehrte eine verstärkte Beachtung und Anerkennung des zeit- und kulturbedingten Charakters und der literarischen Eigenart der einzelnen biblischen Bücher an. In der zweiten Hälfte des 20. Jhs. sollten wichtige Entscheidungen fallen.

a) Die letzte große Bibelenzyklika, »*Divino afflante*« (30.9.1943) von Pius XII., brachte die bisherige Entwicklung zu einem vorläufigen Abschluß, stellte aber auch einen entscheidenden Wendepunkt dar.[363] Die Lehre von der Inspiration der Schrift wird zusammen mit der in ihr begründeten absoluten Irrtumslosigkeit der Bibel vorausgesetzt und neu bekräftigt. Der Nachdruck liegt auf der Frage der biblischen Hermeneutik: die zum richtigen Verständnis der Schrift gebotene Durchforschung der alt-orientalischen Literatur läßt relevante Gattungen und Redeformen erkennen. So kann der Exeget erkennen, daß Schätzungsangaben, übertriebene Redensarten und ähnliches bestimmte, damals übliche Kunstmittel der Erzählung sind und eventuelle Abweichung von der geschichtlichen Treue gewohnheitsmäßiger, erlaubter Brauch ist und kein »Irrtum« als solcher.[364]

b) In den folgenden Jahren wurde die Inspiration der Bibel von der Mehrzahl der katholischen Exegeten zwar nicht geleugnet, aber doch einfach außer acht gelassen. Man empfand sie als nicht relevant für die eigenen Aufgaben und Forschungen.[365] Ende der 50er und Anfang der 60er Jahre wurde durch einige Forscher ein kurzes Interesse an den sozialen Dimensionen der Inspiration ausgelöst. Der Münchener Dogmatiker *Karl Rahner* beschrieb die Inspiration als zutiefst ekklesiologisches Geschehen: Gott stiftete die Kirche in seinem geschichtlichen Heilshandeln und bestimmte mit diesem seinem Handeln auch das Sich-selbst-Ausdrücken der Kirche als ihr konstitutives Element, und diese Bestimmung geschah durch eine unfehlbare »formale Prädefinition«; in diesem Sinn ist Gott »Autor« der Schrift.[366] Bei Rahner tritt die Frage nach dem

Charakter des positiven Handeln Gottes, das eben nicht jedes Buch der Urkirche zum inspirierten »werden« ließ, ebenso in den Hintergrund wie die Bedeutung der Apostel als unmittelbarer Träger des Evangeliums und die exakte Definition der biblischen Unfehlbarkeit.[367] Mit dem sozialen Charakter der Inspiration dieser Zeit beschäftigten sich auch *P. Benoit, J.L. McKenzie* und *D.J. McCarthy*.[368] Einen mehr literarisch-psychologischen Ansatz verfolgt *Luis Alonso Schökel*, Professor für biblische Einleitungswissenschaft am Päpstlichen Bibelinstitut in Rom.[369] Er betont, daß Gott bei seinem Reden alle, nicht nur die begrifflich-logischen Dimensionen der menschlichen Sprache annahm. Die Heilige Schrift ist vor allem »literarische Sprache« (im Gegensatz zur rational-begrifflichen Fachsprache), die viele Symbole und Bilder gebraucht, Mehrdeutigkeit in Kauf nimmt und die Logik flieht.[370] Die Frage der Irrtumslosigkeit der Bibel ist in den weiteren Zusammenhang der Art der biblischen Wahrheit einzuordnen, die Wahrheit der Begegnung, des Zeugnisses, des Dialogs ist, die konkrete Information als zweitrangig betrachtet und behandelt; so wird die Frage der Hermeneutik viel wichtiger und fruchtbarer.[371] Verschiedene katholische Gelehrte halten an dem Begriff der biblischen Irrtumslosigkeit fest, beschränken ihn aber auf die »Heilswahrheit«.[372]

c) Das *Zweite Vatikanische Konzil* erließ auf der letzten, vierten Sitzungsperiode die dogmatische Konstitution *»Dei Verbum«* (18.11.1965).[373] In Kapitel 3, Paragraph 11 wird die Inspiration der Bibel wie folgt definiert: »Das von Gott Geoffenbarte, das in der Heiligen Schrift enthalten ist und vorliegt, ist unter dem Anhauch des Heiligen Geistes aufgezeichnet worden; denn auf Grund apostolischen Glaubens gelten unserer Heiligen Mutter, der Kirche, die Bücher des Alten wie des Neuen Testamentes in ihrer Ganzheit mit allen ihren Teilen als heilig und kanonisch, weil sie, unter der Einwirkung des Heiligen Geistes geschrieben (vgl. Joh. 20,31; 2. Tim. 3,16; 2. Petr. 1,19–21; 3,15–16), Gott zum Urheber haben und als solche der Kirche übergeben sind. Zur Abfassung der Heiligen Bücher hat Gott Menschen erwählt, die ihm durch den Gebrauch ihrer eigenen Fähigkeiten und Kräfte dazu dienen sollten, all das und nur das, was er – in ihnen und durch sie wirksam – geschrieben haben wollte, als echte Verfasser schriftlich zu überliefern. Da also alles, was die inspirierten Verfasser oder Hagiographen aussagen, als vom Heiligen Geist ausgesagt zu gelten hat, ist von den Büchern der Schrift zu bekennen, daß sie sicher, getreu und ohne Irrtum *(sine errore)* die Wahrheit lehren, die Gott um unseres Heiles willen in heiligen Schriften aufgezeichnet haben wollte.« Manche Kommentatoren von »*Dei Verbum*« glauben, daß die uneingeschränkte (also auch auf »säkulare« Bereiche sich erstreckende) Irrtumslosigkeit zwar nicht ausdrücklich proklamiert, aber doch durch die Berufung auf die früheren Lehrerlasse deutlich impliziert sei.[374] Aber die meisten Kommentatoren sind jedenfalls der Meinung, daß keine Entscheidung getroffen worden sei, ob allein die eigentlichen Heilswahrheiten als solche irrtumslos sind, oder auch andere, an sich profane Wahrheiten.[375] Und manche katholische Theologen sehen im Vatikanum II, »die offizielle Ablehnung der bisher als wesentlich angesehenen Lehre über die absolute Irrtumslosigkeit der Heiligen Schrift«.[376] Sie schließen diesen revolutionären Sachverhalt aus der Tatsache, daß im Verlauf der Konzilsdebatten alle diesbezüglichen Aussagen und Anspielungen aus den Texten der frühen Vorlagen entfernt wurden.[377] Das Konzil betone sehr stark und ausführlich den menschlichen Aspekt der Schrift und die damit verbundenen Auslegungsfragen und beschränke die »Unfehlbarkeit« der Schrift auf die in ihr enthaltenen Heilswahrheiten. Die Tatsache, daß die Frage der biblischen Irrtumslosigkeit von Anfang an im Interessenbereich des Konzils stand und daß die dogmatische Konstitution (trotzdem) keine nähere Erklärung zum Verhältnis von Heilswahrheiten und profanen Aussagen und ihrer Irrtumslosigkeit macht, sondern die »Wahrheit« der Schrift hervorhebt, ihre »Irrtumslosigkeit« jedoch nur beiläufig erwähnt, ist auf jeden Fall vielsagend.

d) In der nachkonzilischen Periode erschienen hilfreiche Zusammenfassungen der katholischen Inspirationslehre, sowie einige historische Studien.[378] Viele katholische Theologen wissen sich sicher auch heute noch der traditionellen Schrift-

und Inspirationslehre verpflichtet. Aber die Ergebnisse der neuesten katholischen Exegese, die sich kaum von ihrem protestantischen Pendant unterscheidet, lassen erkennen, daß man sich »angepaßt« hat. Symptomatisch und in ihrer Eindeutigkeit nicht zu übertreffen sind die Ausführungen von *Oswald Loretz*, im Verlag des Katholischen Bibelwerks veröffentlicht: »Die Inspirationslehre in ihrer herkömmlichen Form ist inzwischen unverständlich geworden. Ihr unmittelbarer Informationswert scheint bei Null zu liegen. Dies betrifft nicht etwa nur die Randzonen, sondern die zentralen Themen . . . Die alte Inspirationstheorie hat nach allgemein verbreitetem Gefühl abgedankt. Ihre Zeit ist abgelaufen. Sie ist tot.«[379] So ist jetzt endlich ein »freies«, wissenschaftliches Arbeiten an der Bibel möglich geworden. Loretz will denn auch den Begriff der »Autorität« in Fragen der Heiligen Schrift ganz aufgeben.[380] Aufgrund historischer, philosophischer und naturwissenschaftlicher Notwendigkeit müsse die früher vertretene Wissensvermittlung durch göttliche Inspiration durch eine »neue Schau« ersetzt werden. Er versteht Inspiration als »Dasein Gottes in seinem Wort«; was Inspiration ist und bedeutet, »das läßt sich nur erfahren in der Begegnung mit der Heiligen Schrift, wenn wir darin den lebendigen Gott suchen.«[381] Hier erinnert manches vor allem an E. Brunner und an seinen existentiellen Subjektivismus.

Ein letztes Beispiel für die neue Situation in der katholischen Exegese und Theologie ist ein erst kürzlich erschienener Aufsatz des Jesuiten *Thomas A. Hoffman*.[382] Er schlägt vor, die alte deduktive Methode aufzugeben, die von Gottes Wirken und der daraus resultierenden unfehlbaren und irrtumslosen, inspirierten schriftlichen Offenbarung ausging. Induktive historisch-kritische Wissenschaft mache ein solches apriorisches Vorgehen unmöglich und erfordere eine induktive Methode. Das von Hoffman vorgeschlagene neue Modell hat zwei Hauptmomente. Es beschäftigt sich erstens *nicht* mit dem Handeln Gottes oder den »inspirierten« Autoren, sondern ausschließlich mit den »inspirierten« Texten. Zweitens, es beschreibt den Charakter der biblischen Bücher in drei wichtigen Komponenten: (1) Inspiration, definiert als »Belebung mit dem Geist Christi«, der von der Glaubensgemeinschaft erfahren wird; (2) Normativität, definiert als von der Kirche für alle Zeiten maßgeblich anerkannter Inhalt; (3) Kanonizität. Hoffman erkennt, daß sein Ansatz keinen eigentlichen Unterschied mehr zuläßt zwischen den biblischen Büchern und anderen »inspirierten« Schriften; er gibt deshalb zu, daß seine einzige Option entweder die völlige Ablehnung der Inspiration oder ein völlig humanistisches Verständnis von Inspiration ist.[383] Der Versuch, eine objektiv vorliegende Inspirationsqualität, d.h. Irrtumslosigkeit und unfehlbare Autorität der Bibel nachzuweisen, ist seiner Meinung nach jedenfalls unvereinbar mit christlichem Glauben, ist Götzendienst. »Der Geist weht, wo er will«[384] – auch hier bleibt man in existentieller (kirchlicher) Subjektivität stecken.

9.3 Die evangelikale Diskussion in Nordamerika

Wenn man vom evangelikalen Lager absieht, so ist in der nordamerikanischen Theologie die Diskussion über die Lehre der Inspiration während der letzten 20 bis 30 Jahre vor allem durch ihre Abwesenheit aufgefallen. Die große Mehrzahl der nichtkonservativen Theologen und Experten sind sich der Tatsache bewußt, daß praktisch jede Lehre von der Inspiration der Bibel, die der Heiligen Schrift eine herausragende Autorität garantieren soll, unvereinbar ist mit dem Schriftverständnis, mit dem sie arbeiten. Deshalb ignorieren sie die Fragen nach dem Wesen der Offenbarung und der Inspiration der Bibel.[385] Manche Theologen wollen den Gedanken der Inspiration ganz fallenlassen.[386] Im konservativen oder evangelikalen Lager war und ist die Situation eine andere: Offenbarung, Inspiration und Autorität der Bibel galten stets als zentrale, grundsätzliche (im Sinne von Grund setzende) Wahrheiten und Anliegen.

a) Die *Evangelikalen* vertraten auch nach dem Zweiten Weltkrieg die klassische Verbalinspiration der Heiligen Schrift.[387] Man folgte im allgemeinen dem Ansatz von C. Hodge und B. B. Warfield: der Wille und die Gedanken Gottes haben in den Worten der Heiligen Schrift, vom Geist Gottes eingegeben, ihren vollkommenen Ausdruck gefunden; die Schreiber der biblischen Bücher wurden von Gott bei der Wortwahl bewahrt, wobei ihre Persönlichkeit und ihr kultureller Kontext gewahrt blieben; die Heilige Schrift ist deshalb in geheimnisvoller Weise zugleich Wort Gottes und Wort von Menschen; die Tatsache, daß Gottes Offenbarung in den Worten der Heiligen Schrift ihren objektiven, begrifflichen Niederschlag fand, ergibt und garantiert die Autorität der Bibel. Repräsentativ ist das Glaubensbekenntnis der 1949 gegründeten »Evangelical Theological Society«, das aus einem einzigen Satz besteht: »Die Bibel allein und die Bibel in ihrer Ganzheit ist das geschriebene Wort Gottes und ist deshalb in den Originalschriften irrtumslos.«[388]

Seit den 50er Jahren waren vor allem eine neu herausgegebene Aufsatzsammlung von B.B. Warfield und die Beiträge von E.J. Young und J.I. Packer von großem Einfluß.[389] Packer führt aus, die Bibel sei als von Gott gegebene, irrtumslose, sich selbst interpretierende Einheit in allem, was sie lehrt, wahr und vertrauenswürdig. Das Zeugnis des Heiligen Geistes, ihres Urhebers, sei der entscheidende Faktor, der im Menschen das Vertrauen in die Heilige Schrift schafft. Die Heilige Schrift ist die einzige Autorität für den Glauben und das Verhalten des Christen. Vernunft und Glaube kommen nur dann in Konflikt, wenn die Vernunft Gottes Autorität zurückweist.[390]

Anfang der 70er Jahre unternahm es Clark Pinnock, die historische konservative Schrift- und Inspirationslehre im Blick auf liberale und existentiell-neoorthodoxe Theologien neu zu formulieren.[391] Er setzt bei einer Beschreibung der Offenbarung Gottes in der Geschichte ein und behandelt dann ausführlich die unfehlbare, irrtumslose, autoritative Inspiration der Heiligen Schrift. Ebenfalls als Antwort auf pluralistische und relativistische theologische Tendenzen in Nordamerika, die gerade im Blick auf das Verständnis des Charakters der Heiligen Schrift auch in konservativen Kreisen eindrangen, wurde im Herbst 1973 die »Konferenz über die Inspiration und Autorität der Heiligen Schrift« nach Ligonier in Pennsylvania einberufen. Die am Ende der Konferenz verabschiedete

Erklärung bekräftigt die Unfehlbarkeit und Irrtumslosigkeit der Bibel, wie sie ursprünglich durch die menschlichen Offenbarungsträger geschrieben und vom Geist Gottes inspiriert wurde, sowie die Bedeutung dieser Überzeugung für christliche Theologie, Lehre und Leben.[392] Auch *Francis Schaeffer* betonte in diesen Jahren die grundsätzliche Bedeutung einer strengen Schrifthaltung, die von der objektiv-begrifflichen Offenbarung Gottes und der irrtumsfreien Inspiration der Heiligen Schrift ausgeht.[393]

b) Das vermehrte Bemühen um die Inspiration und um das aus ihr resultierende Wesen der Heiligen Schrift war eine Reaktion auf Tendenzen innerhalb des evangelikalen Lagers, die absolute Irrtumslosigkeit zugunsten einer auf die biblischen Heilswahrheiten bezogenen »Unfehlbarkeit« der Heiligen Schrift aufzugeben. Ein gutes und konsequent-ehrliches Beispiel für diese Haltung ist *Stephen Davis*.[394] Er glaubt, daß die Bibel »der einzig unfehlbare Maßstab für Glauben und Leben« ist, lehnt aber die absolute Irrtumslosigkeit der Bibel ab. Er führt aus, (1) daß die Bibel selbst keine Irrtumslosigkeit behauptet, (2) daß Inspiration nicht notwendigerweise Irrtumslosigkeit zur Folge hat, (3) daß die Bibeln, die wir heute haben, schon in äußerlicher (grammatikalischer) Hinsicht nicht irrtumslos sind, (4) daß die Bibel zahlreiche »phänomenologische«, d.h. »objektive« moralische und historische Schwierigkeiten und Widersprüche enthält, die den Anspruch der Irrtumslosigkeit zunichte machen, und (5) daß die auf einer induktiven Analyse der Bibel beruhende und vom eigenen Verstand und der eigenen Erfahrung bestätigte Unfehlbarkeit der Bibel in Fragen des Glaubens und des Lebens ausreichend ist.[395] Davis gibt zu, (1) daß er von seinem induktiven Ansatz aus, der von vornherein Irrtümer und Fehler in der Bibel zuläßt und erkennt, das »*sola scriptura*« aufgeben oder zumindest mit dem »Diktat der Vernunft« kombinieren muß, (2) daß er mit seinem Verstand letztlich der einzige Maßstab dessen ist, was er glaubt und was er nicht glaubt, (3) daß die Bibel, wenn sie an *einer* Stelle irrt, von seinem Ansatz her in der Tat an *jeder* Stelle irren kann, (4) daß er tatsächlich nicht weiß, ob das, was er von der Bibel akzeptiert, auch wirklich wahr ist und (5) daß es durchaus sein könnte, daß eines Tages auch die Unfehlbarkeit der Bibel in Glaubens- und Lebensfragen aufgegeben werden muß.[396] Abgesehen von Davis' induktivem Rationalismus wäre vor allem die Tatsache zu kritisieren, daß er an Stellen Strohmänner angreift, die gar nicht existieren.[397]

c) Großes Aufsehen erregte 1976 ein Buch von *Harold Lindsell*, dem Herausgeber von »*Christianity Today*«, das den »Kampf um die Bibel« unter den Evangelikalen an die Öffentlichkeit brachte und offen Namen von Kirchen, Institutionen und Personen nannte, die in den 60er und 70er Jahren die Irrtumslosigkeit der Bibel preisgaben und ihre »Unfehlbarkeit« auf die Heilswahrheiten beschränkten.[398] Lindsell weist auf die reelle Gefahr hin, daß die Preisgabe der biblischen Irrtumslosigkeit zu Kompromissen und Konzessionen auch in anderen Bereichen führen könnte, und ruft zu einer Rückkehr zur Lehre von der Irrtumslosigkeit der Bibel und zu einer furchtlosen Verteidigung und Bekräftigung derselben auf.

Bereits im darauffolgenden Jahr antworteten die Evangelikalen, die die Irrtumslosigkeit preisgegeben hatten, mit einem von *Jack Rogers* herausgegebenen Aufsatzband über die »Autorität der Bibel«.[399] Rogers behauptet, die aristotelische Überbewertung menschlicher Vernunft und Logik sei von nach-reformatorischen Theologen wie Turretin übernommen worden und habe zu der scholastischen Lehre von der Irrtumslosigkeit der Bibel geführt; diese sei historisch gesehen kein Kennzeichen evangelikaler Theologie und schon deshalb abzulehnen.[400] Der Alttestamentler *David Hubbard*, Präsident des von Lindsell ebenfalls angegriffenen *Fuller Theological Seminary*, schlägt als Lösung der innerevangelikalen Spannungen vor, zur reformatorischen Betonung des inneren Zeugnisses des Heiligen Geistes, der Suffizienz der Heiligen Schrift und des »*sola scriptura*« zurückzukehren und im übrigen offen zu sein für die exegetischen Erkenntnisse der Bibelwissenschaft, mit unterschiedlichen Ansichten leben zu lernen und vor allem die Bejahung der Irrtumslosigkeit der Bibel nicht zum Kennzeichen evangelikaler Identität werden zu lassen.[401]

Ebenfalls im Jahre 1977 wurde von konservativen Evangelikalen der *International Council on Biblical Inerrancy* (ICBI) gegründet, der »Internationale Rat für die Irrtumslosigkeit der Bibel.«[402] Sein Ziel ist die Verteidigung und die praktische Anwendung der Lehre von der Irrtumslosigkeit der Bibel als wesentliches Element der Autorität der Heiligen Schrift und als Voraussetzung für die Gesundheit der Kirche Jesu Christi.[403] Im Oktober 1978 fand in Chicago der erste Kongress des ICBI statt[404], der das *Chicago Statement* über die Irrtumslosigkeit der Heiligen Schrift formulierte.[405] Irrtumslosigkeit wird darin folgendermaßen definiert: »Die Heilige Schrift, ganz und wörtlich von Gott gegeben, ist in allem, was sie lehrt, ohne Irrtum oder Fehler, und zwar genauso im Blick auf ihre Aussagen über Gottes Handeln in der Schöpfung, über die Ereignisse der Weltgeschichte und über ihre literarischen Ursprünge unter Gott, wie auch in ihrem Zeugnis von Gottes Heilshandeln im Leben von Einzelnen.« Oder noch prägnanter: »Was die Schrift sagt, sagt Gott – durch menschliche Werkzeuge und ohne Irrtum.« Die Irrtumslosigkeit der Heiligen Schrift wird bekräftigt aufgrund des biblischen Selbstzeugnisses, aufgrund der Aussagen Jesu, aufgrund des früher universalen diesbezüglichen Konsensus der Theologie- und Kirchengeschichte und aufgrund des Wesens Gottes. Die Diktattheorie wird ausdrücklich zurückgewiesen und der Erhalt der Persönlichkeit der von Gott erwählten Schreiber bekräftigt. Eine Erklärung des Inspirationsvorgangs wird nicht gegeben: dieser ist und bleibt größtenteils ein Geheimnis.

Die Evangelikalen, die den ICBI ablehnten, antworteten im darauffolgenden Jahr in einem umfangreichen Buch von *Jack Rogers* und *Donald McKim*.[406] Ihre zentrale These geht dahin, daß die neue Betonung der Irrtumslosigkeit der Heiligen Schrift weder die historische Position der christlichen Kirche im Allgemeinen noch die der Reformatoren im Besonderen sei, sondern durch den Einfluß eines aristotelisch-thomistischen Rationalismus zu erklären ist, der durch die reformierte Orthodoxie eines Turretin und durch den Schottischen Realismus eines Thomas Reid vermittelt und von Hodge und Warfield zum Dogma erhoben wurde. Die Inspiration der Bibel ist konzeptual und organisch, und nicht verbal oder begrifflich-objektiv.[407] »Wahrheit« ist nicht das, was mit der Realität korrespondiert, sondern religiös-pragmatisch und funktional zu verstehen; sie ist nicht in erster Linie in den objektiven Aussagen der Bibel zu finden, sondern *hinter* den Aussagen in der Absicht der Schreiber.[408] Die Bibel ist nicht mit Offenbarung gleichzusetzen; sie ist lediglich ein Bericht oder ein Zeugnis von der geschehenen Offenbarung.[409]

Auf konservativer Seite folgten weitere Konferenzen, Seminare und Bücher, auf bzw. in denen die »orthodox-evangelikale« Schrift- und Inspirationslehre präzisiert und gegenüber Mißverständnissen verteidigt wurde.[410]

d) Die evangelikale Diskussion über das rechte Verständnis der biblischen Inspiration und ihrer Konsequenzen für den Text der Heiligen Schrift hatte zur Folge, daß sich nicht-evangelikale Theologen ihres Schweigens zu diesem Fragenkomplex bewußt wurden. So versucht *Paul Achtemeier*, eine akzeptable Inspirationslehre zu formulieren, die weder liberal noch konservativ ist. Der liberale Ansatz läßt zwar die gewöhnlichen kritischen Fähigkeiten des menschlichen Verstandes gelten und stellt die negativen »Phänomene« ungeniert heraus, verwässert aber die Begriffe »Inspiration« und »Offenbarung« so sehr, daß am Ende nur noch die religiöse Erfahrung des Schreibers übrigbleibt und die ausschließliche Autorität der biblischen Schriften nicht mehr begründet werden kann. Der konservative Ansatz ist zwar historische Meinung der Kirche und kann die Bibel hochschätzen, indem diese mit der Offenbarung gleichgesetzt wird und ihre Irrtumslosigkeit ihre Autorität begründet, muß aber ständig problematische Stellen und Lehren der Bibel harmonisieren und lenkt von den zentralen Themen der Schrift ab.[411] Die Inspiration der Bibel muß im Licht der wissenschaftlichen Ergebnisse im Bereich der Entstehung der einzelnen biblischen Bücher beschrieben werden: Inspirationsqualität kann nur induktiv, aposteriorisch erkannt werden. Weil die große Mehrheit der biblischen Bücher über einen langen Zeitraum hinweg entstanden sind, in dem Traditionen mündlich formuliert, interpretiert, umformuliert und uminterpretiert wurden, muß sich »Inspiration« auf den ganzen Prozeß und auf alle Personen erstrecken, die diese Tra-

ditionen mit gebildet, erhalten, interpretiert und zusammengestellt haben.[412] Die Traditionen wurden durch Ereignisse
ausgelöst, die das Leben der Glaubensgemeinschaft nachhaltig beeinflußt haben, und werden (!) inspiriert, wenn der Geist
Gottes sie als Vehikel für seine Gegenwart in der Glaubensgemeinschaft gebraucht. Inspiration als ständige Gegenwart des
Geistes in der Gemeinde, die ihre Traditionen als Antwort auf
neue Situationen bewahrt und erneuert, hörte nicht mit der
Produktion der Bibel auf, sondern setzt sich (notwendigerweise) bis heute fort. Die Autorität der Bibel hängt nicht von ihrer äußeren Form und Beschaffenheit ab, sondern besteht in
ihrer Macht, Realität zu schaffen und zu formen.[413] Auch
Achtemeier kann nicht verhindern, daß die Bibel für ihn letzten Endes nichts anderes ist als ein rein menschliches Buch,
dessen Autorität auf irrationalen und subjektiven Voraussetzungen beruht.

Dasselbe gilt für *David Bartlett*, der in einem jüngst erschienenen Buch die Autorität der Bibel beschreiben und verteidigen will. Anders als Achtemeier erklärt er ausdrücklich, daß
eine Inspirationslehre dazu nicht benötigt werde.[414] Die Bibel
ist für ihn nicht objektive Offenbarung Gottes, sondern Produkt des Glaubens Israels und der Gemeinde. Er unterscheidet
die Autorität der prophetischen, der narrativen (erzählen-
den), der weisheitlichen und der bezeugenden Bücher und Perikopen und bleibt dann auch ständig in einer existentiellen
und pluralistischen Subjektivität stecken.[415] Bartlett kommt
konsequent zu dem Schluß, daß weder die Bibel noch die Kirche das Reden Gottes garantieren können. Weil aber Gott
»durch die Worte der Bibel« im Kontext der Kirche immer
wieder geredet hat, sollte man bereit sein, auf die verschiedenen Weisen zu hören, auf die Gott die Bibel »gebrauchen
kann.«[416] Es gibt mit anderen Worten keine objektive Gewißheit, daß Gott redet, wo er redet oder was er redet. Die Autorität der Schrift, die Objektivität voraussetzt, ist irrational-
subjektivistisch aufgelöst.

9.4 Die evangelikale Diskussion in Europa

Die Situation in Sachen Inspiration und Offenbarung ist in Europa ähnlich, wenn auch nicht identisch mit der Nordamerikas. Auch bei uns stehen sich das evangelikale und das nichtevangelikale Lager gegenüber. Auch bei uns findet eine innerevangelikale Diskussion über die Konsequenzen der biblischen Inspiration statt. Aber die Polarisation zwischen Evangelikalen und »Liberalen« ist in Europa viel stärker – bei uns sucht man vergebens nach einem umfassenden Versuch eines Nichtevangelikalen (wie Achtemeier), eine konstruktive Inspirationslehre zu begründen, sondern trifft allerorts auf Polemik und Spott über solche Versuche. Andererseits verläuft die innerevangelikale Diskussion über die Folgen der Inspiration für die Bibel nur am Rande und ist vielleicht hauptsächlich einigen »Spezialisten« vertraut.

a) In *Großbritannien* kann, wie auch sonst, die historisch-kritische Theologie mit den Begriffen »Offenbarung« und »Inspiration« nicht viel anfangen. Viele wollen diese Begriffe und die mit ihnen verbundenen Auffassungen denn auch ganz fallenlassen.[417] Andere wollen diese Begriffe beibehalten, können aber nicht überzeugend darlegen, was sie wirklich meinen.[418] Zwei Beispiele sind C.H. Dodd und J. Barr.

Der Neutestamentler *C.H. Dodd* schrieb ein mehrmals revidiertes und neuaufgelegtes Buch über die Autorität der Bibel. Er geht induktiv vor und gründet seine Haltung auf einer Beschreibung der (evolutionistischen) Geschichte der israelitischen und christlichen Religion. Was wir in der Bibel haben ist keine »objektive« Offenbarung: Wahrheit wird niemals in rein »objektiver« Form gegeben, von der man dann eine äußere Autorität ableiten könnte. Die Bibel enthält eine im wahrsten Sinn des Wortes progressive Offenbarung, das heißt eine fortschreitende Serie von Aussagen über Gott, die im (evolutionistischen) Lauf der Zeit immer reiner werden und frühere Irrtümer ausmerzen.[419] Ob man sagt, Gott habe das »Maß« seiner Offenbarung den Stadien des menschlichen Fortschritts angepaßt, oder Menschen hätten in fortschreitendem Ausmaß seine »Offenbarung« entdeckt (!), die in Gottes Absicht ewig vollständig ist, ist für Dodd nur eine Frage der Wortwahl.[420] Der Begriff »Wort Gottes« sei rein metaphorisch zu verstehen: Gott ist nicht der Autor der Bibel, sondern der Autor des Lebens der Schreiber, deren religiöse Erfahrung eine gültige Darstellung der göttlichen Wirklichkeit ist und deshalb als für uns verbindlich zu gelten hat. An sich bestehe kein grundsätzlicher Unterschied zwischen der Bibel und anderen Erzeugnissen der Weltliteratur. »Inspiration« ist kein Unterscheidungsmerkmal, ist sie doch hier wie dort zu finden: »Inspiration« ist der in Kunst und Literatur sich ausdrückende Genius. Die Theorie einer Verbalinspiration sei so absurd, daß es verlorene Zeit wäre, sie zu behandeln.[421] Das Kriterium für die Autorität der Bibel liegt in uns selbst, in der Antwort unseres Geistes auf den in der Bibel redenden Geist, und ist damit ausdrücklich subjektiv.[422]

Professor *James Barr* von Oxford setzt den Bruch mit der klassischen christlichen Tradition im Blick auf eine objektive spezielle Offenbarung Gottes und eine besondere Inspiriertheit der Heiligen Schrift grundsätzlich voraus, tritt aber trotzdem für ein verstärktes Hören auf die Botschaft der Bibel ein.[423] Barr spricht nicht von »Offenbarung« sondern von »göttlicher Kommunikation«, worunter er allerdings nicht die Mitteilung von Worten oder Wahrheiten versteht, sondern die Gegenwart Gottes unter den Menschen der Bibel oder seine Verbindung mit ihnen; und diese »Offenbarung« hat jedenfalls nichts mit »Inspiration« zu tun.[424] Die Bibel sei nichts anderes als das Produkt von Tradition, Bearbeitung und Revision der glaubenden Gemeinde; die menschlichen Gedanken und Aktionen, deren Ergebnis die Bibel ist, können vollständig durch eine menschliche, historische Beschreibung erklärt werden, ohne daß an irgendeinem Punkt Zuflucht bei übernatürlichen Interventionen genommen werden müsse.[425] Die Lehre von der Heiligen Schrift sei deshalb im Rahmen der Ekklesiologie, der Lehre von der Kirche, zu behandeln.[426] Barr ist sich nicht sicher, ob man den Ausdruck »Inspiration« nicht besser preisgeben sollte[427]; er behält ihn aber bei, weil damit ganz richtig zum Ausdruck gebracht werde, »that in some way the Bible comes from God«[428]. Gerade die Art dieser Verbindung zwischen Gott und der Bibel ist das Problem. Barr betont häufig, daß die Verbindung der biblischen Schreiber und Tradenten zu Gott durch den Geist grundsätzlich dieselbe sei wie jene der Kirche von heute, die auf Gott hört; eine besondere »Inspiration« hatten die biblischen Schreiber und Tradenten höchstens in der Hinsicht, daß sie bei der Formulierung des »klassischen Modells« des christlichen Glaubens eine Pionierrolle spielten.[429] »Inspiration« ist die Versicherung der Kirche, daß die Bibel aus dem Leben und der Geschichte unseres Gottes mit Israel und mit der frühen Kirche hervorging, daß Gott durch seinen Geist Verbindung mit den Seinen hatte und bei der Entstehung und Formung ihrer Traditionen, die sich schließlich in der Bibel kristallisierten, gegenwärtig war.[430] Die »Inspiration« kann angesichts unserer wissenschaftlichen Erkenntnisse nicht auf einen bestimmten Punkt der langwierigen Entstehungsgeschichte der biblischen Bücher beschränkt werden, sondern ist ein »Aspekt« der gesamten israelitischen und christlichen Tradition, der die ganze Textgeschichte umfaßt. Barr erkennt, daß er bei diesem Ansatz keinen absoluten Maßstab mehr hat für die Angabe, wo Gott redet.[431] Die Autorität der Bibel kann jedenfalls nicht von ihrer Inspiriertheit abgeleitet werden. Barr begründet die Autorität der Bibel, die er für sehr wichtig hält, äußerst vage mit den Personen und dem Leben der Gemeinden, die hinter (!) den »schriftlichen Dokumenten« liegen.[432] Sie kann anscheinend nur irrational-subjektiv oder traditionell-dogmatisch festgehalten werden.

Die innerevangelikale Diskussion in Nordamerika über die uneingeschränkte Irrtumslosigkeit der Bibel im Rahmen einer konsequent biblischen Inspirationslehre hat das Gespräch auch in Großbritannien angeregt. Das Anliegen des konservativen ICBI wird vor allem von *James Packer* vertreten, der das »Chicago-Statement« mitformuliert hatte.[433] Diese konservativ-evangelikale Linie wird von manchen Evangelikalen ausdrücklich begrüßt[434], von anderen, vor allem von James Dunn, als falsch, trennend und gefährlich abgelehnt.[435]

W.J. Abraham will in einem jüngst erschienenen Buch über die Inspiration das evangelikale Erbe bewahren, allerdings unter Preisgabe der Irrtumslosigkeit oder Unfehlbarkeit der Heiligen Schrift.[436] Er lehnt den »deduktiven« Ansatz der Konservativen ab, der göttliche Inspiration und göttliches Reden identifizieren möchte und geht statt dessen nach einer Begriffsbestimmung von »Inspiration« induktiv vor.[437] Inspiration sei etwa analog der sich heute auch ereignenden Inspiration eines Schreibers durch den Lehrer, das polymorphe Wirken Gottes in seinen Offenbarungen, Heilstaten und persönlichen Führungen Einzelner und Gruppen, die, durch dieses Wirken veranlaßt, das sammelten und niederschrieben, was wir heute als Bibel kennen. Weil Gott diesen Prozeß bewußt in Gang gesetzt hat und dabei allwissend und unfehlbar ist, ist die Bibel wahr und zuverlässig. Inspiration ist also keine »Eigenschaft« der Bibel, sondern beschreibt ein umfassendes Geschehen in Personen und Handlungen. Diese Inspiration hat mit der Bibel nicht aufgehört, sondern geschieht auch heute noch genauso.[438] Die Autorität der Bibel hat nichts mit ihrer Inspiriertheit zu tun, sondern damit, daß wir über die Propheten und Apostel Zugang finden zu Gottes Absichten; weil Gottes Reden und Handeln mit den Propheten und Aposteln in der Bibel aufgezeichnet ist, haben wir diese »mit Ehrfurcht und Gebet« aufzunehmen.[439] Am Ende ist Abraham auf die »umfassenden Einsichten der Vernunft und der Erfahrung« angewiesen, um irgendwie und irgendwo Gottes Reden anhand der Bibel zu hören.[440]

Der Neutestamentler *I.H. Marshall* möchte in der Diskussion ausgleichend wirken; er zieht den Begriff »Unfehlbarkeit« im Sinne »völliger Vertrauenswürdigkeit« dem Ausdruck »Irrtumslosigkeit« vor.[441] Er versteht Inspiration im Anschluß an J.I. Packer als konkursive (d.h. zusammenlaufende, mitwirkende) Aktivität des Heiligen Geistes beim Verfassen der Bibel; die Lehre von der Inspiration beinhalte die Erklärung, daß die Schrift ihren Ursprung in Gott hat.[442]

R.T. France ruft in einem Artikel dazu auf, die evangelikale Einheit zu bewahren. Er lehnt die Position einer »eingeschränkten« Irrtumslosigkeit aus theologischen Gründen ab und verlegt den Schwerpunkt der Diskussion auf das Gebiet der Hermeneutik, da die (unfehlbare) Wahrheit der Schrift an der von den Verfassern intendierten Absicht zu messen sei.[443]

Man darf gespannt sein, wie sich die evangelikale Diskussion in Großbritannien weiter entwickelt. Es ist nicht ausgemacht, ob die Konservativen sich entschiedener und konsequenter äußern als bisher, ob der »linke Flügel« unter ausdrücklicher Preisgabe der objektiven Offenbarungsqualität, Inspiriertheit und absoluten Autorität der Schrift weiter abbröckelt oder ob sich ein Konsens auf der Ebene einer allgemeinen »Vertrauenswürdigkeit« der Bibel einstellt.

b) In *Deutschland* wird, was die Universitätstheologie betrifft, der Begriff der Inspiration nicht auf den Text der Bibel als solchen, sondern, sofern er nicht ganz fallengelassen wird[444] auf die in der Schrift handelnden Personen oder auf die Wirksamkeit der Schrift bezogen. *P. Althaus* sprach wohl für viele, als er schrieb: »Jede Theorie der Inspiration als eines besonderen Vorganges ist unmöglich.«[445] *W. Trillhaas* kündet den bald bevorstehenden Exitus der »alten« Verbalinspirationslehre an, die allerdings in fundamentalistischen Kreisen »an den Rändern und vor den Toren als der vermeintliche Sinn des Satzes, daß die Bibel Gottes Wort sei, unermeßlichen Schaden« anrichte.[446] *P. Stuhlmacher* meint, erst die lutherischen orthodoxen Dogmatiker hätten die Bibel »zur fehllosen Offenbarungsurkunde hochstilisiert«; eine genuin biblische Auffassung von Inspiration begnüge sich mit dem Grundsatz der »Geistesvollmacht der erwählten biblischen Zeugen«.[447]

Für *G. Ebeling* hat die Evidenz von Vernunft und Erfahrung die Lehre von der Verbalinspiration mit ihren Konsequenzen erledigt. Inspiration kommt bei ihm deshalb nur noch als charismatische »Präsenz des Göttlichen« in der Christologie vor.[448] Konsequenterweise ist Instanz und Autorität der Theologie nicht mehr allein die Schrift, sondern daneben (oder statt dessen?!) Vernunft und Erfahrung. So heißt es denn auch in einer im Oktober 1969 aufgestellten These der *Vikare* der württembergischen Landeskirche: »Wir können die Bibel nicht von vornherein als normatives Wort Gottes betrachten. Sie hat und gewinnt ihre Autorität nur durch ihre jeweilige Überzeugungskraft in der konkreten Situation. Unser Reden und Handeln als Theologen können wir nicht selbstverständlich aus der Bibel ableiten; sondern wir müssen uns in erster Linie an der gegenwärtigen gesellschaftlichen und individuellen Not orientieren. Bei der Bemühung, diese Not zu wenden, verstehen wir die Bibel als einen Gesprächspartner unter anderen.«[449] *W. Joest* versteht den Begriff der Inspiration als Ausdruck der »geistlichen« Erfahrung einer Wirkungsgeschichte der Bibel, die in dem vom Geist immer neu gewirkten Glauben besteht.[450]

Barthianer wie *O. Weber* wollen eine ausführlichere Schrift- und Inspirationslehre beibehalten, sehen aber im Kontext ihres Ansatzes und »wissenschaftlich« gesicherter »Ergebnisse« in der Bibel nichts anderes als »unverkürztes Menschenwort« in dem sich Gott uns »stellt«. Deshalb gelingt es ihnen auch nicht, die Allgemeingültigkeit der Schrift *(sola scriptura)* zu begründen; sie kann nur noch als (traditionelles) Axiom festgehalten werden.[451]

Konservativ-konfessionelle Lutheraner wie vor allem *H. Sasse* haben die Verbalinspiration ebenfalls prinzipiell preisgegeben und versuchen, dies mit einer entsprechenden Interpretation von Luthers Schriftverständnis zu begründen. Sasse verwickelt sich deshalb auch in unlösbare Widersprüche: einerseits ist die Heilige Schrift unfehlbares Wort Gottes, andererseits muß man die »Kreuzesgestalt« des geschriebenen Wortes ernst nehmen.[452]

Der allgemeine Konsens geht dahin, daß man von der Bezeugung des »Wortes Gottes« in der Bibel ausgeht, dies jedoch als einen nicht verifizierbaren Glaubenssatz bezeichnet. Aber nicht jedes Wort in der Bibel ist Gottes Wort. Und wie in der Bibel nicht *nur* Gottes Wort erklingt, so kann man Gottes Wort umgekehrt nicht *nur* in der Bibel, sondern auch außerhalb ihrer hören.[453]

Gegen diese Situation protestierten die bibelgläubigen Kreise der Landeskirchen schon 1951 in einem Flugblatt mit dem Titel: »Es geht um die Bibel«.[454] In der Abwehr des Bultmannschen Entmythologisierungsprogramms wird die Identität von Bibel und Gottes Wort, die »volle Inspiration« und die alleinige Autorität der Heiligen Schrift bekräftigt. In der von Heinrich Jochums verfaßten *Siegerländer Erklärung* von

1952 wird ebenfalls die Autorität der Bibel als Wort Gottes gegen Bultmanns Theologie verteidigt.[455]

Das *Wort des Gnadauer Vorstands* vom Februar 1961 mit dem Titel »Von der Autorität der Heiligen Schrift« definiert die Bibel als »das vom Heiligen Geist gewirkte Zeugnis des Handelns und Redens Gottes in der alt- und neutestamentlichen Heilsgeschichte«, das ganz Gottes Wort ist und dem der Mensch als »untrügliche Wahrheit und Weisung für Glauben und Leben« zu gehorchen hat.[456] Auch wenn die »gottgewollte, untrennbare Einheit« von dem geschehenen, geschriebenen und gepredigten Wort Gottes betont wird, ist festzustellen, daß die eigentliche, in der zeitgenössischen Theologie gestellte Frage nach dem Wesen und der Autorität der Schrift nicht wirklich beantwortet wurde. Die objektive Offenbarungsqualität der Heiligen Schrift und die Folgen der Inspiration (dieser Begriff wird vermieden!) für dieselbe hätten dann genauer beschrieben und konsequenter ausgeführt werden müssen.

Im Jahr 1963 schlug *G. Bergmann* »Alarm um die Bibel«. Diese Streitschrift wider den modernen theologischen Liberalismus räumt der Schriftfrage einen relativ breiten Raum ein.[457] Bergmann bekräftigt die Personal- und Realinspiration, polemisiert aber gegen eine »mechanistische Diktat-Verbalinspiration«. Er hält allerdings fest, daß die Inspiration durchaus »verbal« zu verstehen sei, und zwar in dynamisch-qualitativer Hinsicht. Im Anschluß an Schlatter und Barth (?) betont er, daß die Bibel Gottes Wort *ist*. Er lehnt eine ausgeführte Inspirationslehre ausdrücklich ab, da die Inspiration der Heiligen Schrift ein Wunder und Geheimnis sei. Im Blick auf historische Probleme in der Bibel plädiert Bergmann unter Zurückweisung von Harmonisierungsversuchen für eine »fröhliche Unbekümmertheit«, die sich auf das konzentriert, »was Christum treibet«. Was Bergmann will, ist klar: die Verteidigung des Bekenntnisses, daß die Bibel das Wort Gottes ist. Die Begründung und die Konsequenzen dieser Überzeugung bleiben jedoch unklar.

Da war das *Wuppertaler Bekenntnis*, 1964 von H. Jochums verantwortlich mitformuliert, eindeutiger: Die Heilige Schrift ist »Gottes irrtumsfreies Wort«, das von Menschen in ihrer eigenen Denkweise und Sprache geschrieben, aber in den Urschriften unter der Leitung des Heiligen Geistes vor Irrtümern bewahrt wurde.[458]

Die 1966 von der »Kirchlichen Sammlung Braunschweig« verfaßten *Thesen zu Lehre und Auftrag der Kirche* stellen fest, daß »in der Heiligen Schrift ... Gottes Wort im Menschenwort gegeben« ist, betonen aber im Anschluß daran die Berechtigung der historisch-kritischen Methode. Weil man für diese ein Regulativ braucht, beruft man sich neben der Schrift auf eine andere Autorität: die Bekenntnisse der Kirche. Hier offenbart sich das Dilemma, das entsteht, wenn man die »modernen wissenschaftlichen« Ansätze prinzipiell bejaht und gleichzeitig an einem konservativen Schriftverständnis festhalten will.[459] Dasselbe trifft auf die *Rummelsberger Erklärung* von 1967 zu, welche die Heilige Schrift als »vom Heiligen Geist eingegebene Quelle und Norm für alles Lehren der Kirche« bezeichnet und gleichzeitig die historisch-kritische Methode als gültig bejaht.[460] Das Wesen biblischer Offenbarung und die Konsequenzen der Inspiration sind hier nicht hinreichend bedacht.

Das *Hirtenwort* der Freien Evangelisch-Lutherischen Kirchen von 1967 spricht deutlicher von der Bibel als »Gottes unfehlbares Wort.«[461] Die *Düsseldorfer Erklärung* der Bekenntnisbewegung, in demselben Jahr verfaßt, bezeichnet ebenfalls die Heilige Schrift als Gottes Wort und als »Urkunde seiner geschehenen Offenbarung«[462]. Es wird allerdings nicht geklärt, ob die Bibel nur »Urkunde von« der Offenbarung, oder Offenbarung selbst ist. Angesichts der liberalen und neoorthodoxen Schriftauffassung bleiben solche Formulierungen mißverständlich. Im Blick auf die *Sittenser Erklärung* von 1968 ist bei aller sonstigen Deutlichkeit des Dokuments dasselbe zu sagen[463]: Wenn die Heilige Schrift einerseits als »geistgewirktes Gotteswort« bezeichnet wird, andererseits als »Zeugnis« von der Offenbarung Gottes, so ist das in der (damals wie heute gleich) aktuellen Auseinandersetzung um das Schriftverständnis keine klare und eindeutige Stellungnahme.

In diese Zeit fällt auch die seit über 40 Jahren erste Veröf-

fentlichung einer Monographie über die Inspiration – die
deutsche Übersetzung eines von einem schweizer Juristen geschriebenen Buches über die »Inspiration und Autorität der
Bibel«.[464] Das Anliegen *René Paches* war es, auf solider biblischer Basis die Inspiration, Unfehlbarkeit, Zuverlässigkeit
und Autorität der Heiligen Schrift angesichts der modernen
Bibelkritik zu bekräftigen und zu verteidigen.

Die Zurückhaltung der meisten wissenschaftlich arbeiten-
den evangelikalen Theologen im Blick auf eine ausführliche
Darlegung eines konsequenten, biblischen Schrift- und Inspirationsverständnisses läßt sich an dem Buch von *Walter Kün-
neth* über die »Fundamente des Glaubens« ablesen. Der relativ
umfangreiche Abschnitt über »das Geheimnis der Offenbarung« behandelt die Inspirationsthematik überhaupt nicht
und die Schriftlehre nur am Rande: Die Bibel ist »Zeugnis«
und »Urkunde« von der Offenbarung Gottes, deren Mitte –
Christus – sich selbst »zu Gehör« bringt, »sofern eben dieser
Christusgeist in ihr wirksam ist.«[465] Richtungsweisender ist da
Helmut Echternach, der die Inspiration der Bibel in Analogie
zur altprotestantischen Inspirationslehre, zugleich aber in
voller Korrelation mit der Inkarnation darstellen will.[466] Da
sein Ansatz eher theologiegeschichtlich-philosophisch als biblisch ist, bleibt er leider in Vorarbeiten stecken.

Die Evangelikalen sind sich bewußt, daß ihre Identität von
der »Treue zum biblischen Wort« gekennzeichnet ist, wobei
man sich nicht einig ist, was das genau bedeutet.[467] Die 20. Ta-
gung des evangelikalen »Theologischen Konvents« vom Februar 1978 behandelte dann auch die Zuverlässigkeit der Heiligen Schrift.[468] Drei Grundpositionen evangelikalen Schriftverständnisses wurden dabei deutlich. (1) Die Vertreter einer
»pneumatischen Exegese« haben prinzipielle Bedenken gegen
ein methodisch geordnetes Erforschen der Heiligen Schrift
und ihrer Inspiration, da dies ein Eingriff in das Werk des Geistes darstelle.[469] So sperrt man sich gegen eine konsequent
ausgezogene Schrift- und Inspirationslehre: Inspiration, Inverbation und Inkarnation des Göttlichen im Menschlichen
ist Wunder und Geheimnis. (2) Der Rektor des Albrecht-Ben-
gel-Hauses, *Gerhard Maier*, vertritt die »Ganzinspiration«: die

Heilige Schrift ist im Ergebnis ganz Gotteswort und ganz Menschenwort, ersteres nicht nur in Fragen von Glauben und Leben und letzteres als der die Geschichtlichkeit der Offenbarung ausmachende Aspekt; mögliche Gedächtnisfehler der biblischen Schreiber, die Gottes Offenbarungsziel nicht stören, sind dabei nicht ausgeschlossen.[470] (3) Eine konsequente Ausziehung der Inspiration im Blick auf die Folgen für den Text der Heiligen Schrift vertritt nachdrücklich *Georg Huntemann*.[471] Das biblische Wahrheitsverständnis dürfe nicht im Anschluß an die neukantianische Unterscheidung von Seins- und Werturteilen auf Existenz oder Ethos beschränkt werden, woraus sich die absolute Unfehlbarkeit der Heiligen Schrift ergebe.

Zur evangelikalen Situation in Deutschland ist noch anzumerken, daß die Diskussion um die Chicago-Erklärung bisher noch nicht in die Auseinandersetzung um ein adäquates Schrift- und Inspirationsverständnis aufgenommen wurde.

10. Zusammenfassung und Schlußfolgerungen

Die Geschichte der Lehre von der Inspiration der Heiligen Schrift hat gezeigt, daß die seit der Aufklärung immer stärker betriebene und vollzogene Preisgabe der Offenbarungs- und Inspirationsqualität des Textes der Heiligen Schrift in ihrer Konsequenz zur Aufgabe der Autorität der Schrift geführt hat. Die in der historisch-kritischen Theologie prinzipiell und grundsätzlich vollzogene Trennung von Wort Gottes und Heiliger Schrift, von Offenbarung und Bibel, läßt für den »Ort« des Wortes Gottes in bezug auf die Heilige Schrift nur folgende Möglichkeiten zu: die Bibel enthält Wort Gottes (oder Worte Gottes), die Bibel wird Wort Gottes, die Bibel ereignet sich als Wort Gottes oder die Bibel zeugt und berichtet vom einst erfahrenen Wort Gottes. Infolge dieser prinzipiellen Unterscheidung zwischen Wort Gottes und Wort der Schrift muß dann der Inspirationsbegriff, falls er nicht ganz fallengelassen wird, im Gegensatz zur Verbalinspiration, welche die Offenbarungsqualität des Textes der Schrift sichert, interpretiert werden. Inspiration ist dann (1) bloße Personalinspiration, d.h., die in der Schrift redenden Personen waren inspiriert, nicht aber das von ihnen Geschriebene oder (2) bloße Realinspiration, d.h., die in der Schrift vorliegenden Wahrheiten oder »Erkenntnisse« über »Glaube und Leben«, also über christliche Existenz und Ethos, sind inspiriert, nicht dagegen die in der Bibel geäußerten »Ansichten« über Ursprung, Wesen und Beschaffenheit der Welt oder (3) geschehene und immer wieder neu geschehende Illumination, die nie objektiv faßbar ist.

Die Konsequenz einer Preisgabe der klassischen, vor Renaissance und Aufklärung allgemein und selbstverständlich vertretenen Verbalinspiration ist somit unausweichlich: Autorität und Normativität der Heiligen Schrift für christliches Lehren und Leben können nicht mehr mit der Heiligen Schrift per se begründet werden. Das reformatorische »sola scriptura« gilt nicht mehr. Gerade auch protestantische Theologen weisen heute vermehrt darauf hin, daß man in Fragen um Autorität und Normativität Schrift, Vernunft und Tradition nicht streng voneinander trennen dürfe. Das historisch-kritische Postulat impliziert den Primat der Ratio: die Vernunft des Menschen ist die letzte und eigentliche Autorität für das zu Glaubende. Die traditionsgeschichtlichen Ergebnisse der historischen Kritik implizieren die Priorität der Tradition auf jeder Stufe und Ebene: Die christlich-kirchliche Tradition steht chronologisch vor und somit prinzipiell über der Schrift. Der hermeneutische und pastorale Ansatz vieler Theologen impliziert schließlich die Vorherrschaft der Erfahrung: Das existentiell subjektiv oder kollektiv Erlebbare und Wirksame bestimmt die sich je ereignende »Offenbarungsqualität« von Bibeltexten. Weil das sola scriptura verschwunden ist, bleibt der Kanon offen: Alles und jedes, was der menschlichen Vernunft einleuchtet, der kirchlichen Tradition genehm ist und sich in der Erfahrung als wirksam erweist, kann »Wort Gottes« sein. Und so kann der Jesuit A. Dulles – sicherlich zu Recht – eine sich seit der Mitte der sechziger Jahre anbahnende Aussöhnung und Angleichung des (nicht-evangelikalen) protestantischen und des katholischen Schrift- und Inspirationsverständnisses konstatieren, das sich von der jeweiligen »orthodoxen« Position klar unterscheidet.[472]

Die Geschichte der Schriftfrage erhellt, daß nur die Verbalinspiration die Offenbarungsqualität, Inspiriertheit, Autorität und Normativität der Heiligen Schrift garantieren kann. Es hat sich auch gezeigt, daß die Frage des Ansatzes entscheidend ist: Geht man phänomenologisch-induktiv vor im Rahmen einer apriorischen historisch-kritischen Erforschung der Bibel, gelangt man erst aposteriorisch zu einer Aussage über ihren Charakter. Geht man organisch-deduktiv vor im Rahmen einer apriorischen Analyse des Charakters Gottes, seiner Offenbarung und des biblischen Selbstzeugnisses, gelangt man so zu einer organisch-biblischen Aussage über den Charakter der Schrift.

Neben der Frage des Ansatzes sind in der aktuellen Diskussion um ein adäquates Schrift- und Inspirationsverständnis außerdem die Frage nach dem biblischen Selbstzeugnis (vor allem hinsichtlich seines Wahrheitsbegriffes), nach dem Wesen biblischer Offenbarung, nach dem Verhältnis von göttlicher und menschlicher Seite der Heiligen Schrift, nach der Art der menschlichen Instrumentalität der Verfasser der biblischen Bücher, nach dem Verhältnis von Offenbarung und dem Phänomen der Sprache, nach dem Modus und dem Umfang der Inspiration, nach der Beziehung zwischen Inspiration und Interpretation und schließlich die Frage nach den praktischen Konsequenzen der Inspiration der Schrift für die Gemeinde Jesu Christi zu untersuchen und zu beantworten.

Zweiter Teil:

Die Lehre von der Inspiration nach der Heiligen Schrift

1. Grundsätzliche Erwägungen

Die Beantwortung der Frage nach dem Wesen der Offenbarung Gottes und der Inspiration und Autorität der Heiligen Schrift ist von entscheidender Bedeutung für das Fundament der Theologie. Sie wird aus diesem Grund in der sog. Fundamentaltheologie behandelt, der einleitenden Prolegomena oder dogmatischen Prinzipienlehre jeder Gesamtdarstellung der Dogmatik.

Es geht einmal um die fundamentale Frage, welche Größe den Glauben begründet, d.h., welche Größe Ausgangspunkt und Kriterium für die Begründung theologischer Urteile ist – somit die Funktion einer Grundannahme hat – und deren nicht zu hinterfragende Vertrauenswürdigkeit im Glauben vorausgesetzt wird.[1] W. Joest spricht für viele, wenn er den Rückgang auf die Heilige Schrift und ihre Bekräftigung als formale Autorität ablehnt und vom Rückbezug auf das »Ereignis Jesus« ausgehen will.[2] Das maßgebliche Argument für diese Entscheidung lautet: »Glaube als Grundvertrauen und Lebenseinsatz, der weiß, an wen und warum er glaubt, kann nur begründet sein in der Begegnung dessen, der in dem, *wer* er ist und *was* er sagt und wirkt, solchen Einsatz beansprucht und trägt.«[3]

Vier Einwände können gegen dieses Argument vorgetragen werden. (1) Joest setzt eine unbewiesene, erst noch zu beweisende Definition von Glaube bzw. »Zuspruch und Anspruch Jesu« voraus, was nicht legitim ist *(petitio principii).* (2) Das normierende Kriterium wird dem persönlichen und daher subjektiven Glaubensverständnis des jeweiligen Theologen ausgeliefert: Begegnung ist stets eine persönliche und daher subjektive, individuelle Erfahrung; und die Begegnung mit Jesus Christus findet nicht »im Schauen« statt und muß,

103

wenn sie nicht irrational sein soll, durch eine objektive Größe begründet und abgesichert werden.[4] (3) Der Rückgang auf »Jesus« als alleinige normierende Autorität kann die durchgehende Offenbarungsqualität und die Relevanz des AT als Ganzes nicht mehr halten: Das AT ist hier nicht Offenbarung *per se* (die dann *auch* vor und unabhängig von Jesus erwiesen werden könnte), auch nicht ergänzendes Offenbarungszeugnis (das ein von Jesus unabhängiges Kriterium voraussetzen würde), sondern bloß begleitendes Offenbarungszeugnis, und zwar nur insofern es mit der »Selbstbekundung Gottes in Jesus Christus« kongruent ist.[5] (4) Die »unmittelbare« Identität von Person und Geschichte Jesu Christi und dem den Glauben begründenden Offenbarungswort Gottes ist nicht objektiv begründbar, wenn der Bibel als »schriftlichem Niederschlag primärer menschlicher Überlieferung«, die der kritischen Nachfrage ausgeliefert ist[6], keine Autorität zukommen kann. Der Ansatz muß subjektiv bleiben.

Fazit: Person und Geschichte Jesu Christi sind, für sich genommen, kein hinreichendes, notwendigerweise konkretes und objektives Fundament und Kriterium der Theologie.

Um die den Glauben begründende Größe, mit »Jesus Christus als Evangelium« beschrieben, zu objektivieren, beruft man sich heute oft auf die sog. *Wirkungsgeschichte* der Bibel in der Christenheit bis heute, die als Richtlinie für die sachgemäße Erfassung der »Größe Jesus« dienen soll. Dabei hebt man auf die Bekenntnisse der Kirche ab, also auf die kirchliche Tradition, welche das Fundament und die Sinnmitte des christlichen Glaubens maßgeblich formuliert hat.[7] Aber auch diese Wirkungsgeschichte kann niemals eine echte Objektivität begründen; sie macht im besten Fall aus der individuellen Subjektivität eine kollektive Subjektivität.

Die *menschliche Vernunft* wird heute, anders als in der Aufklärungstheologie, kaum mehr ausdrücklich als unabhängige Autorität für unser Wissen um Gottes Wahrheit angesehen. Wenn man jedoch eine grundsätzlich subjektive Größe wie das »Ereignis Jesus« oder die menschliche Tradition als normierendes Fundament und Kriterium des christlichen Glaubens auszeichnet, wird gleichsam durch die Hintertüre das menschliche Denken wieder inthronisiert.[8] Die Vernunft des Menschen hat dann die (alleinige!) Verantwortung, das »Ereignis Jesus« zu konkretisieren, das Richtige und Relevante der Schrift zu selektieren und Ort und Charakter des Normativen zu dekretieren. Der Anspruch der Aufklärung, der hier immer noch wirksam ist, durch die Vernunft unmittelbaren Zugang zur Wahrheit zu haben, entspricht dem Urfall menschlicher Existenz, der »Einheit« mit Gott haben will ohne das Wort. Er verkennt enthusiastisch, daß die Vernunft des Menschen weder die Macht noch die Fähigkeit hat, Wahrheit zu initiieren oder selbständig zu erkennen. Daß Denken und Wahrheit zweierlei sind, ist spätestens seit K.Popper allgemeines Wissenschaftsverständnis: Reine, objektive Tatsachen und Fakten gibt es nicht unabhängig vom Beobachter.[9] Der Ansatz bei der Vernunft verkennt, daß die Vernunft dem Sündenfall gerade nicht entnommen ist und deshalb nicht entscheiden kann, was Offenbarung ist und was nicht. Das seit dem Sündenfall zwiespältige Denken, das immer in der Spannung von Gut und Böse steht, *muß* die Wahrheit über das, was ist, verfehlen. Die Maßgeblichkeit menschlichen Denkens bedeutet eine Subjektivität, die auch bei Theologen, zumindest in der Methodenfrage, eine atheistische Struktur aufweist.[10] So kommen wir zur *Heiligen Schrift*, die in der christlichen Tradition weitgehend, jedenfalls bis zur Aufklärung, als Offenbarung Gottes anerkannt und deren absolute Autorität als selbstverständliche Grundlage und Quelle der Theologie akzeptiert wurde. Wie die große Mehrzahl der Universitätstheologen negiert W. Joest die Möglichkeit, »die Überzeugung von der formalen Offenbarungsautorität der Heiligen Schrift als theologische Grundannahme auszuzeichnen und aus ihr erst abzuleiten, was in Jesus als Offenbarung Gottes begegnet.«[11]

Die Einzelargumente, mit denen W. Joest seine These verteidigt, sind wie folgt zu widerlegen. (1) Es ist falsch, wenn er meint, die Zirkelhaftigkeit des theologischen Begründungsverfahrens bleibe trotzdem bestehen. Die Grundannahme, daß die Heilige Schrift göttlich autorisierte Offenbarungsurkunde ist, bedeutet *keine* Vorentscheidung über den Inhalt, der grundlegend zu glauben ist, sondern ist fundamentales

Axiom. (2) Es ist nicht legitim, die »formale« Autorität der Schrift einem spezifischen Glaubensverständnis (als »Vertrauensvollzug«) unterzuordnen, da die *Grund*annahme der Offenbarungsautorität der Bibel logisch nicht an einer vorweggenommenen inhaltlichen Definition von Glauben gemessen werden kann. (3) Eine »formale« Autorität und Vertrauensvollzug schließen sich nicht aus, und eine »inhaltliche« (oder personale) Autorität ist nicht automatisch gleichbedeutend mit Vertrauensvollzug (man denke nur an Diktatoren). Die Qualität von Autorität entscheidet sich nicht an ihrer formalen oder inhaltlichen Verfaßtheit (mit der romantischen Prämisse von der Überlegenheit des inhaltlichen), sondern an ihrer Wahrheit bzw. Usurpiertheit. Wahre Autorität hat, wie H.-G. Gadamer in seiner »Rehabilitierung von Autorität« sagt, ihren Grund in einem »Akt der Anerkennung und der Erkenntnis« – nämlich der anerkennenden Erkenntnis, daß der andere es besser weiß und einem deshalb an Urteil und Einsicht überlegen ist; sie hat ihren wahren Grund in einem »Akt der Freiheit und der Vernunft.«[12] Usurpierte Autorität ist autoritär und fordert blinden Gehorsam; sie hat ihren Grund in einem Akt der Unterwerfung und der Ausschaltung der Vernunft. Die Grundannahme der Offenbarungsautorität der Schrift entstellt den Glauben eben nicht zu einem »intellektuellen Unterwerfungsakt« (Joest), sondern stellt die Souveränität und Providenz Gottes in Rechnung. (4) Es ist sehr wohl möglich, den Gehalt dieser Grundannahme verständlich zu machen (siehe unten Abschnitt 3). (5) Es ist nicht zu rechtfertigen, wenn W. Joest die Objektivität dieses Ansatzes mit dem Hinweis auf die »Vielschichtigkeit« der »Theologien« der Bibel abstreitet. Einmal ist festzuhalten, daß es »die« Bibelforschung nicht gibt: Die Vielschichtigkeit und (bewußte!) Widersprüchlichkeit der Ergebnisse und Systeme der historisch-kritischen Forschung ist sicherlich alles andere als ein objektiver Maßstab und übertrifft die »Vielschichtigkeit« der Bibel bei weitem. Zum anderen ist eben diese »Vielschichtigkeit« der Bibel kein neutrales, objektiv gewonnenes Ergebnis, sondern basiert auf einem kritischen *Vor*verständnis was das Wesen der Schrift betrifft. Sie kann deshalb an dieser Stelle nicht als Argument angeführt werden. Schließlich ist der Vorwurf, nur eine hermeneutische Vorentscheidung über eine »Mitte der Schrift« als Christuszeugnis ermögliche es, die Bibel als Zeugnis der Offenbarung Gottes in Jesus Christus auszulegen, nicht gerechtfertigt. Die Zentralität der Person und Geschichte Jesu ist keine notwendige hermeneutische Vorentscheidung, die in der Tat wieder subjektiv ist, sondern ist das allgemein anerkannte Ergebnis einer historisch-grammatischen Exegese der Bibel.

Fazit: Die Argumente gegen die Grundannahme, daß die Heilige Schrift als Offenbarung Gottes Grundlage und Norm der Theologie sein kann, sind nicht aufrechtzuhalten. Diese Grundannahme ist mindestens ebenso legitim wie der Rückgang auf Person und Geschichte Jesu. Weshalb der Ansatz bei der Heiligen Schrift der einzig adäquate ist, wird in den nächsten beiden Abschnitten gezeigt. Es ist an dieser Stelle jedenfalls entschieden darauf hinzuweisen, daß im Blick auf die Basis des *Glaubens* der Glaube an Jesus Christus und der Glaube an die Offenbarungsqualität der Schrift keine Alternativen sind. Beides läßt sich nicht voneinander trennen.[13]

Den Vertretern einer konservativen Theologie, die bei der Offenbarungsqualität der Heiligen Schrift ansetzen und von da aus den Charakter der Bibel und die Inhalte des christlichen Glaubens näher bestimmen, wurde häufig vorgeworfen, sie gingen *deduktiv* und deshalb *unwissenschaftlich* vor.[14] Hinter diesem Vorwurf steht das Schema des naiven Positivismus, der von »der« Wirklichkeit über Einzelbeobachtungen und logischen, vor allem induktiven Folgerungen zu einer Theorie über die gegebene Wirklichkeit kommt. Dieses Schema gehört heute der Vergangenheit an – was sich lediglich bei einigen Theologen noch nicht herumgesprochen hat. Induktive Schlüsse lassen sich nur noch innerhalb einer subjektiven Wahrscheinlichkeitstheorie als Wahrscheinlichkeits-*Aussagen* rechtfertigen. Mit K. Wuchterl ist festzuhalten: »Die Vorstellungen über die Struktur wissenschaftlicher Theorien und deren Konstitution haben sich radikal geändert. Am Anfang steht der kreative Entwurf logisch konsistenter wissenschaftlicher Theorien.«[15] Diese empirischen Theorien werden anschließend induktiv (Wahrscheinlichkeitsbewertung) oder deduktiv (Bewährung) *bestätigt*. Die diesbezügliche Kontroverse zwischen R. Carnap (Induktivismus) und K. Popper (Deduktivismus) kann durch den Vorschlag von W. Stegmüller aufgelöst werden, der darauf hinweist, daß zwischen den Auffassungen Carnaps und Poppers kaum Berührungspunkte bestehen: Die Induktion gehört in den Bereich des Praktischen, während die Deduktion allein für die theoretische Fragestellung der Wissenschaftstheorie übrigbleibt.[16]

Wenn es im Folgenden um eine Formulierung der Lehre vom Wesen der Heiligen Schrift geht, soll dies analog der Erstellung einer logisch konsistenten, empirischen Theorie und ihrer induktiven bzw. deduktiven Bestätigung geschehen. Diese Methode ist nicht antiquiert, sondern genügt dem aktuellen Stand der wissenschaftstheoretischen Diskussion vollauf und ist deshalb auch für die Theologie relevant.[17] Der »konfessionelle« Ansatz, der die Offenbarungsautorität der Bibel als Wort Gottes bekennt und (nur) durch »Glauben« erkennt (zum Beispiel G.C. Berkouwer), ist genauso ungenügend wie der fideistische Ansatz, der die Offenbarungsautorität der Schrift bloß voraussetzt (so C. Van Til).[18]

Wir setzen beim Anspruch der Bibel ein, geoffenbartes Wort Gottes zu sein. Diesen Anspruch bestätigen wir induktiv durch den Aufweis des entsprechenden konkreten biblischen Selbstzeugnisses. Beobachtungen über den Charakter der Schöpfung und der Offenbarung bestätigen den Anspruch deduktiv. Aus dem somit ausführlicher beschriebenen und begründeten Anspruch der Schrift ergeben sich dann bestimmte Angaben über ihre Entstehung und ihre Eigenschaften. Die so abgeleitete und bestätigte Lehre vom Wort Gottes muß sich schließlich auch gegenüber widersprechenden Tatsachenaussagen bewähren.

2. Das biblische Selbstzeugnis

Da Offenbarung sich konsequenterweise selbst definiert[19], hat die Entwicklung eines adäquaten Schrift- und Inspirationsverständnisses, das damit rechnet, in der Bibel göttliche Offenbarung zu finden, vom Selbstzeugnis der Bibel betreffs ihrer Herkunft und ihres Charakters auszugehen.

Nun wurde immer wieder – auch von evangelikaler Seite – die Meinung geäußert, die Bibel enthalte kein spezifisches Inspirationsverständnis; nur am Rande des biblischen Zeugnisses, im 2. Timotheusbrief, sei von Inspiration die Rede.[20] Es ist natürlich richtig, daß die Schrift keine ausgefeilte, in jeder Hinsicht begründete und nach allen Seiten abgegrenzte »Lehre« von der Inspiration »der« Heiligen Schrift liefert. Keiner der biblischen Autoren spricht von *allen* Büchern des biblischen Kanon. Deshalb geht es hier um die Beantwortung der Frage nach dem allgemeinen Sinn der von verschiedenen biblischen Schreibern gemachten Aussagen über das, was sie und ihre Kollegen tun.[21] Und hier besteht das Problem darin, daß die Bibel eine Überfülle an Material zur Erhellung ihrer Herkunft und ihres Charakters enthält![22]

Wir werden im folgenden das Alte und Neue Testament auf solche Aussagen hin untersuchen, die Gottes Offenbarung und die Inspiration der Heiligen Schrift in ihrem Wesen und in ihren Konsequenzen verständlich machen.[23] Dieser Untersuchung schicken wir das Zeugnis der Bibel über das Wesen und die Eigenschaften Gottes voraus.[24]

2.1 Das Wesen Gottes

a) Die *Geistpersonalität* Gottes steht an erster Stelle. Gott ist *Geistwesen* und das besagt: Gott ist überall und unmittelbar gegenwärtig und grundsätzlich ungebunden und unendlich. Das heißt: Gott als der Unbedingte ist unabhängig von allen denkbaren Bedingungen, Gott als der Unendliche ist prinzipiell unvergleichbar mit irgendeiner immanenten Größe, und Gott als der *Allgegenwärtige* ist unmittelbar auch und gerade in der Welt präsent (vgl. Ex. 20,4; 1. Kön. 8,27; Ps. 33,6; 36,10; 90; 121,4; 139; 143,10; Jes. 31,3; 66,1; Hos. 11,9; Joh. 4,24; 6,63; 1. Kor. 2,14; 1. Tim. 6,16; Hebr. 13,8).

Gott ist *Personwesen* und das besagt: Gott ist keine anonyme, mystische Geistigkeit, sondern äußert sich in Wort und

Wille. Daß Gott spricht, ist dem AT »durchgehende Selbstverständlichkeit.«[25] Das von Gott gesprochene *Wort* ist der einzige Schlüssel für die Erkenntnis Gottes; es ist auf Kommunikation und auf Gemeinschaft ausgerichtet und ist im Gegensatz zum menschlichen Wort von Kraft erfüllt. Der *Wille* Gottes bedeutet, daß Gott von planenden und zielsetzenden Gedanken erfüllt ist (vgl. Jes. 55,8–9; Jer. 23,29; 29,11; Mt. 4,4; 6,10; Joh. 4,34; 6,38; Apg. 21,14; Röm. 9,19; Hebr. 4,12).

b) Das *Herrsein Gottes* beinhaltet seine absolute Souveränität. Hier ist erstens die *Aseität* (lat. *a se*, »von sich selbst«) Gottes zu nennen: Die Existenz Gottes ist grundlos und steht jenseits jeder Kausalität; sie ist von nichts und von niemandem abhängig, das uneingeschränkte Sein »von Ewigkeit zu Ewigkeit« (vgl. die Selbstbezeichnung Jahwes in Ex. 3,14; auch Ps. 94,8–11; Jes. 40,18–26). Zu dieser totalen Unabhängigkeit Gottes gehört auch seine *Unveränderlichkeit* (vgl. Ps. 102,27–28; Jes. 41,4; 48,12; Mal. 3,6; Röm. 1,23; Hebr. 1,11–12), die sich dem Menschen gegenüber als Treue erweist.

Zum Herrsein Gottes gehört weiter seine *Allmacht*. Gott steht als der Schöpfer des Universums (vgl. Gen. 1,1; Ps. 90,2; Jes. 40,12–14.26–28; 42,5; Neh. 9,6; Kol. 1,16; Offb. 4,11; 10,6) der gesamten Schöpfung als Herr gegenüber. Mit den Worten W. Künneths: »Diese Allmacht Gottes entfaltet sich sowohl in der Konkurrenzlosigkeit seiner Mächtigkeit als auch durch seine Totalwirksamkeit ... Die Ganzheit der Welt in ihren makrokosmischen wie in ihren mikrokosmischen Bezügen und in den geschichtlichen Bereichen der Menschheit wird damit als Kraftfeld des allmächtigen Herrentums Gottes gekennzeichnet«[26] (vgl. Hi. 9,12; Ps. 115,3; Jer. 32,17; Mt. 19,26; Röm. 1,20; Eph. 1,19).

Gottes Herrsein beinhaltet seine *Allwissenheit* und seine *Weisheit*. Die Allwissenheit Gottes bedeutet: Gott kennt sich selbst sowie alles, was von ihm ausgeht; er kennt alle Dinge der Vergangenheit, der Gegenwart und der Zukunft an sich und in ihren Beziehungen zueinander. Er kennt den wahren Grund aller Dinge. Er weiß, was möglich und was tatsächlich ist (vgl. 1. Chr. 28,9; Hi. 37,16; Ps. 139,1–4). Die Weisheit Gottes bezeichnet seine alles überragende und alles durchschauende Einsicht, die allein garantiert, daß der Vollzug seiner Pläne und seines Handelns vollkommen richtig und gültig verläuft (vgl. Jes. 28,29; 40,13; Jer. 23,18; 1.Kor. 1,30; Kol. 2,3; Offb. 5,12).

Weiter ist Gottes *Wahrhaftigkeit (emeth, emuna; alētheia)* zu nennen. Dieser Begriff beinhaltet, daß Gott die Wahrheit schlechthin ist, daß er sich zuverlässig als der offenbart, der er ist, und diese Offenbarung ist absolut zuverlässig. Gott kennt alle Dinge so, wie sie in Wirklichkeit sind (vgl. Ex. 34,6; Num. 23,19; Deut. 32,4; Ps. 25,10; 31,6; Jes. 65,16; Joh. 14,6; Röm. 3,4; Hebr. 6,18; 1. Joh. 5,20–21).

Zu Gottes Herrsein gehört schließlich auch seine *Heiligkeit (qadash; hagios)*, die jede Gleichsetzung von Gott und Welt verbietet und die Distanz zwischen Gott und der abgefallenen Menschheit betont. Gottes Heiligkeit bezeichnet Gottes ethische Vollkommenheit, seine Verabscheuung jeglicher Sünde und seine Forderung nach Reinheit (vgl. Lev. 19,2; 1. Sam. 6,20; Jes. 6,3; Hab. 1,13; 1. Petr. 1,16). Die Heiligkeit Gottes ist eng verbunden mit seiner *Gerechtigkeit (ṣedaqah; dikaiosynē)*, das heißt mit seinem norm- und bundesgemäßen, mit seinem heilenden und rettenden Handeln (vgl. Esr. 9,15; Neh. 9,8; Ps. 119,137; Jer. 12,1; Joh. 17,25; 2. Tim. 4,8; 1. Joh. 2,29; Offb. 16,5).

c) Das *Vatersein* Gottes erschließt sich besonders deutlich aus seiner Selbstoffenbarung in Jesus Christus. Hier ist zuerst Gottes allgemeine *Güte* über seiner Schöpfung zu nennen (vgl. Ps. 36,6; Mt. 5,45; Apg. 14,17). Gottes *Liebe* drängt ihn zu ewiger Selbstmitteilung, die in Jesus ihren Höhepunkt fand (vgl. Joh. 3,16; Röm. 5,8; Eph. 2,4–5; 1. Joh. 3,1). Gottes *Gnade* ist seine (vom Menschen unverdiente) Güte und Liebe, seine schenkende Zuwendung zum schuldigen Sünder (vgl. Apg. 18,27; Röm. 3,24; 4,16; Eph. 1,6–7; 2,8; Tit. 2,11; 3,4–7). Gottes *Barmherzigkeit* bezeichnet seine Güte und Liebe für den Elenden und Hilflosen (vgl. Deut. 5,10; 1. Chr. 16,34; Ps. 136; 1. Tim. 1,2).

d) Die Bedeutung des Wesens und der Eigenschaften Gottes für den Charakter der Offenbarung und der Inspiration der Heiligen Schrift soll in den folgenden Ausführungen deutlich werden.

Ehe wir fortfahren, wollen wir auf jene alttestamentlichen Stellen eingehen, die von einer ›Reue Jahwes‹ handeln. Nach Gen. 6,6 »gereute« es Gott, daß er den Menschen gemacht hatte. Laut 2. Sam. 24,16 »gereute« es Jahwe, daß sich sein Gericht über Israel nach Davids Volkszählung so schlimm im Volk auswirkte. Schnell wird von manchen der Widerspruch zwischen solchen Stellen und unseren Ausführungen über die Unveränderlichkeit und Souveränität Gottes hervorgehoben. Und andere sind ebenso schnell dabei, die ›Bedeutung‹ dieser Stellen für die Schriftlehre anzugeben: Gottes Wort sei eben nicht ein für allemal festgelegt und irrtumsfrei, sondern durchaus korrigierbar. Folgendes ist zu den Stellen, die von einer ›Reue Gottes‹ handeln, zu bemerken: (1) Die 30 Stellen, die mit Gott als Subjekt von ›Reue‹ reden, gebrauchen das Verb *naham* (niph.) mit der Bedeutung »leid tun« im weitesten Sinn (an anderen Stellen bedeutet es »sich trösten«, »sich beruhigen«, »sich erbarmen«, »Mitleid empfinden«; vgl. Gen. 24,67; 38,12; Ri. 21,6.15; 2. Sam. 13,39; Jes. 57,6; Jer. 15,6). Ein ausgesprochen emotionales Element fehlt. (2) In der Mehrzahl der Stellen ist der Gegenstand der ›Reue‹ beschlossenes, also zukünftiges Unheil oder Gericht (vgl. Ex. 32,12.14; 2. Sam. 24,16; Jer. 18,8; 26,3.13.19; 42,10; Joel 2,13; Jona 3,10; 4,2; Am. 7,3.6). Eine geplante Wohltat oder eine bereits vollzogene Maßnahme Jahwes ist ganz selten Gegenstand der ›Reue‹ (vgl. Gen. 6,6.7; 1. Sam. 15,11.35; Jer. 18,10). Die heftige Reaktion Samuels in 1. Sam. 15,11b macht deutlich, wie erschüttert der Mensch in einem solchen Fall ist. (3) Wenn das Verb absolut, d.h. ohne Objekt gebraucht wird, finden wir fast immer eine kategorische Bestreitung der Möglichkeit, daß Gott sich etwas ›gereuen‹ läßt (vgl. Num. 23,19; 1. Sam. 15,29; Ps. 110,4; Jer. 4,28; Hes. 24,14; Sach. 8,14). (4) Im Blick auf diese auffällige Diskrepanz ist mit dem gewiß nicht den Evangelikalen zuzurechnenden H.J. Stoebe zu sagen: »Es besteht nicht, wie oft gesagt wird, ein innerer Widerspruch zwischen einer mehr anthropomorphen Aussage von einer Reue Gottes und einem vergeistigteren Verständnis. Das Nebeneinander ist in der Polarität der Gotteserfahrung begründet.«[26a] Jahwe ist auf der einen Seite der »eifersüchtige Gott«, der in seiner Souveränität einen Beschluß weder zu bereuen braucht noch an ihn gebunden ist (Gen. 6,6.7; 1. Sam. 15,11.35). Andererseits ist er der gnädige und barmherzige Gott, dessen angekündigtes Gericht – nach erfolgter Buße – nicht sein letztes Wort bleiben muß (Jona 4,2). Gott ist Person, kein Gesetz. Er ist absolut und souverän, d.h. er kann tun, was er will. Sein Handeln kann nicht berechnet oder vorausgesagt werden – es sei denn, er hat sich ausdrücklich festgelegt. Und das ist bei den erwähnten Stellen nicht der Fall. Gott ›ändert‹ seine ›Meinung‹ im Blick auf die Durchführung des angekündigten Gerichtes, wenn die zu Richtenden umkehren. Und vollzogene Maßnahmen wie die Erschaffung des Menschen tun ihm leid, wenn er dessen uferlose, rebellische Sünde sieht. Calvins Interpretation dieser Stellen von der ›Reue Gottes‹ hat noch heute Gewicht, wenn er bemerkt, daß Gott sich uns nicht wie er in sich selbst ist darstellt, sondern wie er uns erscheint, d.h. mit anthropomorphen Wendungen (Inst. I,17,13).

Die ›Reue Gottes‹ bezieht sich jedenfalls an keiner Stelle auf den ausdrücklichen Willen Gottes, auf seine Gebote oder auf seine Vorschriften. Deshalb wird die Lehre von der Heiligen Schrift als dem Wort Gottes auch nicht direkt von diesen Stellen berührt.

2.2 Altes Testament und Offenbarung

a) Im AT finden wir einige Aussagen über das *Wesen des Wortes Gottes* und der Worte Gottes, die als dem Wesen Gottes selbst entsprechend dargestellt werden.[27] Das Wort oder die Worte Gottes *(dabar, debarim)* sind (1) *tob* »gut« im Sinne von »zweckmäßig, geeignet, nützlich, wahr, richtig« (Jos. 21,45; 23,14–15; 1. Kön. 8,56; Jes. 39,8; Jer. 29,10; 33,14; Sach. 1,13); (2) *jaschar* »gerade« im Sinne von »recht, richtig« (Ps. 19,9; 33,4; Neh. 9,13; vgl. Ps. 119,137); (3) *emeth* »wahr, zuverlässig, mit der Wirklichkeit übereinstimmend« (2. Sam. 7,28; 1. Kön. 17,24; Ps. 119,43.160; vgl. Jer. 23,28); (4) *neᵓ eman* »wahr« im Sinne von »zuverlässig, fest, treu« (1. Kön. 8,26; 1. Chr. 17,23; 2. Chr. 1,9; 6,17; vgl. Ps. 19,8; 93,5); (5) *tahor* »rein« im Sinne von »absolut vollkommen, ohne Unreinheit« (Ps. 12,7); (6)

113

ṣeruphah »lauter« im Sinne von »einwandfrei, rein, geläutert« (Ps. 18,31; 119,140; Spr. 30,5; vgl. 2. Sam. 22,31).

Gott lügt nicht (Num. 23,19; vgl. 1. Sam. 15,29; Ps. 89,36). Seine Worte sind absolut unveränderlich (Ps. 89,35). Kein Teil von Gottes gesprochenem (oder geschriebenem) Wort ist unwichtig: der Mensch darf nichts hinzutun oder streichen (Deut. 4,2; 12,32). Gottes Worte werden von Gott in jedem Fall aufrecht erhalten (Num. 23,19). Gottes Wort hat ewig Bestand (Jes. 40,8). Es steht in Ewigkeit »fest im Himmel« (Ps. 119,89), d.h., es ist unveränderlich und vollkommen wahrhaftig und zuverlässig. Sein Gebot ist vollkommen (Ps. 119,96). Seine Worte weisen eine innere Harmonie und Widerspruchslosigkeit auf und sind wahr (Ps. 119,160). Es ist nichts Verdrehtes oder Verkehrtes an ihnen (Spr. 8,8). Die adäquate Reaktion auf die Worte Gottes besteht darin, daß der Mensch zittert (vgl. Jes. 66,2).

So zeigt sich, daß Gottes Unveränderlichkeit, Allwissenheit, Weisheit, Heiligkeit und Güte sich auf seine Worte übertragen. Die Worte Gottes entsprechen notwendigerweise dem Wesen Gottes.

b) Verschiedene *Aussagen über das Gesetz* bekräftigen dessen göttlichen Ursprung und seine daraus resultierende Autorität. Der Dekalog wurde von Jahwe selbst niedergeschrieben (Ex. 24,12; 31,18; 32,16; Deut. 4,13; 10,4). Mose schrieb die »Worte des Bundes«, das sog. Bundesbuch, im direkten Auftrag Gottes nieder (Ex. 24,3–4; 34,27–28).[28] Bundestexte im Alten Orient mußten schriftlich fixiert werden (vgl. die Vasallenverträge). Andere Anordnungen werden gleichfalls als geschriebenes Gesetz des Bundesgottes Israels bezeichnet (vgl. Deut. 28,58.61; Jos. 8,31–41). Die Wendung »Torah Jahwes« meint an vielen Stellen der Propheten und Psalmen die schriftlich fixierte Willenskundgebung Gottes in ihrer Gesamtheit (vgl. Jos. 24,26; Jes. 5,24; 30,9; Hos. 4,6; 8,1.12; Am. 2,4; Ps. 1,2; 19,8; 78,5.10; 119,1ff.). Das Gesetz wird so auch als »Wort« *(dabar)* – als Jahwes Offenbarungswort – bezeichnet (vgl. Deut. 1,1; 13,1; 30,14).[29]

c) Die *Propheten* schrieben zum Teil auf Gottes Geheiß Offenbarungen nieder (vgl. Jer. 36,1–32). Schriftlich fixierte Prophetenrede konnte als direktes Gotteswort vorgetragen werden (Jer. 36,6–8.10–11). Über die Art und Weise der Niederschrift göttlicher Offenbarung an die Propheten erfahren wir sonst nichts weiter.

Über die göttliche Autorisierung ihrer meist mündlich verkündeten Botschaft haben wir konkretere Informationen.[30] Die folgenden Kennzeichen charakterisieren die *prophetische Inspiration:* (1) Als maßgebliche Ausstattung und Beglaubigung der Propheten gilt der Besitz des Geistes Gottes (Num. 24,2; Neh. 9,30; Jes. 48,16; Hos. 9,7; Mich. 3,8; Sach. 7,12; vgl. 2. Sam. 23,2). Das heißt: die Propheten sind von der wirksamen und schöpferischen Gottesmacht erfüllt.[31] (2) Sie können als »Mund Jahwes« sprechen (Jes. 30,2; Jer. 1,9; 15,19; Esr. 1,1; vgl. Ex. 4,16; 2. Chr. 35,22; 36,12.21–22). Im profanen Bereich bringt die entsprechende Wendung den Auftrag zum Ausdruck, auf ganz bestimmte Weise zu reden.[32] Das heißt: die Propheten reden im Auftrag Gottes und sagen gerade und nur das ihnen von Gott Aufgetragene. (3) Sie empfinden den göttlichen Einfluß manchmal sogar als Gewalt (Jer. 1,17; Am. 3,8). Das heißt: die Propheten sind spürbar von Gott bestimmt und bewegt. (4) Das Wort Gottes drängt sich ihnen von außen auf (Num. 24,2; 2. Sam. 7,4; Hes. 11,5). Das heißt: die Propheten verlautbaren nicht ihre eigenen Gedankenproduktionen, sondern sagen Empfangenes weiter. (5) Sie müssen sich das Wort Gottes einverleiben (Jer. 1,9; Hes 3,1–10). (6) Ihre innere Freiheit bleibt ihnen dabei erhalten; sie hätten sich Gott verweigern können (Jes. 6,8; Jer. 20,7–10.14–18; Hes. 14,9; Dan. 7,15.28; 8,15–27). Das heißt: sie »funktionieren« nicht als Gottes »Schreibwerkzeuge« oder »Kassettenrecorder«, sondern sind mit ihrer Persönlichkeit an der Weitergabe von Gottes Wort beteiligt. (7) Sie müssen in ihrem Willen und in ihrer Bereitschaft, Gottes Wort zu verkündigen, gestärkt werden (Jes. 6,6–9; Jer. 1,17–19; Hes. 3,8–9). Das heißt: die Propheten werden von Gott für ihre Aufgabe zugerüstet. (8) Sie sprechen, wenn sie wahre Propheten sind, im Namen Jahwes und nicht im Namen eines anderen Gottes (Deut. 13,1–2; 19,20). Sie reden deshalb, wenn sie für Gott sprechen, oft in der ersten Person Singular. Das heißt: die Botschaft der Propheten ist authentisch, stammt aus der richtigen Quelle. Was sie im Namen Gottes sagen, sagt Gott selbst. (9) Sie sprechen, wenn sie wahre Propheten sind, die Wahrheit, und sie sprechen in Übereinstimmung mit bereits Geoffenbartem (Deut. 13,1–5; 18,22).[33] Das heißt: ihre Botschaft ist wahr und bewahrt die Einheit der Offenbarung. (10) Sie sagen, wenn sie wahre Propheten sind, Ereignisse voraus, die dann auch eintreffen (Deut. 18,22). Das heißt: die Botschaft der Propheten ist im Blick auf die Voraussagen verifizierbar.

So gilt: Das Wort des Propheten ist der »Ausspruch Jahwes« (*neum Jhwh*, über 200mal in den Schriftpropheten). Die sog. Botenformel, mit der die durch den Propheten vermittelte göttliche Botschaft eingeleitet wird (»so spricht der Herr«), kommt deshalb sehr häufig in den Schriftpropheten vor. Das Wort der Propheten ist Offenbarungswort Jahwes: *debar Jhwh* erscheint 225mal für die prophetische Wortoffenbarung.[34] Auch das Gesamtwerk des Propheten kann als »Wort Jahwes« bezeichnet werden (Jes. 2,1; Hos. 1,1; Mich. 1,1; Zeph. 1,1).

d) Über die Offenbarungsqualität der historischen, poetischen und weisheitlichen Bücher des AT erfahren wir so gut wie nichts (vgl. immerhin 2. Sam. 23,1–3). Die Frage, ob sich die Weise der prophetischen Inspiration auf die Inspiration der anderen alttestamentlichen Schriften übertragen läßt, wird von den Schreibern des AT nicht gestellt und somit auch nicht beantwortet. Der Unterschied zwischen der göttlichen Eingebung, die zum Reden befähigt, und der Eingebung, die zum Schreiben befähigt, ist sicherlich gering. Diesbezügliche Aussagen sind im AT jedoch nicht zu finden. Die Dreiteilung der alttestamentlichen Schriften in Gesetz, Propheten und übrige Schriften und deren Hochachtung, welche ihren Heils- und Heiligkeitscharakter impliziert, ist möglicherweise schon um 190–175 v.Chr. anerkannt (vgl. Sir. 38,34–39,3)[35], auf jeden Fall aber um 117 v.Chr. (vgl. Prolog Sir. 1–2.8–10).

Unsere Ausführungen zur Offenbarung von Gottes Wort im AT zeigen, daß es irreführend ist und den Tatsachen nicht entspricht, wenn C. Westermann behauptet, »Wort Gottes« im AT sei nicht primär von seinem Inhalt her, sei nicht als abstrahiertes, objektiviertes Gotteswort zu verstehen, sondern als ein »Vorgang«, der sich vom Redenden zum Hörenden hin vollziehe, bei letzterem eine Reaktion auslöse und jedenfalls nicht zur Lehre werden könne.[36] Es mag stimmen, daß der Begriff »Wort« *(dabar)* Gottes an manchen Stellen als dynamischer Vorgang verstanden werden kann. Aber Westermanns Analyse von »Wort Gottes« ist linguistisch völlig inadäquat[37] und sicherlich nicht ohne Bezug auf die neukantianische Trennung von Seins- und Werturteilen sowie auf eine existentialistische (anti-objektive) Grundstimmung, die die Form gegen den *Inhalt* des Wortes Gottes ausspielen will. Wenn Gott spricht, dann ist sicherlich wichtig, *daß* er redet und wie er redet. Aber von ausschlaggebender Bedeutung ist doch letzten Endes, *was* er redet.

2.3 Neues Testament und Offenbarung

a) Die markanteste Aussage über die Inspiration der Heiligen Schrift ist sicherlich 2. Tim. 3,16: »Alle Schrift ist von Gott eingegeben *(theopneustos)* und nützlich zur Lehre, etc.«[38] Paulus[39] ermutigt Timotheus und durch ihn die Gemeinden, in der gegenwärtigen, von Verfolgung und Verführung gekennzeichneten Zeit an der Verkündigung des wahren Evangeliums festzuhalten. Er betont vor allem die Nützlichkeit, die Wirksamkeit und den Zweck der »heiligen Schriften« (3,15). Die hier von Paulus verwandte Wendung *(ta hiera grammata)* ist einmalig und schon deshalb auffallend, weil im NT die Heiligkeitsaussage bei der Schrift sonst vermieden wird (vgl. sonst noch Röm. 1,2).[40] Die Schriften des AT, an die hier gedacht ist[41], freilich ohne daß eine Liste der alttestamentlichen Bücher angegeben wird, werden in V. 16 mit dem üblichen Ausdruck *graphē* gekennzeichnet, der im NT nirgends für eine nichtbiblische Schrift gebraucht wird.

Folgende Bemerkungen zu V. 16 sind für unseren Zusammenhang zu beachten. (1) Die Wendung *pasa graphē* kann sowohl mit »alle (d.h. die ganze) Schrift«, als auch mit »jede Schrift(stelle)« übersetzt werden.[42] Die erste Möglichkeit ist vorzuziehen, weil sie grammatikalisch wahrscheinlicher[43] ist und dem Zusammenhang, in dem Paulus auf das AT in seiner

Gesamtheit verweist, besser entspricht. Das Wort *graphē* bezieht sich dann mindestens auf das AT (wobei hier über dessen genauen Umfang nichts ausgesagt ist), könnte aber auch schon neutestamentliche Schriften einschließen (vgl. Lk. 10,7; 2. Petr. 3,16!). (2) Die Übersetzung des Verses hängt davon ab, an welcher Stelle man das im Griechischen fehlende »ist« einsetzt und ob man *kai* mit »und« oder mit »auch« wiedergibt. Es ergeben sich folgende grammatikalische Möglichkeiten: »Die ganze Schrift ist von Gott eingegeben und nützlich«, oder: »Jede von Gott eingegebene Schrift(stelle) ist auch nützlich.« Für das Wesen der Inspiration zieht dieser Unterschied keine Konsequenzen nach sich, wohl aber für die Identität der inspirierten Texte. Die erste Möglichkeit der Übersetzung ist vorzuziehen, da es naheliegt, die Worte »von Gott eingegeben« und »nützlich« als parallel konstruierte Adjektive aufzufassen und da kein Schreiber des NT (und kein Jude!) ein Buch oder einen Text als »Schrift« klassifiziert hätte, den er nicht als inspiriert betrachtet hätte. (3) Paulus sagt also, daß die ganze Schrift, d.h. jeder Teil der Schrift, aufgrund ihres göttlichen Ursprungs für die von Gott intendierte Absicht nützlich ist. (4) Der Charakter der Schrift wird – was ihren Ursprung betrifft – mit *theopneustos* beschrieben. Dieser Ausdruck kommt im biblischen Griechisch (die Septuaginta eingeschlossen) sonst nicht vor und ist in der außerbiblischen Gräzität nicht vor dem 1. Jh. n.Chr. bezeugt.[44] Dort bezeichnet er den göttlichen Ursprung der Weisheit oder der Träume. Es ist deshalb möglich, daß Paulus selbst das Verbaladjektiv *theopneustos* gebildet hat, um den göttlichen Ursprung der Schrift zum Ausdruck zu bringen.[45] Das Verb *pneō* bezeichnet im biblischen Griechisch den Atem Jahwes (vgl. Jes. 11,24; Ps. 147,18; 148,8) und das Wirken des Heiligen Geistes (vgl. Joh. 3,8). Das passivisch zu verstehende *theopneustos*[46] bezeichnet Gott *(theos)* und seinen Geist als Urheber der Schrift: die Schrift ist »von Gott gehaucht.«[47]

Um Mißverständnisse zu vermeiden, sei folgendes bemerkt. Die Stelle 2. Tim. 3,16 entwirft keine vollständige Inspirationslehre und erklärt weder das Zueinander von göttlichem Ursprung und menschlicher Abfassung noch (explizit) die Konsequenzen des göttlichen Ursprungs der Schrift für deren Einzelaussagen. Weder »Unfehlbarkeit« noch »Irrtums-losigkeit« noch »Urschriften« (Autographen) etc. werden erwähnt.

Folgende Schlußfolgerungen ergeben sich jedoch aus der Exegese dieser Stelle. (1) Das Objekt der Inspiration, des göttlichen Hauchens, ist *graphē*, der Text der Schrift, und nicht die subjektive Innerlichkeit der Schreiber. (2) Die Schrift *ist* das »Produkt« des Atems Gottes. Die Ansicht, wonach die Schrift das eigentliche Wort Gottes »enthalte« oder zu diesem »werde«, sofern es den Hörer trifft, liegt eindeutig jenseits der biblischen Vorstellung. Form und Inhalt werden im Blick auf die Herkunft der Schrift nicht unterschieden: Das Wort Gottes kommt in den Worten der Schrift. (3) Die *ganze* Schrift (oder: alle ihre Bestandteile) wird auf das Wirken Gottes zurückgeführt. Es ist unmöglich, *graphē* in einen theologisch-ethischen (geistlichen) und einen historisch-naturwissenschaftlichen (natürlichen) Bestandteil zu zerlegen.

Es ist unzulässig, diesen klaren Sachverhalt dadurch herunterzuspielen, daß man den 2. Timotheusbrief als Text »an der Peripherie« des NT bezeichnet, als nicht zum zentralen Gedanken- und Glaubensgut der Bibel gehörend, oder daß man die Schlußfolgerungen, die aus dem »von Gott gehaucht« zu ziehen sind, als nur »sehr bescheiden« darstellt.[48] Zum ersten ist zu sagen, daß 2. Tim. 3,16 mitnichten der einzige hier relevante Text ist, daß die Unterscheidung von »Zentrum« und »Rand« im Blick auf die Schrift einen allgemein akzeptierten »Kanon im Kanon« voraussetzt (der aber nicht existiert und prinzipiell äußerst problematisch ist[49]), und daß die relativ wenigen expliziten Stellen des NT zur Inspiration eher ein Beweis dafür sind, wie selbstverständlich und allgemein akzeptiert (und deshalb meist undiskutiert!) die Überzeugung von der göttlichen Herkunft und Autorität der Schrift war. Zum zweiten ist es überhaupt nicht »bescheiden«, wenn Paulus die ganze Schrift in so direkter, nicht weiter qualifizierter Weise auf Gott zurückführt. Wenn Gott die Schrift in ihrer Gesamtheit – oder in ihren einzelnen Bestandteilen – gehaucht hat, dann mögen die Implikationen und Konsequenzen dieses Sachverhaltes für das säkularisierte 20. Jh. in der Tat nicht evident sein. Für die Juden im allgemeinen und für Paulus und die Christen im besonderen lagen sie anscheinend so klar zutage, daß nur wenig dazu bemerkt werden mußte. *Eine* Folge war jedenfalls, daß die Schrift(en) des AT »heilig« genannt (2. Tim. 3,15; vgl. Röm. 1,2; 7,12; 2. Petr. 2,21) und folglich als an der Macht und Vollkommenheit Gottes Anteil habend betrachtet wurden. Der Begriff »Inspiration« meint in diesem Sinn: was die Schrift sagt, sagt Gott.

Umstritten ist der religionsgeschichtliche Hintergrund, auf dem die in 2. Tim. 3,16 zum Ausdruck kommende (und bei den Kirchenvätern sowie vor allem in der Orthodoxie weiter entwickelte) Inspirationsvorstellung zu verstehen ist. Meist wird die hellenistische Inspirationsmantik als maßgeblicher Bezug genannt.[50]

Ohne auf Einzelargumente einzugehen, legen wir hier die Gründe dar, die dafür sprechen, die neutestamentliche Inspirationsvorstellung auf dem Hintergrund des AT und des Frühjudentums zu sehen.[51] (1) Weder 2. Tim. 3,16 noch 2. Petr. 1,21 noch andere Stellen des NT verwerten jene spezifischen Ausdrücke der griechischen (apollinischen) Inspirationsmantik, die sehr zahlreich waren. Beschreibungen psychischer Wirkungen der Inspiration kommen im NT ebenfalls nicht vor, sind aber in der Mantik häufig verbreitet: Der vom göttlichen Geist Erfaßte hat aufgelöstes, sich sträubendes Haar, keuchenden Atem und erfährt ein gewaltsames Erfüllt-, Ergriffen- und Hineingerissenwerden in einen bacchantischen Taumel der Ekstase. (2) Im Griechentum sind inspirierte *Schriften* unbekannt.[52] Wenn inspirierte Reden (besonders Weissagungen) aufgeschrieben wurden, verstand man die entsprechenden Schriften als der Inspiration entnommen.[53] (3) Heilige, auf Gott zurückgeführte Schriften sind vor allem im AT (vgl. Ex. 24,12; 34,27–28; 31,18; Num. 24,2–4; Hos. 9,7) und im Frühjudentum (vgl. Sir. 19,17; 23,23.27; 41,8; 49,4; Jub. 4,5.32; 23,32; 31,32; TestLevi 5,3–4; TestAsher 7,5; für Qumran vgl. 1QS 15,11–12; 11QPs^a 18,14; 11QT 54,5–14 etc.) bekannt. Eine entwickelte Inspirationstheorie gibt es im Frühjudentum, abgesehen vielleicht von Philo von Alexandrien (ca.

20 v.Chr. bis 50 n.Chr.)[54], allerdings nicht. Sie liegt erst im späten rabbinischen Judentum vor.[55] (4) Das bedeutet, daß die neutestamentlichen Aussagen über die göttliche Herkunft der Schrift am besten auf dem alttestamentlichen und frühjüdischen Hintergrund zu verstehen sind.

b) Eine zweite wichtige Stelle zur Herkunft des AT ist 2. *Petr. 1,20–21*. Petrus[56] warnt hier vor individualistischen, rein menschlichen Interpretationen der Prophetie. Er impliziert, daß die richtige Deutung der Prophetie beim Geist Gottes, dem Urheber der Prophezeiungen, liegt. Die Propheten sagten nicht einfach was sie wollten, sondern redeten »von Gott her . . . getrieben *(pheromenoi)* vom Heiligen Geist« (V. 21). Im letzten Teil des Satzes liegt nicht unbedingt eine Metapher aus der Seefahrt vor, nach der die Propheten mit vom Wind getriebenen Schiffen verglichen werden;[57] das Bedeutungsspektrum von *pherō* ist viel breiter und allgemeiner (»bringen, führen, treiben«).[58] Was Petrus zum Ausdruck bringen will, scheint klar zu sein: Die Propheten redeten zwar als »Menschen« *(anthropoi)*, wurden aber von Gott so geführt und geleitet *(pheromenoi)*, daß sie »von Gott her« *(apo theou)* redeten. Das heißt: der Urheber ihrer Worte ist Gott. Menschen sprachen, und gleichzeitig sprach Gott.

So bringt diese Stelle zum Ausdruck, daß die Schriften des AT – die Propheten stehen in der jüdischen Theologie keinesfalls *über* dem Gesetz, können also als *pars pro toto* an dieser Stelle verstanden werden[59] – menschlichen und zugleich göttlichen Ursprungs sind. Menschen redeten nach ihrem Stil und ihren Vorstellungen, doch die Initiative des Redens lag bei Gott. Der Geist leitete die Redner und das Reden, ohne jedoch ihr »Menschsein«, d.h. ihre Persönlichkeit auszulöschen. Das schriftliche »Produkt« – zumindest an die *Schrift*propheten ist gedacht – besitzt deshalb göttliche Autorität.

c) Den Schriften des AT[60] wird von Jesus, von den Evangelisten und von den Aposteln ein *absoluter Wahrheitsgehalt* zuerkannt.[61] Dies kann man einmal daran sehen, daß die Beweise, die im NT für Argumente, Überlegungen und Überzeugungen angeführt werden, fast ausnahmslos Belege aus dem AT sind (vgl. die sog. Reflexions- bzw. Erfüllungszitate in

Mt. 1,22; 2,15.23; 4,14; 8,17; 12,17; 13,35; 21,4; auch Joh. 12,38; 13,18; 15,25; 17,12; 19,24.36; Apg. 1,16.20 etc.). Auch historische Einzelbegebenheiten des AT sind Ausgangspunkt für Schriftbeweise (vgl. Mt. 12,3.40–42; 19,4; Lk. 4,25–27; 17,29.32; Joh. 3,14; 4,5; Apg. 13,17–23; Röm. 4,10.19; 9,10–12; 11,2–4; 1. Kor. 10,11; Hebr. 7,2; 9,1–5.19–21; 11,3.17; 12,16–17; Jak. 2,25; 1. Petr. 3,20; 2. Petr. 2,6–7.16).[62] An und für sich geringfügige Bestimmungen des mosaischen Gesetzes gelten als wahr und maßgebend (vgl. 1. Kor. 9,9). Selbst grammatikalische Gegebenheiten alttestamentlicher Wendungen gelten als Beweisgrundlage (vgl. Gal. 3,16). Paulus bezeichnet das Gesetz als »(Ur-)Gestalt der Erkenntnis und der Wahrheit« (Röm. 2,20): das Buch der Torah beinhaltet gültige Erkenntnis, normative Wahrheit schlechthin.[63] Der Glaube an die absolute Wahrhaftigkeit der Schrift kommt in diesen Phänomenen deutlich zum Ausdruck.

d) Damit eng verbunden ist die *unangefochtene Autorität* der Aussagen des AT für die neutestamentlichen Autoren.[64] Dies kommt schon darin zum Ausdruck, daß das NT über 1600 Zitate aus dem AT enthält.[65] Auf den Einwand, diese Überzeugung von der Autorität des AT sei lediglich eine Übernahme der allgemeinjüdischen Anschauung, ist ein Zweifaches zu entgegnen. Erstens kann von einer bloßen unreflektierten Übernahme der jüdischen Hochschätzung des AT keine Rede sein, da die ersten Christen viel und durchaus »selbständig«, d.h. unabhängig von den jüdischen Theologen, über das AT nachdachten und lebhafte Debatten über die rechte Interpretation des AT im Blick auf Jesus als Messias führten. Und weiter ist festzuhalten, daß die frühen Christen zwar sehr bald zur Überzeugung gelangten, bestimmte Partien des AT (z.B. die kultischen Bestimmungen wie Opfer, Beschneidung, Reinheitsgesetze) besäßen keine normative, aktuelle Gültigkeit mehr für sie, da der Messias gekommen war, aber an keiner einzigen Stelle die Meinung äußerten, die betreffenden Lehren und Aussagen des AT wären nicht von Gott.[66] Zentrale Stellen, die im NT die Autorität der Schrift bekräftigen, sind Mt. 5,17–20; Joh. 10,34–35 und Apg. 1,16.

e) An dieser Stelle wollen wir auf *Jesu Auffassung vom We-*

sen der Schrift eingehen.[67] Folgende Punkte sind zu beachten. (1) Jesus behandelt alttestamentliche Geschichtserzählungen durchweg als Tatsachenberichte. Er erwähnt Abel (Lk. 11,51), Noah (Mt. 24,37–39; Lk. 17,26–27), Abraham (Joh. 8,56), die Einsetzung der Beschneidung (Joh. 7,22), Sodom und Gomorra (Mt. 10,15; 11,23–24; Lk. 10,12), Lot (Lk. 17,28–32), Isaak und Jakob (Mt. 8,11; Lk. 13,28), das Manna (Joh. 6,31.49.58), die eherne Schlange (Joh. 3,14), David als Verfasser von Psalmen (Mt. 22,43; Mk. 12,36; Lk. 20,42), Salomo (Mt. 6,29; 12,42; Lk. 11,31; 12,27), Elia (Lk. 4,25–26), Elisa (Lk. 4,27), Jona (Mt. 12,39–41; Lk 11,29–32), und Sacharja (Lk. 11,51). (2) Für Jesus ist das AT objektive Norm und Autorität in Fragen der Ethik (vgl. Mt. 19,18–19; 22,37–40; Mk. 10,19; 12,29–31; Lk. 18,20). Beweise aus der Schrift besitzen für Jesus bindende Kraft (vgl. Mt. 12,3.5; 19,4; 21,16.42; Mk. 12,24). (3) Jesus teilte die Meinung der jüdischen Schriftauslegung, daß die Schrift ihre Gültigkeit aufgrund der Inspiration ihrer Autoren habe: vgl. Mt. 22,43 und Mk. 12,36, wo Ps. 110,1 als »im Heiligen Geist geschrieben« bezeichnet wird. Der »Kommentar« des Verfassers Gen. 2,24 wird von Jesus in Mt. 19,4–5 direkt auf Gott zurückgeführt. Was die Schrift sagt und was die Verfasser sagen, ist für Jesus identisch. Die Autorität der Schrift ist für ihn unlösbar mit ihrem göttlichen Ursprung verbunden. So ist der Bezug Jesu auf die menschlichen Autoren der einzelnen Bücher der Schrift in gewisser Hinsicht sekundär: er spricht deshalb oft nur von »der Schrift«, wobei Gott offensichtlich stillschweigend als Autor verstanden wird (vgl. Mt. 21,42; 26,54; Mk. 12,10; Lk. 4,21; 20,17; Joh. 5,39; 7,38). Wenn Jesus sich auf das »es steht geschrieben« *(gegraptai)* beruft, ist die göttliche Autorität der betreffenden Aussage deutlich impliziert (vgl. Mt. 4,4.7.10; 11,10; 21,13; 26,24.31; Mk. 9,12.13; 11,17; 14,21.27; Lk. 7,27; 19,46). Für Jesus besitzt offenbar die Verbalinspiration (die *graphē* ist göttlichen Ursrungs) größeres Gewicht als die Personalinspiration (Mose, David, Jesaia etc. sind inspiriert). (4) Die Autorität der Schrift ist bis in ihre – menschlich gesehen – unbedeutendsten Bestandteile hinein (»Jota« und »Strichlein« eingeschlossen!) garantiert und ist so unverrückbar wie oder noch unverrückbarer als das Universum (vgl. Mt. 5,18–19; Mk. 7,13; Lk. 16,17; Joh. 10,35). (5) Jesus anerkennt die reale Verfasserschaft der menschlichen Schreiber (vgl. Mt. 24,15; Mk. 7,6.10; 12,36). (6) Jesus hat das AT insgesamt und in seinen Bestandteilen an keiner Stelle kritisiert noch ausdrücklich außer Kraft gesetzt. Dies wird im Blick auf Mt. 5,21–48; 12,8; Mk. 2,28; 7,18–19 immer wieder behauptet[68], ist aber eine Fehldeutung dieser Stellen. Jesus hat keine alttestamentlichen Anordnungen negiert, sondern im Gegenteil ihre wahre Bedeutung herausgestellt und sie von damals geläufigen Fehlinterpretationen abgesetzt.[69] (7) Jesus betrachtete sein Leben als Erfüllung der Schrift und unterwarf sich ihr bewußt (vgl. Mt. 5,17; Mk. 14,27; Lk. 4,18–19; 24,25–27; Joh. 5,39).

Das Argument, Jesu Verwendung des AT als Beweismittel und seine geäußerten Ansichten zum Wesen und zur Herkunft der alttestamentlichen Schriften seien bloße Anpassung an entsprechende populäre Auffassungen seiner Zeit oder Argumente *ad hominem* gewesen[70], kann nicht aufrecht erhalten werden. Dieses Argument setzt erstens voraus, die Lehre Jesu sei grundsätzlich unabhängig von der Autorität des AT; es ist jedoch Tatsache, daß die göttliche Autorität des AT axiomatisch war für Jesu Denken und Handeln. Zweitens zeigen die Evangelien sehr deutlich, daß Jesus sich nicht scheute, zeitgenössische Anschauungen und Traditionen, auch und gerade pharisäische und schriftgelehrte, zu unterminieren und abzulehnen; er war sogar bereit, für seine Ablehnung jüdischer Anschauungen in den Tod zu gehen. Und doch kritisierte er an keiner Stelle alttestamentliche Anordnungen oder Auffassungen. Im Gegenteil, er bekräftigte die vollständige, durchgehende Autorität des AT. Erst nach Pfingsten machten die frühen Christen, vor allem Paulus, Aussagen über die Konsequenzen der Mission Jesu für z.B. den kultischen Bereich. Drittens wird das Argument, Jesus habe das AT nur *ad hominem* gebraucht, von der Versuchungsgeschichte widerlegt: der Versucher hätte mit Sicherheit kein auf falschen (rein taktischen) Prämissen beruhendes Argument von Jesus durchgehen, geschweige denn ihn zum Verstummen bringen lassen. Viertens ist die Bedeutung der Tatsache, daß auch die nachösterliche (!)

Lehre Jesu sich auf die Autorität der Schriften des AT stützt (vgl. Lk. 24,25–27.44–49), nicht hoch genug einzuschätzen. Fünftens verlegt das genannte Argument das Problem lediglich von der Inspirationslehre in den Bereich der Christologie: Wenn Jesus in seinem Verständnis von Offenbarung und Autorität bewußt oder unbewußt falsch lag, sind auch seine Aussagen über Gott und die Erlösung anzuzweifeln.

Das Argument, Jesus habe einige Male die *aktuelle* Autorität einer alttestamentlichen Aussage relativiert oder geleugnet (z.B. das Gesetz der Vergeltung, rituelle Reinheit, Ehescheidung)[71] widerlegt nicht (falls es stimmen sollte[72]), daß Jesus den göttlichen Ursprung dieser Aussagen vorausgesetzt hat. Gottes Offenbarung ist nicht statisch, sondern heilsgeschichtlich zu verstehen: deshalb sieht im NT einiges anders aus als im AT (vgl. die Gestattung der Polygamie im AT, ihr Verbot im NT), ohne daß dadurch die göttliche Herkunft der alttestamentlichen Schriften beeinträchtigt würde.

Aus Jesu Haltung zur Schrift ergibt sich demnach eine Bestätigung der göttlichen Autorität des AT: Das geschriebene Wort des AT besitzt und behält seine volle göttliche Autorität.

f) Im NT finden wir eine sehr aufschlußreiche Reihe von Stellen, in denen praktisch kein Unterschied gemacht wird zwischen dem, *was Gott sagt* und dem, *was die Schrift sagt*. Einige Stellen bezeichnen Aussagen, die im AT dem jeweiligen Verfasser zugeschrieben werden, als Rede Gottes bzw. des Heiligen Geistes (Mt. 19,4–5: Gen. 2,24; Mt. 22,43–44; Mk. 12,36–37: Ps. 110,1; Apg. 1,16: Ps. 69,25/109,8; Apg. 4,25–26: Ps. 2,1–2; Apg. 13,35: Ps. 16,10; Hebr. 3,7–11: Ps. 95,7–11; Hebr. 4,4: Gen. 2,2; auch Hebr. 9,8; 10,15). Aussagen der Propheten gelten als Aussagen Gottes (Mt. 1,22–23: Jes. 7,14; Mt. 2,15: Hos. 11,1; Apg. 13,34: Jes. 55,3; Apg. 28,25–27: Jes. 6,9–10). Andere Stellen sprechen von Gott als von der Schrift, das heißt: im AT festgehaltene Aussagen Gottes werden als Rede der Schrift bezeichnet (Röm. 9,15.17; Gal. 3,8). Die Wendung »die Schrift sagt« (*legei hē graphē*, Röm. 9,17; 4,3; 10,11; 1. Tim. 5,18; Joh. 7,42; 19,37; Jak. 2,23; auch Gal. 3,8: die Schrift »verkündet«) impliziert eine Personifikation der Schrift, was gleichbedeutend ist mit ihrer Ineinssetzung in Gott.[73] Das heißt: was die Schrift sagt ist identisch mit dem, was Gott sagt.[74] Die Schrift besitzt unmittelbare göttliche Autorität. Das Reden der Schrift ist austauschbar mit dem Reden Gottes.

g) Die Art der *Verwendung alttestamentlicher Zitate* im NT ist ebenfalls aufschlußreich für die Inspiration der Schrift. Es gibt eine Reihe von Stellen, in denen das ganze Argument von einem einzigen Wort, mitunter sogar von einem einzigen Buchstaben des alttestamentlichen Zitats abhängt (vgl. Mt. 22,43–45: Ps. 110,1; Joh. 10,34–35: Ps. 82,6). In einer anderen Stelle hängt die Argumentation von dem Tempus des Verbs ab (Mt. 22,32: Ex. 3,6.15–16). Schließlich hängt ein von Paulus vorgetragenes christologisches Argument von dem Unterschied zwischen dem Singular und dem Plural eines Wortes in der zitierten Stelle ab (Gal. 3,16: Gen. 22,18).[75] Die Bedeutung dieser Art Argumentation durch Jesus und Paulus für die *Verbal*inspiration liegt auf der Hand.

h) Auch für die *Inspiration der neutestamentlichen Schriften* finden wir Hinweise im NT.[76] Einmal ist festzuhalten, daß Jesus für sich und seine Lehre göttliche Autorität beanspruchte (vgl. Mk. 13,31; Mt. 7,24–27; Joh. 7,16; 12,48–50; auch Mt. 7,29; Mk. 1,22; 2,10), die von den ersten Christen anerkannt wurde (vgl. Apg. 20,35; 1. Kor. 7,10). Der zweite Hinweis besteht in der Verheißung Jesu, daß die Jünger als seine Gesandten *(apostoloi)* die Gabe des Geistes Gottes erhalten sollten, der sie in die ganze Wahrheit führen und sie an alle Worte Jesu erinnern würde (Joh. 14,25–26; 15,26–27; 16,13–14; vgl. Mt. 10,19–20; Mk. 13,11). Das heißt: Jesus verbürgte ihre Worte im voraus. Drittens handelten, lehrten und schrieben die Apostel in dem Bewußtsein, von Jesus Christus beauftragt zu sein (vgl. Gal. 1,1; 2,7–8; 2. Kor. 5,19–20; 10,8; 13,10). Sie scheinen, viertens, zumindest teilweise gewußt zu haben, daß ihr Zeugnis – auch ihr schriftliches – Offenbarungscharakter besaß und für Wahrheit und Verhalten normativ sein sollte (vor allem Paulus: 1. Thess. 2,13; 2. Thess. 2,15; 3,6.14; 1. Kor. 2,13; 7,12.40; 11,2; 14,37–38; 2. Kor. 13,3). Sie rechneten mit Jesu Zusage Lk. 10,16: »Wer euch hört, hört mich.« Fünftens scheinen sowohl Matthäus als auch Johannes bewußt zentrale Genesis-Stellen aufgenommen und dementsprechend für die

Evangelien die gleiche Würde beansprucht zu haben (Mt. 1,1: vgl. Gen. 5,1; Joh. 1,1: vgl. Gen. 1,1). Sechstens nimmt die Offenbarung des Johannes unmißverständlich für sich in Anspruch, in Analogie zu Deut. 4,2 und Pred. 3,14 unveränderliche heilige Schrift zu sein (Offb. 22,18–19). Der siebte, sehr deutliche Hinweis stammt von zwei der späteren neutestamentlichen Schriften. In 1. Tim. 5,18 wird unter der Überschrift »die Schrift sagt« neben einem Zitat aus dem AT (Deut. 25,4) ein Herrenwort (Lk. 10,7; vgl. Mt. 10,10) zitiert.[77] In 2. Petr. 3,16 wird das damals bekannte *Corpus Paulinum* den »übrigen Schriften« gleichgestellt und auf die Paulus von Gott gegebene Weisheit zurückgeführt. Es spricht schließlich vieles für die Annahme, daß Paulus in Röm. 16,26 mit der Wendung »prophetische Schriften« *(graphai)* nicht primär das AT, sondern den im Entstehen begriffenen Kanon heiliger (neutestamentlicher) Schriften meint.[78]

Ohne an dieser Stelle weiter auf die Bildung des neutestamentlichen Kanons eingehen zu können, wollen wir als Ergebnis festhalten: Im NT beobachten wir ein wachsendes Bewußtsein dafür, daß die Schriften der Apostel und ihrer Mitarbeiter im Blick auf ihren Charakter und ihre Autorität mit den alttestamentlichen heiligen Schriften vergleichbar sind. In der nachapostolischen Zeit wurde sehr bald und sehr deutlich unterschieden zwischen apostolischen (kanonischen) und nicht-apostolischen Schriften (vgl. Klem. 7,1; 47,1–3; Barn. 1,8; 4,6; Ign. Phil. 3,2; 6,3; 12,1; Ign. Röm. 4,3; Ign. Trall. 3,3; Ign. Mag. 7,1).[79]

Wir sehen, daß die Heilige Schrift ihren göttlichen Ursprung bezeugt, ohne ihre menschliche Verfasserschaft zu leugnen. Das Zueinander dieser beiden Elemente wird nicht erklärt. Aber eines ist unbestritten: Die menschliche Abfassung verhindert nicht, daß die Schrift als letztlich von Gott selbst stammend betrachtet werden kann – mit allen Konsequenzen, die sich aus diesem Sachverhalt ergeben. Die Schrift ist wahr und besitzt eine unangefochtene, weil göttliche Autorität.

3. Der theologisch-biblische Rahmen

Nach der Darstellung des biblischen Selbstzeugnisses zu Offenbarung und Inspiration sind wir nunmehr vor die Aufgabe gestellt, den biblisch-theologischen Rahmen für dieses Thema zu umreißen. Dabei geht es um die Klärung der Bezüge zwischen der Heiligen Schrift und der Schöpfung, der Heilsgeschichte und der Kommunikation Gottes mit den Menschen. Aus Platzmangel müssen wir auf ausführliche Analysen der verschiedenen hier relevanten Fragenkomplexe verzichten.

3.1 Offenbarung und Schöpfung

a) Das *Wesen der Schöpfung* ist von eminenter Bedeutung für das Verständnis des Wesens der Offenbarung Gottes. Die Bibel bezeugt, daß Gott durch sein Schöpferwort den gesamten Kosmos erschuf und formte (Gen. 1–2). Er schuf den Menschen »nach seinem Bilde« (Gen. 1,27; vgl. Ps. 8,6). Diese Gottesebenbildlichkeit, über die viel geschrieben wurde[80], besteht im Blick auf den Bericht von der Erschaffung des Menschen grundsätzlich darin, daß der Schöpfer ein Geschöpf erschaffen hat, mit dem er Gemeinschaft pflegen und zu dem er reden kann und das ihn hört und ihm antwortet.[81] Sie sagt damit aber auch etwas über die »Qualität« des Menschen im Blick auf seine Solidarität in Adam aus[82]: die Gottesebenbildlichkeit des Menschen besteht in seiner Personhaftigkeit, Sprachfähigkeit, Willenhaftigkeit, Rationalität, Kreativität und Kommunikationsbedürftigkeit und -fähigkeit. In dieser Hinsicht ist der Mensch »Gott ähnlich« (Gen. 1,26): er beherrscht und verwaltet die Schöpfung (Gen. 1,26.28), er betreibt zoologische Systematik und wird zum Wortschöpfer (Gen. 2,19–20), und er hat aufgrund seiner Unschuld direkte Gemeinschaft mit Gott (Gen. 3,8). Nach dem Vorbild der ewigen Gemeinschaft des dreieinigen Gottes mit sich selbst sollte der Mensch als Gottes Ebenbild »das an ihn gerichtete Wort Gottes hören und in der Freude anbetenden Gehorsams darauf antworten.«[83]

b) Die *Folgen des Sündenfalls* waren für das Verhältnis zwi-

128

schen Gott und Mensch weitreichend. Durch die Überschreitung der durch Gott gesetzten Grenze (vgl. Gen. 2,17; 3,6–7) verlor Adam, und mit Adam der Mensch, das Leben in unmittelbarer Gemeinschaft mit Gott. Die Gottesebenbildlichkeit des Menschen wurde schwer angeschlagen. Der Mensch steht vor dem verschlossenen Paradies: er hat keinen unmittelbaren Zugang zu Gott und damit zur Wahrheit mehr. Er ist mit seiner Rebellion und Schuld von Gott getrennt. Er pervertiert seine Rationalität und Kreativität. Er rebelliert gegen die gehorsame Anbetung seines Schöpfers.

Aber des Menschen Ähnlichkeit mit Gott ist weder völlig aufgehoben noch zu einer »Rattenähnlichkeit« degradiert worden[84]. Der Mensch ist noch Person: er kann sprechen und wollen. Er kann und will kommunizieren. Er ist mit Intelligenz und Kreativität begabt. Aber diese Eigenschaften und Fähigkeiten sind grundsätzlich »angenichtet durch Feindschaft gegen Gott«.[85] Der Mensch kann von sich aus nicht zu Gott zurück, weil er schuldig und weil Gott heilig ist. Der Mensch kann von sich aus nichts von Gott und über Gott wissen – wegen seiner Sünde und wegen Gottes Gerechtigkeit (vgl. Röm. 1,18–3,20).

c) Die Folgen des Sündenfalls begründen die *Notwendigkeit der Offenbarung*. Wenn der Mensch von sich aus keinen Kontakt zu Gott aufnehmen kann – und dieser Sachverhalt markiert den Widerspruch der Bibel gegen alle vom Menschen aus betriebene Religion –, so ist er darauf angewiesen, daß Gott mit ihm Kontakt aufnimmt. Der Mensch ist von Gottes Reden abhängig, wenn er etwas Sicheres über Gottes Handeln in der Schöpfung und in der Geschichte, über seine Absichten und über seine Pläne wissen will.[86] Der Mensch besitzt keine Gewißheit, keine Sicherheit, keine Wahrheit als nur jene, die Gott ihm in seiner Gnade gibt. Die Alternative wäre ein Gott, der weder befehlen, verheißen noch vergeben könnte. Die Alternative wäre ein radikaler Agnostizismus. Daß Gott die Initiative ergreift und mit dem Menschen redet, und zwar nicht nur um Gericht zu verkündigen, sondern um die Wiederherstellung der Gemeinschaft zwischen Gott und Mensch, d.h. Vergebung, Erlösung und Heil zu verheißen und zu geben, wird gleich im Anschluß an den Sündenfall und dann durch das ganze AT hindurch berichtet (vgl. Gen. 3,8–19.22; 6,18).

Die Tatsächlichkeit der Offenbarung Gottes ist begründet in Gottes Vatersein, in seiner Güte, Liebe, Gnade und Barmherzigkeit. Die Möglichkeit der Offenbarung ist im Personsein Gottes begründet: er kann und er will reden. Die Vorstellung vom Reden Gottes ist nicht unlogisch: Gott hat als Geistwesen zwar keine Stimmbänder, aber die Kommunikation von Information ist, wie wir heute wissen, davon nicht abhängig.[87] Daß Gott mit dem Menschen reden kann, liegt in seiner Allmacht und Weisheit sowie in der nicht in allen Aspekten völlig aufgehobenen Gottesebenbildlichkeit des Menschen begründet.

3.2 Offenbarung und Kommunikation

a) Als nächstes muß die Frage nach der *Kapazität der menschlichen Sprache*, Gottes Offenbarung adäquat auszudrücken, beantwortet werden. Es ist das Verdienst von J.I. Packer, diese Frage durchdacht und eine biblische Analyse geliefert zu haben.[88] Man begegnet heute sehr häufig dem Argument, die menschliche Sprache sei unfähig und ungeeignet, Information im Bereich der Transzendenz und des Göttlichen zu vermitteln. Für diesen Skeptizismus sind mindestens vier Ursachen zu nennen. (1) In vielen Kreisen ist man von der Unzulänglichkeit der Sprache an sich als Mittel persönlicher Kommunikation überzeugt (vgl. F. Kafka, S. Beckett, auch L. Wittgenstein und der spätere M. Heidegger). (2) Viele zweifeln grundsätzlich an der Fähigkeit der Sprache, transzendente Realitäten zu vermitteln (vgl. die linguistische Philosophie von L. Wittgenstein, A.J. Ayer, F. de Saussure). (3) Wohl die Mehrzahl der Theologen seit I. Kant bestreitet energisch, daß Gott dem Menschen in der Bibel und durch die Bibel Informationen über sich selbst gegeben habe (vgl. F. Schleiermacher, R. Bultmann, E. Brunner, K. Barth, E. Fuchs, G. Ebeling). (4) Der Einfluß östlicher Religionen veranlaßt weite Kreise zu der Behauptung, Gott sei für den Menschen unaussagbar.

Ehe wir auf dieses Argument konkret eingehen, seien kurz

die grundlegenden *Funktionen menschlicher Sprache* dargelegt. Die Sprache hat mindestens fünf Hauptfunktionen und zwar sowohl in der menschlichen Alltagssprache als auch in Gottes Anrede an den Menschen.[89] (1) Sprache ist *informativ*, d.h, sie teilt Fakten und Daten mit. Diese Funktion der Sprache ist absolut grundlegend für die Bücher der Heiligen Schrift, die ohne Ausnahme explizit oder implizit Aussagen über Gott (und den Menschen) machen. Diese Seite der Sprache bezeichnet man im angelsächsischen Raum als »propositional«, d.h. als aus objektiv-begrifflichen, informationstragenden Aussagen (»propositions«) bestehend. (2) Sprache kann eine *imperative* Funktion haben, d.h. Befehle vermitteln und zum Handeln aufrufen. Diese Sprachfunktion ist ebenfalls grundlegend für die Bibel. Das mosaische Gesetz, die Botschaft der Propheten, die Lehren der Weisheitsbücher, die Aussagen Jesu und die Briefe der Apostel enthalten zahlreiche Imperative, Gebote und Verbote (vgl. nur Ex. 20,3–17; Mt. 5,34–42; 6,3–34). (3) Die Sprache hat oft eine *illuminative*, d.h. erhellende Funktion. Dies ist dann der Fall, wenn keine neuen Fakten vermittelt, sondern bekannte Tatsachen in einem neuen Licht gezeigt werden. Dies geschieht in der Schrift oft mit Hilfe von Gleichnissen, Allegorien, Analogien, bildhafter Sprache. (4) Die Sprache kann weiter eine *performative*, d.h. vollziehende oder verursachende Funktion haben. Der Satz »Ich erkläre die Ausstellung für eröffnet« verursacht den tatsächlichen Beginn der Ausstellung. Die Heilige Schrift enthält ebenfalls Stellen, in denen der Gebrauch von bestimmten Worten den angesprochenen Sachverhalt verursacht (vgl. Gen. 17,2–4). (5) Die Sprache besitzt schließlich eine *zelebratorische* Funktion, d.h., sie besinnt sich auf ein gemeinsames Verständnis von Sachverhalten, und zwar in einer solchen Weise, daß das Gemeinsame bestätigt und hervorgehoben wird. Diese Sprachfunktion treffen wir in den Psalmen und an vielen anderen Stellen an, in denen bekannte Tatsachen und Sachverhalte von Gottes Handeln in Schöpfung und Geschichte gelobt und gepriesen werden.

Dem oben erwähnten Sprach-Skeptizismus ist entgegenzuhalten, daß der Gott der Bibel selbst Sprache gebraucht.

Wenn Gott wirklich mittels des Geistes »durch die Propheten« gesprochen hat (vgl. Apg. 28,25; Hebr. 3,7; 10,15), und
wenn Jesus von Nazareth wirklich »Gott im Fleisch« war, so
daß seine ihm vom Vater gegebene aber zugleich in eigener
Autorität verkündete Lehre (vgl. Mt. 7,28–29; 24,35; Joh.
7,16–18; 8,26–28.38–47; 12,48–50) ganz unmittelbar Lehre
und Unterweisung Gottes ist, so ist die Frage nach der Verwendung der Sprache durch Gott im Prinzip beantwortet. Zu
dem biblisch begründeten Glauben der meisten Christen
zählte jahrhundertelang die Überzeugung, daß Gott in und
durch die Worte der Propheten und Apostel, durch Jesus
Christus und durch die Stimme aus dem Himmel (vgl. Mk.
1,11; 9,7; Joh. 12,28–30; 2. Petr. 1,17–21) gesprochen hat, daß
er Sprache gebraucht hat, um den Menschen konkrete Dinge
mitzuteilen. Der Schreiber des Hebräerbriefes geht von der
Tatsächlichkeit verbaler Kommunikation Gottes aus und
schreibt: »Nachdem Gott vielfältig und auf vielerlei Weise
ehemals zu den Vätern geredet hat in den Propheten, hat er
am Ende dieser Tage zu uns geredet im Sohn« (Hebr. 1,1–2).
Diese Überzeugung schlägt sich auch im Wissen um die Autorität der Gottesrede nieder: Autorität ist von verbaler Kommunikation abhängig. Menschliche religiöse Einsichten, mystische Erfahrungen oder irgendwelche »Ereignisse« im
menschlichen Erleben können maßgebliche Autorität niemals begründen.

Das wichtigste Argument für die Fähigkeit menschlicher
Sprache, Gottes Offenbarung und Wahrheit zu kommunizieren, geht auf die Schöpfung zurück. Indem die Bibel Gott als
denjenigen darstellt, der als erster Sprache gebraucht (Gen.
1,3.6ff.), wird das Reden (und Denken) Gottes archetypisch
für das Reden (und Denken) des Menschen. Der Mensch wurde als Ebenbild Gottes geschaffen! So werden das Reden von
Gott und die Sprache der Anbetung als bedeutungsvoll und
real gerechtfertigt, und gleichzeitig wird Gottes Reden als
Norm der Wahrheit definiert, dem unser theologisches Reden
entsprechen muß.[90] Damit ist aber auch gesagt: Insofern Gott
sich in seiner Offenbarung an den Menschen richtet und dessen Sprache gebraucht, wird das Gotteswort »ohne seine Ei-

genart zu verlieren« zum Menschenwort.[91] Gott kompromit-
tiert sich nicht, wenn er mit seinen Geschöpfen redet! Notwendigkeit und Wesen einer *schriftlich*-verbalen Offenbarung
Gottes werden weiter unten behandelt (3.4).

Durch den Sündenfall hat die menschliche Sprache keinesfalls so sehr Schaden genommen, daß sie notwendigerweise
und ständig die Wahrheit verzerrt. Die Sprache des Menschen
kann tatsächlich Wahrheit ohne Irrtum mitteilen. Der Satz
»Bonn ist die Hauptstadt der Bundesrepublik Deutschland«
ist zwar keine umfassende Aussage über das »Sein« der Stadt
Bonn, vermittelt aber trotzdem eine wahre Aussage.[92]

Die biblische Grundüberzeugung wonach Gottes Reden
und Ebenbild im Menschen dessen Fähigkeit begründet, die
verbale Anrede Gottes zu begreifen und auf sie zu antworten,
legt die Willkürlichkeit jener positivistischen, nach-christli-
chen Sprachtheorie offen, die dem erwähnten Skeptizismus
zugrunde liegt.[93] Dieser Skeptizismus setzt zweierlei voraus:
(1) Gott, wenn es ihn gibt, ist vom Menschen so verschieden,
daß letzterer nie sicher sein kann, ob seine Aussagen über
Gott wirklich zutreffen. (2) Gott vermittelt dem Menschen
keine Informationen über sich selbst, auf die der Mensch nicht
alleine kommen könnte. Der hier zum Ausdruck kommende
apriorische Deismus und aposteriorische (effektive) Agnostizismus ist das Erbe Kants und des theologischen Liberalismus.
Diese Haltung steht dem biblischen Selbstzeugnis und der
Selbstoffenbarung Gottes in der Inkarnation diametral entgegen. Der Sprach-Skeptizismus hat als Argument keine Zukunft, weil er nicht verhindern kann, daß selbst die ihn begründenden Sätze in Zweifel gezogen werden müssen.

b) Gottes Offenbarung und Kommunikation mit dem
Menschen hat mit *Wahrheit* zu tun.[94] Ein Überblick über den
Gebrauch des Begriffes »Wahrheit« *(emeth, alētheia)* erhellt,
welche zentrale Bedeutung diesem Begriff in der Bibel zukommt. Gott ist der Gott der Wahrheit (Ps. 31,6; Jes. 65,16),
der im Gegensatz zum Menschen nicht lügt (Tit. 1,2) und sich
nie irrt (Röm. 3,4). Er ist wahr (Joh. 3,33; 7,28; 8,26; 1.
Thess. 1,9; 1. Joh. 5,20; Offb. 3,7; 6,10), und seine Gerichte
sind wahr (Röm. 2,2; Offb. 16,7). Jesus Christus ist

»die Wahrheit« (Joh. 14,6; vgl. Joh. 1,9.14; 6,32; 15,1; Offb. 19,11). Wahrheit ist in ihm (Eph. 4,21), er spricht die Wahrheit über Gott (Joh 8,40), und seine Wahrheit kann in uns sein (2. Kor. 11,10). Der Geist Gottes ist der Geist der Wahrheit (Joh. 14,17; 15,26;16,13), der uns in alle Wahrheit leitet (Joh. 16,13). Gottes Wort ist Wahrheit (Joh. 17,17). Das »Wort der Wahrheit« wird im NT des öfteren erwähnt (Eph. 1,13; Kol. 1,5; 2. Tim. 2,15; Jak. 1,18). Die Wahrheit muß gekannt (1. Tim. 2,4; 4,3; 2. Tim. 3,7; Hebr. 10,26; 1. Joh. 2,21), geglaubt (2. Thess. 2,12–13), befolgt (Gal. 5,7; 1. Petr. 1,22) und geliebt (2. Thess. 2,10) werden.

Es wird immer wieder behauptet, das fundamentale Konzept des biblischen Wahrheitsbegriffes habe nichts mit Konformität oder Korrelation zwischen Aussage und objektiver Realität zu tun, sondern sei im Sinne von Zuverlässigkeit, Beständigkeit und Begegnung zu verstehen.[95] Nach dieser Auffassung ist das Gegenteil von Wahrheit in der Bibel nicht Irrtum, sondern (bewußte) Täuschung. Diesen unterschiedlichen Wahrheitsbegriff versuchte man häufig auf den Unterschied zwischen griechischem (»theoretischem«) und hebräischem (»praktischem«) Denken zurückzuführen. Es war vor allem J. Barrs Verdienst, den Nachweis zu führen, daß diese Differenzierung und Schematisierung, gerade auch was den biblischen Wahrheitsbegriff betrifft, nicht gerechtfertigt ist, weil u.a. sie den semantischen Kontext völlig außer acht läßt.[96] Die Annahme, die Hebräer hätten einen besonderen Wahrheitsbegriff gehabt, ist falsch: sie verwandten lediglich den Begriff der Wahrheit häufiger in bestimmten Kontexten als die Griechen dies taten.[97]

Der Begriff »Wahrheit« wird sowohl im AT als auch im NT, je nach Kontext, mit einer der folgenden Bedeutungen gebraucht.[98] (1) An verschiedenen Stellen meint »Wahrheit« die Übereinstimmung (oder Konformität, Korrespondenz) mit den jeweiligen Fakten der (objektiven) Realität, drückt also Tatsächlichkeit aus. Dieser Gebrauch von »Wahrheit« entspricht der Definition von Aristoteles: »Die Wahrheit einer Aussage besteht in der Übereinstimmung

(Korrespondenz) mit den Fakten.«[99] Diese »intellektuelle« oder faktische Bedeutung von Wahrheit finden wir im AT (vgl. Gen. 42,16; Ex. 18,21; Ps. 15,2; Spr. 12,19) und sehr häufig auch im NT (vgl. Mt. 22,16; Mk. 12,14; Lk. 4,25; Joh. 4,18; 5,31–32; 8,13–14.17; 10,41; 2. Kor. 6,7; 7,14; Gal. 4,16; Eph. 4,25). Das Gegenteil von »Wahrheit« ist hier Fehlerhaftigkeit, Irrtum. (2) An anderen Stellen definiert der Kontext den Begriff der Wahrheit im Sinne von Treue, Ehrlichkeit, Zuverlässigkeit. Diese Bedeutung liegt vor allem im AT vor (vgl. Gen. 24,27; 32,10; Ex. 34,6; 2. Sam. 2,6; Ps. 25,10; 40,11–12; 85,11; 117,2; Jes. 61,8; Mich. 7,20 etc. im Blick auf Gott; Jos. 24,14; 1. Kön. 2,4; 2. Kön. 22,7; Ps. 145,18; Jes. 48,1; Hos. 4,1 etc. im Blick auf Menschen), ist aber auch im NT zu finden (vgl. Röm. 3,3–7; 2. Kor. 6,4–7). Wahrheit meint hier Treue und Zuverlässigkeit im Sinne der Übereinstimmung von Wort und Tat. (3) In anderen Zusammenhängen ist »Wahrheit« Ausdruck für das Evangelium (vgl. Gal. 2,5; 2. Kor. 11,4; 1. Tim. 2,4; 2. Tim. 3,7; 4,3–4). (4) »Wahrheit« wird in einigen Stellen auch im Sinne von »Vollständigkeit« (im Gegensatz zu unvollständig, vorläufig) gebraucht (vgl. Joh. 1,9.17; 6,32.55; 15,1; Hebr. 8,2; 9,24).

Es ist also nicht möglich, die Frage »Was ist Wahrheit?« unabhängig von einem bestimmten Kontext zu beantworten. Der Wahrheitsbegriff in der Heiligen Schrift ist je nach Textzusammenhang zu definieren als Korrespondenz mit der faktischen Realität, als Korrespondenz von Wort und Tat, als Evangelium oder als Vollständigkeit. Nach dem biblischen Zeugnis ist Wahrheit letztlich auf den dreieinigen Gott und die Vollkommenheit seines Wesens bezogen, der in Barmherzigkeit und Gnade seinen Geschöpfen Wahrheit mitteilt – zwar in einem endlichen, aber trotzdem adäquaten Maß. Gott ist immer auf der Seite der Wahrheit, ja er ist die Wahrheit selbst. Er möchte, daß die gefallenen Menschen unterscheiden können zwischen Wahrheit und Irrtum, zwischen Wahrheit und Lüge, zwischen Aufrichtigkeit und Täuschung. Weil Gott immer sein Wort hält, wird seine Treue und Zuverlässigkeit immer neu gepriesen.[100]

Wahrheit im Sinne von Richtigkeit, d.h. im Sinne von der Übereinstimmung von Erkenntnis oder Information mit einer dem Erkennen oder der Information gegenüberstehenden Wirklichkeit[101] ist somit eindeutig ein wichtiges und wesentliches Bedeutungselement der biblischen Gedankenwelt. Im NT kommt dieser Sachverhalt auch darin zum Ausdruck, daß Jesus und dann vor allem Paulus sich in ihrer Argumentation immer wieder auf die menschliche Logik beriefen (vgl. Mt. 12,1–8.26.28.30; Lk. 6,39; 11,13).

Wenn es uns um die Wahrheit der Worte Gottes im weiteren und um die Wahrheit der Heiligen Schrift im engeren Sinn geht, muß auch in diesem Zusammenhang der Begriff der Wahrheit qualifiziert werden. I.H. Marshall weist mit Recht darauf hin, daß die Attribute »wahr« und »falsch« nur auf informative Sprache angewendet werden können, d.h. auf Aussagen, die faktische Informationen mitteilen.[102] Imperative z.B. können nicht an sich »wahr« sein. Hier muß allerdings festgehalten werden, daß imperative und auch illuminative, performative und zelebratorische Sprache im Gesamtzusammenhang des Geschehens immer von vorausgegangener Information abhängt. Ein Befehl Gottes ist »wahr« in dem Sinn, daß er mit dem von Gott bereits Bekannten übereinstimmt. Ein Gebet ist »wahr« in dem Sinn, daß es einerseits dem bekannten Wesen Gottes zugeordnet werden kann, andererseits dem gefallenen Zustand des Menschen (auch des betenden Menschen!) entspricht. Die »Wahrheit« der Schrift erstreckt sich auch in diesen nicht-informativen Sprachgebräuchen auf die zuverlässige Wiedergabe des Gesagten. Dies besagt als solches natürlich noch nichts über die *Bedeutung* des Geschriebenen im jeweiligen Kontext oder für uns heute.

Zudem ist die Frage nach der Wahrheit – hier im Sinn von Richtigkeit und Tatsächlichkeit – der Schrift in engem Zusammenhang mit dem jeweils vom Autor vorausgesetzten Maßstab von Wahrheit und Irrtum zu beantworten. Es ist nicht adäquat, biblische Aussagen an außerbiblischen Maßstäben von »richtig« und »falsch« zu messen. Im modernen Sinn »unwissenschaftliche« Sprache, die Naturerscheinungen vom menschlichen Standpunkt aus beschreibt (wie: »die Son-

ne zieht am Himmel entlang«, »der Himmel ist oben«), beinhaltet deshalb genausowenig »Unwahrheit« oder Irrtum wie
fehlende technische Präzision, Unregelmäßigkeiten in der
Grammatik, bewußte Übertreibungen, historisch nicht »geschehene« Gleichnisse und Metaphern oder thematische anstatt chronologische Anordnung des Materials.[103]

Wer nach der Wahrheit der Schrift fragt, muß, je nach
Kontext, auch die Frage beantworten: »wahr für wen?«. Hier
geht es um die aktuell-bindende Autorität einzelner Anordnungen Gottes, die im Rahmen der fortschreitenden Heilsgeschichte und einer konsequent kontextuellen Exegese definiert werden muß. Gültigkeit und Wahrheit müssen nicht
identisch sein! Gleichzeitig gilt aber: Auch Aussagen und Anordnungen, die für den Christen nicht mehr gültig im Sinne
von ethisch bindend sind (wie z.B. die alttestamentlichen
Reinheitsgesetze), sind »wahr« in dem Sinne, daß sie göttlichen Ursprungs sind.

Bei der Beantwortung der Frage, in welcher Weise die Bibel
wahr sein muß, um den von Gott intendierten Zweck zu erfüllen[104], müssen wir unbedingt festhalten, daß es für das biblische Wahrheitsverständnis keine Trennung von Sein und
Wert gibt: was Wert haben will, muß wahr, d.h. richtig und
zuverlässig sein; was unwahr, d.h. falsch und irreführend ist,
hat keinen Wert. Verläßlich kann nur sein, »was der Wirklichkeit entspricht bzw. ihr voll gerecht wird«.[105]

3.3 *Offenbarung und Heilsgeschichte*

a) Offenbarung ist nicht nur Mitteilung von Information, sondern auch Ereignis innerhalb der *Geschichte*. Was nun »Geschichte« ist, hängt von den jeweils bewußt oder unbewußt
vertretenen philosophischen Überzeugungen und weltan-
schaulichen Voraussetzungen der Exegeten ab. Das die historisch-kritische Theologie und Methodologie weithin immer
noch bestimmende Geschichtsverständnis E. Troeltschs[106] hat
die Prinzipien der Kritik, der Analogie und der Korrelation
zum Mittelpunkt. Der Historiker, der nur Wahrscheinlich-
keitsurteile fällen kann, muß das gesamte geschichtliche Ge-

schehen im Rahmen der prinzipiellen Gleichartigkeit des vergangenen und des gegenwärtigen Geschehens und im Rahmen des universalen Ursache-Wirkungs-Zusammenhangs aller Erscheinungen verstehen und beurteilen. Im Horizont dieses neuzeitlichen Geschichtsverständnisses kann Geschichte nicht mehr als »begrenzter Ablauf mit einer von Gott gesetzten autoritativen Mitte« verstanden werden, sondern als »das unbegrenzte Feld stets überholbarer menschlicher Möglichkeiten und Verwirklichungen.«[107] Ein solches rein immanentes Wirklichkeitsverständnis basiert auf der Voraussetzung des methodischen Atheismus.

Wie wir im ersten Teil unserer Untersuchung gesehen haben, modifiziert die Mehrzahl der Theologen seit der Aufklärung den Offenbarungsbegriff, um einen Ausgleich zwischen Theologie und dem modernen Wirklichkeits- und Geschichtsverständnis zu erreichen. Eine solche Modifikation des Offenbarungsbegriffs ist abzulehnen: Was Offenbarung ist, wie sie vonstatten geht und was sie bewirkt wird nicht vom Menschen, sondern von Gott selbst definiert. Dem neuzeitlichen Geschichtsverständnis ist im Blick auf seine ontologisierende Verabsolutierung vorläufiger (!) Verstehensprinzipien genauso Unwissenschaftlichkeit vorzuwerfen wie im Blick auf seinen methodischen Atheismus.[108] Die wichtige neukantianische Unterscheidung von »nomothetisch« und »ideographisch« ist hier in Erinnerung zu rufen: Die Naturwissenschaft faßt das in immer gleicher Weise wiederkehrende Geschehen in Naturgesetze, während die Geschichtswissenschaft nur einmalige Tatsachen beschreibt.

Es kann uns hier nicht darum gehen, ein konsequent durchdachtes biblisches Geschichtsverständnis zu entwickeln. Nur soviel sei festgehalten: Gott der Schöpfer, der Allmächtige und Allweise, ist der Herr der Schöpfung und damit auch der Herr der Geschichte, der Herr der Wirklichkeit, in der wir leben. Ein angemessener Zugang zur Wirklichkeit und zur Geschichte und eine angemessene Beschreibung derselben ist nur dem göttlichen Geist möglich, der die Wirklichkeit und die Geschichte geschaffen hat. Dem gefallenen Menschen ist nach dem Zeugnis der Schrift der volle und unmittelbare Zugang zur Wirklichkeit der Welt und der Geschichte durch die Sünde versperrt (vgl. Röm. 1,18–25; Eph. 4,18; 5,8).[109] Auch der Verstand des gefallenen Menschen ist ein *moribundus* und *morbidus*. Der Zugang zur Schöpfungswirklichkeit erschließt sich im Wort Gottes, und das heißt: im Wort der Schrift, weil Gottes Wort der eigentliche »Wirkgrund« und Träger der gesamten Wirklichkeit ist.

b) Gottes Wirken in der Geschichte zum Heil der Menschen ist *Heilsgeschichte*. Dieser Begriff bezeichnet den Kampf der göttlichen mit der satanischen Wirklichkeit, der die ganze Geschichte der Menschheit bestimmt, im Kreuz und in der Auferstehung Jesu Christi seinen Höhepunkt erreicht, aber bis zur Wiederkunft Jesu noch fortdauert.[110] Wir wollen Gottes Offenbarung und die Inspiration der Schrift im Zusammenhang dieser Heilsgeschichte verstehen. Gottes Offenbarung geschah in der Geschichte; da die Geschichte fortschreitet, schreitet auch die Offenbarung fort. Gottes Offenbarung bewegt sich vom Paradies über den Bund mit Noah, Abraham, Mose, Israel und über die Zeit der Könige und der Propheten auf die Erfüllung der Zeiten zu, die das Kommen des Erlösers und des Reiches Gottes erlebt. Dabei sagt Gott in den verschiedenen »Ordnungen« (vgl. 1. Kor. 15,21–25) der Heilsgeschichte nicht immer dasselbe.[111] Er läßt eine Epoche so aus der anderen hervorgehen, daß sie sich weder korrigieren (wie man Falsches korrigiert) noch widersprechen.[112] Die Fülle, die Unterschiedlichkeit und die gleichzeitige Einheit der biblischen Aussagen von der Genesis bis zur Offenbarung des Johannes sind im Rahmen einer von der Heilsgeschichte ausgehenden Theologie am besten verständlich.[113]

Auch die Inspiration ist als geschichtlicher Vorgang zu fassen. Das Ziel Gottes ist dabei die Schaffung und Sicherung einer zuverlässigen und ausreichenden Offenbarung in schriftlicher Form. Inspiration ist »vertikal« geistvermittelte Anrede Gottes, die sich jeweils in der Geschichte manifestiert; »horizontal« ist sie als geistgewirktes Geschehen zu verstehen, das sich von den ersten Äußerungen der Offenbarung bis zur Schriftwerdung in der gegenwärtigen Form erstreckt.[114] Das Wirken Gottes in der Inspiration z.B. des Lukasevangeliums erstreckte sich von der Befragung der Augenzeugen (Lk. 1,2) über die Sammlung und Anordnung des Materials »der Reihe nach« (1,3) bis zur endgültigen Niederschrift. Das Wirken Gottes in der Inspiration z.B. des Buches Jeremia begann offenbar schon im ewigen Ratschluß Gottes vor der Geburt des Propheten (Jer. 1,5), kam bei seiner Berufung zum Propheten zum Ausdruck (1,6–10) und übte seinen Einfluß aus von Gottes direkten Offenbarungen an Jeremia über die ersten Niederschriften des von Gott Gesagten (36,1–4) bis zur endgültigen Abfassung und Sammlung der göttlichen Offenbarungen in einem Buch (bzw. in einer Rolle).

Viele geschichtliche Prozesse und Situationen, welche die Inspiration der biblischen Bücher betreffen, sind uns nicht bekannt. So wissen wir z.B. nicht, was sich zwischen Gottes (mündlichen) Offenbarungen an Jesaja und der (schriftlichen) Niederschrift des Buches, wie wir es heute besitzen, ereignet hat. Von einigen biblischen Büchern kennen wir nicht einmal den Verfasser (Richter, Samuel- und Chronikbücher, Esther, Hiob, Hebräerbrief). Eines gilt in jedem Fall: Gottes Offenbarung an seine Boten und Gottes Inspiration seiner Botschaft sind geschichtliche Vorgänge, weil sie den konkreten Menschen der Geschichte betreffen und zum Heil führen wollen.

3.4 Offenbarung und Heilige Schrift

a) Gott offenbart sich nicht nur in der geschichtlichen Tat, sondern auch im *Wort.* Der Mensch hat keinen Zugang zu den Taten Gottes in der Geschichte, es sei denn durch das Wort Gottes. Daß Gott spricht und immer wieder gesprochen hat, wurde oben wiederholt nachgewiesen (S. 110, 113ff., 130). Die verbale Interpretation der Taten Gottes durch Gott selbst ist ein notwendiger, unaufgebbarer Bestandteil der Offenbarung. Die Ereignisse, die im Zusammenhang mit dem Auszug des Volkes Israel aus Ägypten stattfanden, wurden von den Ägyptern zweifelsohne völlig anders beurteilt als von den Israeliten! Die führenden sadduzäischen Priester der römischen Provinz Judäa sahen die Kreuzigung Jesu in einem ganz anderen Licht als die Anhänger Jesu. Hier wird deutlich, daß ohne

Gottes Erläuterung seiner Taten in der Geschichte durch verstehbare Worte diese für den Menschen nicht als Offenbarung zu verstehen sind. Offenbarung hat eine verbal-begriffliche Seite, die notwendig und gültig ist. Das heißt: die Offenbarung kann, ja muß in Worten ausgedrückt werden.[115] Die historische Faktizität der Taten Gottes und die völlige Zuverlässigkeit der interpretierenden Worte Gottes sind selbstverständliche Voraussetzung, wenn nicht die Offenbarung Gottes samt und sonders verloren gehen soll.

b) Die *Schriftlichkeit des Wortes Gottes* ist keine logische Notwendigkeit wie wir sie für die verbale Offenbarung konstatiert haben.[116] Wir sehen sie als in der Barmherzigkeit und Weisheit Gottes begründet. Der Umstand, daß Gott uns sein Wort in schriftlicher Form gegeben hat, ist zumindest teilweise sicherlich eine Anpassung an die menschliche Natur: die Schwachheit des menschlichen Gedächtnisses, die Fehlbarkeit des menschlichen Verständnisses und die Sündhaftigkeit der menschlichen Motivation bedeuten eine Gefährdung und potentielle Korrumpierung der Botschaft Gottes, wenn diese nur in mündlicher Form vorliegt. Die Komplexität der von Generation zu Generation weiterzugebenden Wahrheit Gottes (die aus mehr als bloß »vier geistlichen Gesetzen« besteht!) und die Notwendigkeit ihrer internationalen Verbreitung (die schon im AT anvisiert ist) sind weitere Faktoren, die eine schriftliche Form der Offenbarung notwendig machen. Geschriebene Sprache ist dauerhaft, objektiv und übermittelbar. In der Bibel hat das Schreiben an einigen Stellen unmittelbar Offenbarungsqualität: Gott gab Mose zwei Steintafeln, auf denen er seine Worte selbst eingegraben hatte.

In den Ländern des Alten Orients war das Schreiben spätestens ab ca. 3100 v.Chr. ein Kennzeichen für Zivilisation und Fortschritt. Im 2. Jahrtausend v.Chr. (der Exodus fand um 1470 statt[117]) wurde das Alphabet entwickelt, das zu einer allgemeinen Verbreitung der Lese- und Schreibkunst beitrug.[118] Nach dem Zeugnis der Bibel hat Mose selbst geschrieben (vgl. Ex. 17,14; 24,4.12; 34,27; Num. 33,2; Deut. 24,1; 30,10; 31,19.22). Die Patriarchen Abraham, Isaak und Jakob, die zwischen 2000–1700 v.Chr. lebten[119], hielten sich in einem Gebiet auf, das sich von Babylonien über Syrien bis Ägypten erstreckte und in dem die Schreibkunst weit verbreitet war. Davon legen die 1974/1975 in Ebla (Tell Mardikh, Syrien) gefundenen, ca. 18 000 Tontäfelchen des Palastarchivs, die um 2300 v.Chr. datieren[120], ein beredtes Zeugnis ab. Die Frage, ob die Patriarchen schreiben konnten und ob sie selbst, oder mit Hilfe von Schreibkundigen, schriftliche Aufzeichnungen machten, läßt sich nicht begründbar beantworten; es ist aber auf keinen Fall ausgeschlossen.

Oft ist schon die Erstform der Offenbarung schriftlich (z.B. der Dekalog, Teile der Propheten, die Briefe der Apostel). Wo die schriftliche Fixierung späteres Stadium darstellt (z.B. Genesis, Lukas- und Johannesevangelium), ist eben diese Schrift das einzige Mittel für die Feststellung und Kommunikation der Offenbarung.[121]

c) Die Überzeugung, daß der *Text der Heiligen Schrift Gottes Wort* ist, gründet sich auf das biblische Selbstzeugnis vom Ursprung und Wesen der Schrift und wird von dem traditionell (einhellig bis zur Aufklärung) vertretenen Inspirationsverständnis bestätigt. Artikel III der Chicago-Erklärung lautet: »Wir bejahen, daß die Bibel als geschriebenes Wort in ihrer Ganzheit die von Gott gegebene Offenbarung ist.« Die Gleichsetzung von Bibel und Wort Gottes, von Heiliger Schrift und Offenbarung, die mit dem Wort »ist« ausgedrückt wird, darf nicht im Sinne einer umkehrbaren mathematischen Gleichung verstanden werden. Man kann nicht sagen, das Wort Gottes »ist« die Bibel: Gottes Wort und Gottes Offenbarung ist umfassender als die Schrift. Gott hat mehr gesagt, als in der Bibel steht (Joh. 21,25), hat sich öfter geoffenbart, als in der Schrift berichtet wird. Gott redet auch heute noch. Die Gleichsetzung von Heiliger Schrift und Wort Gottes – in dieser Reihenfolge – besagt jedoch eindeutig, daß die Bibel in ihrer Ganzheit, d.h. alle biblischen Bücher, alle Kapitel und Verse, alle Aussagen der Schrift Gottes eigenes Wort sind. Die Bibel ist die durch die Inspiration des Geistes Gottes bewahrte und aufgeschriebene Offenbarung Gottes. Die Bibel sagt, was Gott sagt.

Seit der Aufklärung wurden viele, zum Teil recht verschiedene Versuche unternommen, Gottes autoritatives Wort von dieser engen Verbindung mit dem Text der Heiligen Schrift zu trennen. Man suchte das authentische Wort Gottes ausschließlich in vorbildlichen ethisch-moralischen Lehren, in geschichtlichen Ereignissen, in personalen Begegnungen, in religiösen Erlebnissen, oder in der Überlieferung und Bearbeitung traditioneller Glaubenserfahrungen des Volkes Gottes zu lokalisieren. Diese Versuche stimmen alle darin überein, daß die Bibel nicht Gottes Wort selbst sein könne, sondern lediglich ein menschliches und darum fehlerhaftes, in Teilen oftmals überarbeitetes Zeugnis von Erfahrungen mit göttlicher Offenbarung sei. Die Chicago-Erklärung sagt zu diesen Versuchen in Artikel III: »Wir verwerfen die Ansicht, daß die Bibel lediglich ein Zeugnis der Offenbarung sei oder nur in der Begegnung Offenbarung würde oder im Blick auf ihre Gültigkeit von menschlicher Aufnahme abhinge.«

Wir müssen uns hier auf eine kurze Diskussion der wichtigsten heute angeführten Argumente beschränken, die diese Diastase von Wort Gottes und Heiliger Schrift begründen sollen.[122] Dem Argument, Offenbarung bestehe nur aus einer Reihe geschichtlicher Ereignisse, die eine »Offenbarungsbedeutung« besitzen, und nicht aus einer irgendwie inspirierten schriftlichen Niederschrift göttlicher Wahrheiten, ist folgendes entgegenzuhalten. Erstens: Nicht der Mensch, sondern Gott allein bestimmt, was Offenbarung ist und was nicht. Zweitens: Die Heilige Schrift selbst nimmt das häufige und vielfältige Reden Gottes – neben dem Handeln Gottes – ernst. Drittens: Ohne Gottes (aus Notwendigkeit verbale) Interpretation ist das Offenbarungsgeschehen menschlichen Mutmaßungen ausgeliefert. Viertens: Die in der Bibel festgehaltenen Heilstaten Gottes in der Geschichte sind bei den in dem Argument vorausgesetzten Prämissen prinzipiell nicht als Taten *Gottes* begründbar und lassen sich deshalb nicht von bloßen jüdischen Träumereien unterscheiden.

Das Argument, wonach die Bibel objektive, begriffliche Wahrheiten über Gott weder mitteilen wolle noch könne, sondern lediglich eine personale Begegnung mit dem hinter dem biblischen Zeugnis stehenden Gott zu vermitteln suche, ist ebenfalls nicht stichhaltig. Einmal ist festzuhalten, daß eine echte persönliche Beziehung ohne verbale Kommunikation und ohne Wahrheit, die sich in Vertrauen ausdrückt, unmöglich ist. Zweitens: Keiner kann begründen, weshalb die durch die Bibel vermittelte persönliche Erfahrung über sich hinaus auf eine sich ereignende Offenbarung weisen sollte und nicht als eine bloße mystische Erfahrung zu erklären ist. Drittens: Eine personale Begegnung kann nicht objektiv verifiziert werden. Viertens: Wenn der Text der Bibel, der die personale Begegnung mit dem authentischen Wort Gottes vermitteln soll, voller Fehler ist, wie implizit in dem Argument vorausgesetzt wird, kann die »personale Wahrheit«, die sich ergeben soll, nicht allzu beeindruckend sein. Fünftens: Wenn die Bibel nur ein menschlicher Bericht von den Begegnungen anderer Menschen mit Gott ist, was in dem Argument ebenfalls vorausgesetzt wird, kann man schwerlich erklären und begründen, warum und in welcher Weise sie eine neue Begegnung mit Gott auslösen soll.[123]

Ein weiteres Argument lautet: Der Text der Bibel kann als solcher nicht Offenbarung sein, weil er das Ergebnis einer langen und komplexen Entwicklung aus Sammlung, Interpretation, Bearbeitung und Reinterpretation der verschiedenartigsten Texte, Fragmente und Traditionen darstellt. Trifft diese Analyse der biblischen Schriften wirklich zu, so kann man ehrlicherweise nur noch von der *Möglichkeit* sprechen, daß Gott irgendwo hinter den vorliegenden Traditionen wirklich zu den betreffenden Menschen geredet und seinen Willen kundgetan hat.[124] Die Autorität der Bibel für den Christen läßt sich hier nur noch emotional oder traditionell-axiomatisch postulieren, aber nicht mehr objektiv begründen.

Ein häufig angeführtes Argument lautet schließlich, die Bibel könne nicht das den Glauben begründende Offenbarungswort sein, weil dies eine bloß formalistische Bindung an eine absolute Autorität und einen intellektuellen »Unterwerfungsakt« beinhalte, was dem Glauben ungemäß sei; außerdem widerspräche dies dem Selbstzeugnis des NT, das keine formalen Aussagen über sich selbst als Gottes Wort enthalte und nur Jesus Christus und die mündliche Predigt als (personales) Wort Gottes verstehe.[125] Dem ist erstens entgegenzuhalten, daß das NT sehr wohl auch formale Aussagen über das AT und über sich selbst als Wort Gottes enthält. Zweitens: Man darf das formale Wort Gottes und Jesus Christus nicht gegeneinander ausspielen, weil Jesus selbst in unmißverständlicher Weise die göttliche Herkunft und die unaufhebbare Autorität der Schrift (d.h. des AT) bekräftigt hat. In soteriologischer Hinsicht ist Jesus Christus von primärer, die Schrift von sekundärer Bedeutung; aber in erkenntnistheoretischer Hinsicht ist die Schrift primär[126]: ohne die Bibel wissen wir so gut wie nichts über Jesus. Drittens: Die Trennung von Form (Bibeltext) und Inhalt (Jesus Christus, Offenbarungswort) ist unberechtigt, da sie der Heiligen Schrift selbst fremd ist und von der Willkür menschlicher Analyse, die ein authentisches Offenbarungswort herausdestillieren soll, abhängt. Viertens: Die Abneigung gegenüber einem »intellektuellen Unterwerfungsakt« jeglicher Art sagt mehr über die Rebellion des Menschen gegen Gott aus als über das Wesen der Gottesoffenbarung. Fünftens: Dieses Argument geht von einem vorgefaßten Urteil über »sachgemäßen« Glauben aus, das mit dem biblischen Glaubensverständnis nicht kongruent ist. Sechstens: Noch einmal ist darauf hinzuweisen, daß der gefallene Mensch *keinen* unmittelbaren Zugang zur Wahrheit (und damit auch nicht zu Gott und seiner Offenbarung) hat, sondern nur über objektiv vorliegende, klar verständliche und völlig zuverlässige Aussagen Gottes Anteil an ihr bekommen kann – und die liegen nach dem biblischen Selbstzeugnis *nur* in der Heiligen Schrift in ihrer *Gesamtheit* vor. Siebtens: Dieses Argument bedeutet eine notwendige aber konsequente Relativierung der Bibel, die nur relativ zu Jesus verstanden und angenommen werden kann und damit letztlich dem subjektiven Glaubensverständnis des jeweiligen Theologen ausgeliefert ist: Die Priorität und Autorität besitzende Schilderung des »Phänomens« und der Person Jesu hängt vom jeweiligen Exegeten ab, wurde in der Theologiegeschichte sehr unterschiedlich und oft in sich ausschließender und widersprechender Weise dargestellt und ist bis heute in der kritischen Theologie nicht einheitlich geklärt.[127]

Wir halten fest: Die Bibel ist nicht bloß Katalysator der Offenbarung, sondern göttliche Offenbarung selbst. Was die Bibel sagt, sagt Gott. Was die Bibel sagt, ist somit Wahrheit und hat Autorität. Wenn die Bibel lediglich Offenbarung »vermittelt«, ist am Ende immer und unausweichlich das subjektive Wahrheits- und Glaubensverständnis des jeweiligen Theologen die begründende und regulierende Norm und Autorität dessen, was zu glauben ist. Wir wiesen bereits darauf hin, daß die analysierende Vernunft des Menschen dem Sündenfall *nicht* entnommen ist und deshalb auch nicht offenbarungs-unterscheidend und offenbarungs-entscheidend eingesetzt werden kann.[128] Die Suche nach »Einheit« mit Gott *ohne* das Wort als Grundlage und autoritative Norm zu achten entspricht dem Urfall der menschlichen Existenz und ist die Sünde des subjektiven und letztlich mystischen Enthusiasmus.[129]

d) Das Wesen der Heiligen Schrift wird seit J.G. Hamann in *Analogie zur Inkarnation* gesehen und ihre Entstehung mit dem Begriff *Inverbation* beschrieben.[130] Wie Jesus Christus Gott und Mensch in einem war, so sei die Bibel Gotteswort und Menschenwort, göttlichen und menschlichen Ursprungs zugleich. Ehe wir auf die Schlußfolgerungen eingehen, die man aus dieser Analogie zieht, soll zunächst auf die Tatsache verwiesen sein, daß diese Analogie nur in begrenzter Hinsicht Gültigkeit besitzt.[131] Sie sollte nicht zu sehr strapaziert werden, da es sich bei der Inkarnation um eine hypostatische Vereinigung zweier »Naturen« handelt, ein Sachverhalt, der bei der Inverbation völlig fehlt, da sich die Inkarnation auf eine göttlich-menschliche *Person* bezieht, während das »Produkt« der Inverbation ein schriftlicher *Text* ist.

Wenn sich Nichtevangelikale, aber auch manche Evangelikale auf die Analogie von Inkarnation und Inspiration berufen, betonen sie oft die konsequente Menschlichkeit Jesu und entsprechend den menschlichen Charakter der Bibel. Man glaubt, auf diese Weise eine vermeintliche Fehlerhaftigkeit der Bibel in menschlichen Belangen, d.h. auf dem Gebiet von naturwissenschaftlichen, historischen, geographischen Sachverhalten, theologisch begründen zu können. Die traditionelle, konservative Auffassung von der Irrtumslosigkeit der

146

Schrift wird in diesem Zusammenhang als doketische Häresie diffamiert. Dieser Argumentation gegenüber ist festzuhalten, (1) daß die Trennung zwischen menschlichem und göttlichem Aspekt nicht berechtigt ist: In Chalcedon wurde der eine Jesus Christus als wahrer Gott und wahrer Mensch bekannt, dessen zwei »Naturen« unvermischt und unverwandelt, ungetrennt und ungesondert sind; (2) daß in Chalcedon nicht nur der doketische Monophysitismus, sondern auch der Arianismus und Nestorianismus verurteilt wurden, nach denen Jesus nur ein (wenn auch vollkommener) Mensch war, der Gott *wurde*; (3) daß nach dieser Argumentation Irrtumshaftigkeit wesenhaft zum Menschsein gehört, und das hieße, daß Adam so lange kein Mensch war, bis er sich irrte (gerade bei Adam zeigt sich, daß Irrtum und Sünde zusammengehören: Adam irrte sich, als er glaubte, ungestraft auf den Vorschlag der Schlange eingehen zu können); und (4) daß dann konsequenterweise auch für den »Menschen Jesus« Irrtum und Irrtumsfähigkeit behauptet werden müßten.[132]

Insofern die christologische Parallele Gültigkeit besitzt, bestätigt sie jedenfalls die konservativ-evangelikale Schrift- und Inspirationsauffassung. (1) Die Schrift besitzt, wie Jesus Christus, eine menschliche und eine göttliche Realität und Qualität. (2) Was die menschliche Seite betrifft, so ist die Schrift ein in jeder Hinsicht menschliches Erzeugnis, aber gleichzeitig frei von Irrtum, wie Jesus wahrer Mensch und doch, gleichzeitig, frei von Sünde war.[133] (3) Die Einheit von menschlicher und göttlicher Realität besteht im Blick auf Jesus Christus und wird auch im Blick auf die Bibel gewahrt (im Gegensatz zu den Kritikern, für die es keine wirkliche Identität zwischen den beiden Realitäten im Blick auf die Bibel gibt, und die somit eine nestorianische Konzeption vertreten). (4) Die Einheit von Gott und Mensch in der Person Jesu Christi ist für den menschlichen Verstand letzten Endes genauso ein Geheimnis wie die Identität von menschlicher und göttlicher Qualität in dem Text der Heiligen Schrift. Eine positive Rationalisierung und methodisch-analytische Durchdringung der Art und Weise des Offenbarungsprozesses ist deshalb unangebracht, es sei denn, die Offenbarung macht selbst diesbezüglich relevante Aussagen.[134]

4. Das Wesen der Inspiration

Im folgenden soll der Versuch gemacht werden, das Wesen der biblischen Inspiration zu beschreiben. Wir sind uns dabei bewußt, daß die Inspiration, die kein weltimmanentes, sondern ein von Gott initiiertes und kontrolliertes Geschehen ist, nicht mit psychologischen oder religionsgeschichtlichen Kategorien beschrieben werden kann.[135] Zudem ist vorauszuschicken, daß die Überzeugung, die Bibel sei inspiriert, nicht (im naturwissenschaftlichen oder philosophischen Sinn) logisch bewiesen werden kann, sondern letztlich eine Sache des Glaubens ist, die mit unserer Haltung zu Jesus Christus und zu den Aussagen der Propheten und Apostel zusammenhängt.[136]

Den folgenden Ausführungen sei eine *Definition* des Inspirationsbegriffs vorangestellt, die sich auf die oben dargelegte exegetische und theologische Analyse stützt. Inspiration bezeichnet den geschichtlichen Gesamtvorgang, durch den Gott mittels der kreativen Macht seines Geistes die von Menschen verfaßten Schriften des biblischen Kanon als sein Wort hervorgebracht hat, so daß die ganze Heilige Schrift in allen ihren Teilen eine authentische Kundtat seiner Ansicht und Absicht und Darstellung seiner Botschaft an alle Menschen ist.[137]

4.1 Der göttliche Ursprung

a) Der göttliche Ursprung der Heiligen Schrift wird mit dem Begriff der *Inspiration* bzw. der *Theopneustie* bezeichnet. Dieser in 2. Tim. 3,16 gebrauchte Ausdruck (*theopneustos*, lat. *inspiratus*) will sagen, daß die Schrift »von Gott (aus-)gehaucht« ist. Das heißt: Die Schrift sagt, was Gott sagt. Diese Identität von Schrift und Wort Gottes wird im biblischen Zeugnis wiederholt klar herausgestellt, wie wir oben gesehen haben.

b) Der göttliche Ursprung der Schrift kommt im Begriff der *prophetischen Inspiration* am deutlichsten zum Ausdruck (vgl. dazu oben, 2.2,c). Der Prophet redete nicht nur im Auftrag Gottes, sondern er war als »Mund Gottes« gleichsam ein Kanal für die Worte Gottes. Gott erklärt Jeremia diesen Sachverhalt so: »Ich lege meine Worte in deinen Mund« (Jer. 1,9). Dieses Prinzip der prophetischen Inspiration liefert das *theologische Paradigma* für die Inspiration der Schrift insgesamt: Gott veranlaßt, daß seine Botschaft über psychologische Prozesse, die für uns zum großen Teil undurchsichtig und unklar sind, in Sinn und Geist eines Menschen eintritt, so daß dieser Gottes Botschaft getreu an andere weitergeben und aufschreiben kann.[138]

In letzter Zeit wurde wiederholt versucht, die Relevanz der prophetischen Inspiration für die Schriftinspiration als solche zu leugnen.[139] Folgende Argumente werden angeführt: (1) Bei der Mehrzahl der biblischen Bücher, einschließlich der prophetischen Schriften sei es unmöglich, einen bestimmten Autor auszumachen. Ein großer Teil der biblischen Schriften stütze sich auf mündliche, überarbeitete Traditionen und sei somit höchstens von der Erfahrung der Glaubensgemeinschaft »inspiriert«. (2) Große Teile des AT sind nicht »prophetisch« und behaupten nicht von sich wie die prophetische Rede direkt von Gott zu stammen. (3) Die Bedeutung des späteren »prophetischen« Status des AT lag in der »Erfüllung« alttestamentlicher Aussagen in Jesus Christus bzw. im NT und nicht in einem Interesse an der Herkunft, der Verfasserschaft oder der historischen Zuverlässigkeit der Bücher des AT. (4) Das Paradigma der prophetischen Inspiration sei ungeeignet, den übernatürlichen Ursprung und eine daraus ableitbare verbale Unfehlbarkeit der biblischen Schriften zu begründen: Prophetie handelt selten von Fakten und Geschichte und beschäftigt sich vor allem mit moralischen und religiösen Urteilen, mit Ankündigungen von Gericht und Verheißung, deren Erfüllung von der Reaktion der Hörer abhängt und deshalb in starkem Maß konditional und variabel sind und jedenfalls nichts mit der Richtigkeit oder Zuverlässigkeit zu tun haben. (5) Die Botschaft und die Schriften der Propheten enthalten nur wenig, das durch übernatürlichen (göttlichen) Einfluß erklärt werden müßte; der größte Teil des Materials kann auf traditionell-israelitische Gedanken und Überzeugungen zurückgeführt werden.

Weil die prophetische Inspiration traditionell das grundlegende Muster für die Schriftinspiration insgesamt ist, müssen wir hier kurz auf diese Argumente eingehen. (1) Die Ansicht, wonach die Mehrzahl der biblischen Bücher nicht auf einen bestimmten Autor, sondern auf ein Kollektiv, d.h. auf eine Vielzahl von Autoren und Redaktoren zurückzuführen sei, gilt zwar in der akademischen Theologie als »gesichertes« Ergebnis, ist aber aus verschiedenen biblischen und historischen Argumenten als falsch abzulehnen.[140] Außerdem behauptet das Paradigma der prophetischen Inspiration nicht so sehr die Inspiration der Person des Propheten, sondern die göttliche Authentizität des Propheten*wortes* (bzw. des *Textes* der biblischen Schriften). (2) Das zweite Argument vergißt, daß Mose im AT als Prophet gilt (vgl. Deut. 18,15.18; 34,10; Hos. 12,14)[141], daß die Bücher Josua, Richter, Samuel und Könige für die Juden in vorchristlicher Zeit schon lange als »prophetische« Bücher gerechnet wurden (vgl. den Sirachprolog), daß David als Prophet bezeichnet werden kann (vgl. Apg. 2,29–30)[142], daß im Frühjudentum auch in den beiden vorchristlichen Jahrhunderten der Kanon des AT als ganzer als »Thora« bezeichnet[143] und damit ganz offensichtlich auf Gott als Urheber zurückgeführt werden kann, und daß im NT auch nicht-prophetische Schriften als *graphē* bezeichnet und als Ausspruch Gottes angesehen werden (vgl. oben, 2.3,f). (3) Wenn es auch zutrifft, daß der spätere prophetische Status des ganzen AT auf die Kulmination der alttestamentlichen Heilsgeschichte in Jesus Christus abhebt, so ist die Betonung der historischen Zuverlässigkeit der Schriften des AT und ihrer Aussagen zwar nicht im Mittelpunkt des Interesses, aber offensichtlich als selbstverständlich vorausgesetzt. Wenn Jesus, die Evangelisten und die Apostel den alttestamentlichen Schriften mit ihren Aussagen einen absoluten Wahrheitsgehalt zuerkennen (vgl. 2.3,c) und ihre unangefochtene Autorität in Rechnung stellen (vgl. 2.3,d), so sind sie ganz offensichtlich überzeugt, daß Gottes Charakter sich im Wesen seines Wortes widerspiegelt und deshalb die *ganze* von Gott kommende Schrift (vgl. 2. Tim. 3,16) in allen ihren Aussagen wahr im Sinne von richtig und zuverlässig ist. (4) Prophetie handelt sehr wohl und in starkem Maße auch von Fakten und Geschichte: das Wort der Propheten ergeht in konkrete (historische) Situationen hinein. Die Propheten nehmen Stellung zu wichtigen Fragen der Politik (vgl. Jes. 7,1ff.; 31,1ff.; Jer. 21,8ff.). Sie machen Aussagen über die Rolle der jeweiligen Weltmächte (Jes. 7,18ff.; 10,5ff.; Jer. 27,1ff.; etc.). Sowohl Gerichtsankündigungen wie Heilsworte beziehen sich auf konkrete Ereignisse und Gestalten der Weltpolitik (vgl. Jes. 30,1ff.; 44,28; 45,1ff.; Hes. 17,11ff.).[144] Die Erfüllung der Ankündigungen hing als solche nicht von der Reaktion der Hörer ab. Wenn eine Gerichtsankündigung mit der Buße der Hörer verknüpft war, ist es illegitim, der Prophetie »Variabilität« vorzuwerfen, wenn das Gericht nach erfolgter Buße nicht eintrifft. Es darf auch nicht vergessen werden, daß die Ankündigungen im Blick auf die Geschichte des Volkes Israel (bzw. Judas) teils in der Vernichtung des Nordreiches (722 v.Chr.), teils in der Zerstörung Jerusalems (587 v.Chr.), teils im Wiederaufbau des Tempels (520–516 v.Chr.), teils in der Sammlung der Juden in Palästina (Staatsgründung 1948) erfüllt wurden und zum Teil noch erfüllt werden. Die Behauptung, Diskrepanz zwischen Voraussage und tatsächlichem Verlauf sei »ziemlich üblich« für die alttestamentliche Prophetie[145], läßt sich, eine adäquate heilsgeschichtliche Perspektive und Interpretation vorausgesetzt, nicht nachweisen.[146] (5) Es ist richtig, daß ein großer Teil der in den Propheten zum Ausdruck kommenden ethischen und religiösen Überzeugungen den überlieferten Glauben Israels widerspiegeln und bekannte Bilder und Motive aufnehmen. Inspiration schließt keinesfalls aus, daß die Verfasser der betreffenden Schriften ihr theologisches Wissen, ihre ethischen Überzeugungen und ihren an traditionelle Sprache angelehnten literarischen Stil benutzten. Die Inspiration garantiert »nur«, daß das Ergebnis, d.h. der fertige Text, Gottes Wort exakt entspricht. Daß der größte Teil des prophetischen »Materials« mit traditionellem Gedankengut identisch ist, stimmt jedenfalls nicht.[147] Die zahlreichen Gerichts- und Heilsankündigungen, die sich historisch verifizierbar (schon) erfüllt haben, können ohne die Annahme eines göttlichen Ursprungs der betreffenden Perikopen auf keinen Fall erklärt werden.

c) Die göttliche Herkunft der Schrift wird an jenen Stellen

konkret deutlich, welche die betreffende Aussage und Perikope auf *Auditionen, Visionen*, verbunden mit einem *Schreibbe-
fehl*, zurückführen (vgl. Jes. 8,1.16; Jer. 36,1ff.; Dan. 9,2; 12,4;
Offb. 1,11.19; 2,1ff.). Einige wenige Stellen gehen ausdrücklich
auf ein *Diktat* Gottes zurück (Jes. 8,1; Hes. 37,16; Offb.
2,1.8.12.18; 3,1.7.14).

d) Wie der göttliche Ursprung der historischen, didakti-
schen und poetischen Bücher der Schrift zu verstehen ist,
bleibt ein *Geheimnis*. Wir erhalten keine Auskunft darüber, in
welcher Weise z.B. die Chronikbücher oder die Evangelien,
deren Verfasser Archive benutzten (Chronika), historische
Forschungen anstellten (Lukas) oder als Augenzeugen Ge-
schehenes niederschrieben (Matthäus, Johannes), durch Gottes Einwirken auf die Autoren inspiriert wurden. Man kann
nur soviel sagen: Gott und der betreffende Verfasser ko-ope-
rierten in der Art, daß das Ergebnis Gottes Wort in menschlicher Sprache war. Wenn der Verfasser, wie für die Mehrzahl
der biblischen Bücher anzunehmen ist, nicht bewußt Wort
Gottes, sondern das von ihm für richtig Befundene schrieb
und das Resultat trotzdem *theopneustos* ist, muß angenommen werden, daß die Verfasser von Gott so geleitet wurden,
daß sie kein »ungöttliches« Wort schrieben (vgl. unten, 4.2,e).

e) Die orthodoxe Terminologie unterschied im wesentlichen drei Aspekte der göttlichen Herkunft der Schrift.[148] Der
Begriff *impulsus ad scribendum* bezeichnet den göttlichen Impuls zu schreiben. Dieser göttliche Antrieb wird in der Schrift
mehrmals konstatiert (vgl. Jer. 20,7–9; Hes. 3,1–3; Apg. 4,20;
1. Kor. 9,16). Das Resultat dieses Impulses sind nicht unkon-
trollierte Visionen oder emotionale Ausbrüche, sondern klare
begriffliche Rede und entsprechendes Schreiben. Es handelt
sich dabei nicht um eine Vergewaltigung des Willens des Verfassers oder um ein die eigene Mitverantwortung ausschlie-
ßendes Diktat. Im Gegenteil: der Begriff des Impulses zum
Schreiben betont die Freiheit des Verfassers, der von sich
selbst freigemacht wurde zu Freiwilligkeit, zu Einsicht und zu
Gehorsam, bekräftigt allerdings gleichzeitig auch den Primat
und die Souveränität der göttlichen Initiative.

Der Begriff *suggestio rerum* bezeichnet die Kommunikation

oder »Einflüsterung« der »Sachen«, d.h. des gedanklichen Inhalts der Schrift. Das Wort »suggestio« bezeichnet in keiner seiner Bedeutungen ein Moment von Gewaltsamkeit und schließt die verantwortliche und freie Tätigkeit des menschlichen »Mitverfassers« nicht aus. Auch dieser Vorgang, der den göttlichen Ursprung der Schrift nach ihrem Inhalt bekräftigt, bleibt unter dem Schleier des Geheimnisses.

Der Begriff *suggestio verborum* bezeichnet schließlich die Kommunikation der Worte der Schrift. Auch hier ist durch das Wort »suggestio« der Gedanke des Diktats ausgeschlossen. Denken ohne Worte, ohne Begriffe gibt es nicht. Wort- und begriffslose Existenz wäre reiner Gefühlsmystizismus und rauschhafter Enthusiasmus. In welcher Weise die Worte der Schrift menschliche und zugleich göttliche Worte sein können, ist für den Menschen ebenfalls nicht rational analysierbar.

f) Wer die bewahrende Aufsicht Gottes über die Entstehung der biblischen Schriften bekräftigt, setzt sich bis heute immer wieder dem Vorwurf aus, diese Vorstellung verlange die Annahme einer *Diktatinspiration* in deren Verlauf die geistige Aktivität der Schreiber, die menchanisch die übernatürlich in ihr Bewußtsein eingegebenen Worte transkribierten, suspendiert sei.[149] Dieser Vorwurf richtet sich jedoch gegen einen Strohmann: Kein protestantischer Theologe hat meines Wissens je eine Diktatinspiration vertreten.[150] Wenn die orthodoxen Dogmatiker den lateinischen Ausdruck »dictare« in Zusammenhang mit der Inspiration gebrauchten, wollten sie damit lediglich zum Ausdruck bringen, daß die Heilige Schrift Wort für Wort von Gott kommt (vgl. oben, S. 36f.). Die in der frühen Kirche und im Mittelalter öfter anzutreffenden Anklänge an eine Inspiration durch Diktat wollten keine Aussagen über die Methode der göttlichen Leitung der Schreiber oder über die psychologische Verfassung derselben machen. Die betreffenden Theologen bekräftigten lediglich in bildhafter Sprache die Tatsache und das Resultat der göttlichen Leitung jener Menschen, die die biblischen Schriften verfaßten. Daß die betreffenden Aussagen so zu verstehen sind, ist einfach nachzuweisen: Dieselben Theologen beschreiben die

Wirkungsweise des Heiligen Geistes bei der Inspiration unter anderem mit dem Begriff der Akkommodation, d.h. der Anpassung des Geistes an die Lebensumstände und an die Persönlichkeit des jeweiligen Verfassers.

Das Paradigma der prophetischen Inspiration führt *nicht* notwendig zur Annahme der Inspiration durch Diktat. Dieses Modell darf nicht auf den Spezialfall des Diktierens eingeengt werden. Diktat ist nur für einige wenige Perikopen zu konstatieren.

g) Die klassische Betonung der Inspiration sieht sich seit der Aufklärung immer wieder dem *Vorwurf der Bibliolatrie* ausgesetzt: eine derartige Bekräftigung des göttlichen Ursprungs der Bibel impliziere eine illegitime Vergötterung der Schrift. Dieser Vorwurf ist schlichtweg eine böswillige Unterstellung und sollte endlich fallengelassen werden. Er trifft weder die Dogmatiker der Orthodoxie noch die amerikanischen Fundamentalisten noch die konservativen Evangelikalen von heute. Sie alle suchten und verehrten nur Gott, nicht sein Buch.[151]

4.2 Die menschliche Instrumentalität

a) Eine Darstellung der Funktion der biblischen Verfasser[152] muß mit einem kurzen Rückblick auf das *Wesen des Menschen* beginnen. Die Erschaffung des Menschen nach dem Ebenbild Gottes (vgl. oben 3.2) bedeutet für das Wesen des Menschen folgendes[153]: (1) Der Mensch besitzt die Fähigkeit der Gotteserkenntnis. (2) Der Mensch besitzt die Fähigkeit moralisch-ethischer Einsicht (vgl. das Gewissen). (3) Der Mensch besitzt die Fähigkeit der Selbsttranszendierung, d.h., er lebt in der Gegenwart, kann sich aber die Vergangenheit in Erinnerung rufen und die Zukunft vorstellen; er kann über seine eigene Kultur und Weltanschauung hinaus andere Kulturen und Sprachen und philosophische Systeme erfassen; er kann an ihn herangetragene Vorstellungen und Meinungen in freier Entscheidung übernehmen oder ablehnen. (4) Der Mensch besitzt die Fähigkeit, zu denken und in linguistischen Symbolen zu kommunizieren, d.h., effektive Kommunikation zwischen verschiedenartigen Sprachkulturen ist möglich.[154] (5) Der Mensch kann Wissen und Wahrheit erkennen. Das heißt: Er ist von seinem Wesen her aufgerufen, kein falsches Zeugnis gegen andere abzulegen, keine Fakten zu verdrehen oder falsch darzustellen und sich selbst nicht zu widersprechen. Der Mensch kann Gottes Gedanken nachdenken.

Der Sündenfall hat die Gottesebenbildlichkeit des Menschen beschädigt, aber nicht völlig ausgelöscht. Die genannten Fähigkeiten sind grundsätzlich *potentieller*, nicht aktueller Art, da der Mensch immer in der Spannung von Gut und Böse steht. Aufgrund der Sünde neigt er dem Bösen zu, d.h., der Mensch kann von sich aus weder Gott noch die Welt, in der er lebt, noch sich selbst vollkommen erkennen. Indes ist dem Menschen die Gottesebenbildlichkeit nicht völlig verloren gegangen, und dies besagt, daß die Kategorien seines Denkens und Sprechens sich nicht grundsätzlich von den entsprechenden göttlichen Kategorien unterscheiden. Gott schuf den Menschen, damit dieser mit ihm kommunizieren und Gemeinschaft haben sollte – und für beides ist Denken und Sprechen Voraussetzung. Das heißt: Der Mensch *kann* richtige Gedanken denken und sinnvoll sprechen. Gott schuf den Menschen, damit er die Erde beherrsche und die Erde, damit sie vom Menschen beherrscht werde. Deshalb besteht kein Anlaß, die völlige Diskrepanz zwischen der Realität der Welt und den Kategorien menschlichen Denkens zu behaupten: Der Mensch *kann* adäquate Aussagen über die Welt machen.

Die nicht völlig erloschene Gottesebenbildlichkeit des Menschen ist der Anknüpfungspunkt für ein biblisch begründetes Inspirationsverständnis. Der Mensch kann hören und verstehen, was Gott sagt. Der Mensch kann Wahrheit begreifen und weitergeben. Und der Mensch kann, ohne daß dabei sein Menschsein aufgegeben oder vergewaltigt werden müßte, genau das und nur das schriftlich festhalten, was Gottes Wahrheit ist. Artikel IX der Chicago-Erklärung formuliert folgerichtig: »Wir verwerfen die Ansicht, daß die Endlichkeit oder die Gefallenheit dieser Schreiber notwendigerweise oder sonstwie Gottes Wort verzerrt oder verfälscht habe.«

b) Die *psychologische Form* der Inspiration ist je nach

Schreiber und je nach Situation verschieden. Es lassen sich drei Formen der Inspiration unterscheiden[155]: (1) die *dualistische* Inspiration der Propheten und Seher, die mit dem anhaltenden Bewußtsein um den Unterschied zwischen ihren eigenen Gedanken einerseits und den Visionen und konkreten Botschaften Gottes andererseits verbunden war; (2) die *didaktische* Inspiration der Geschichtsschreiber, der Weisheitslehrer und der neutestamentlichen Apostel, die sich nicht unbedingt – und bestimmt nicht in jedem Fall – mit dem Bewußtsein, an einem übernatürlichen Vorgang beteiligt zu sein, verband; sie schrieben aufgrund von Beobachtung, Nachforschung und Reflexion; (3) die *poetische* Inspiration der Psalmdichter und Verfasser anderer Perikopen, die in oft intuitiver Weise das Lob Gottes auf seine Schöpfung, Vorsehung, Güte und Barmherzigkeit sangen.

Die Inspiration ereignet sich nicht nur im Blick auf den göttlichen Ursprung, sondern auch hinsichtlich der instrumental-geschichtlichen, menschlichen Mitverfasserschaft in einer großen Vielfalt. Und doch ist die theologische Realität der Inspiration in jedem Fall dieselbe: Gott leitete den Kommunikationsvorgang zwischen sich und dem Schreiber und zwar so, daß am Ende die Bibel sagt, was Gott sagt.

c) Die Schreiber der biblischen Bücher behielten ihre *menschliche Individualität* auch unter dem sie leitenden Wirken des Heiligen Geistes bei. Die Chicago-Erklärung formuliert in Artikel VIII: »Wir bejahen, daß Gott in seinem Werk der Inspiration die einzelnen Persönlichkeiten und literarischen Ausdrucksweisen der Schreiber, die er erwählt und zubereitet hatte, verwandte.« Die menschlichen Schreiber waren keine Maschinen. Sie hatten je ihren eigenen geschichtlichen und soziologischen Hintergrund, ihre eigene Terminologie, ihren eigenen literarischen Stil, ihre eigene Erzähltechnik, ihre individuelle Persönlichkeit.[156]

Die Abfassung der einzelnen Bücher der Bibel kann, je nachdem, durch verschiedene mündliche und literarische Prozesse beschrieben werden. Manche Schreiber sammelten Information durch die Befragung von Zeugen (wie Lukas). Andere benutzten schriftliche Quellen (z.B. der Autor der

Chronikbücher). Diese Informationen wurden bearbeitet und niedergeschrieben. Wieder andere verfaßten spontane Briefe (z.B. Paulus, Petrus). Aber nicht nur die Art der Abfassung, sondern auch der Stil und die Erzähltechnik der einzelnen biblischen Bücher ist verschieden. Der Stil im Buch der Sprüche unterscheidet sich erheblich von dem der Psalmen. Das Hebräisch des Hiobbuches ist schwieriger als das der Königsbücher. Amos redete und schrieb anders als Jesaja. Matthäus schreibt ein anderes Griechisch als Lukas. Stil und Erzähltechnik der Apostelgeschichte zeichnen sich durch Lebendigkeit und Vielfalt aus, was man von der Offenbarung des Johannes nur bedingt sagen kann.

d) Die Entstehung der biblischen Bücher ist also durch die *Konvergenz menschlicher und göttlicher Aktivität* zu erklären.[157] Die Aktivität der einzelnen Schreiber kann mit Hilfe verschiedener literarischer Prozesse beschrieben werden. Der Geist Gottes war in diesen Prozessen so aktiv, daß die Bibel sowohl als Menschenwort als auch als Gotteswort angesehen werden muß. Dabei ist es weder möglich noch notwendig, das Wirken des Geistes im einzelnen zu verstehen.

Diese Konvergenz ist folgendermaßen näher zu beschreiben.[158] (1) Die menschlichen Schreiber waren nicht autonom, sondern lebten und schrieben in Gottes Gegenwart. Sie brachten ihr Bewußtsein um Gottes Gegenwart und Heiligkeit, um seinen Ruf und seine Bewahrung, um Gottes Auftrag, in seinem Namen zu reden und zu schreiben, immer wieder zum Ausdruck. Sie waren sich ihrer Abhängigkeit von Gott und ihrer Verpflichtung, ihn zu lieben und ihm zu dienen, bewußt. (2) Die menschlichen Schreiber wurden durch die Vorhersehung Gottes *(providentia dei)* schon »von Mutterleib an« als Instrumente der Inspiration vor- und zubereitet (vgl. Jes. 49,1.5; Jer. 1,5; Gal. 1,15).[159] In Gottes ewigem Ratschluß war die Entstehung der biblischen Bücher eingeplant – sie war keine in letzter Minute gefundene Notlösung. Gott kennt und lenkt alle geschichtlichen Prozesse und Lebensumstände; auf diesem Hintergrund faßt er in seiner Liebe und Barmherzigkeit den Plan, durch die Predigt und die Schriften der Propheten und Apostel sein Wort mitzuteilen. (3) Die menschlichen

Schreiber wurden während des ganzen Hergangs des Nach-
forschens, Sicherinnerns und Niederschreibens von Gott souverän geleitet. Für den allmächtigen und allwissenden Gott
war es kein Problem, dafür zu sorgen, daß den Schreibern keine faktischen oder gedanklichen Fehler unterliefen, ohne dabei die Persönlichkeit und Bedeutung der Schreiber als Menschen zu verletzen. Auch in diesem Zusammenhang ist der
Gedanke einer mechanistischen Diktatinspiration von der
Hand zu weisen.

Der *genaue Modus* der Inspiration kann folglich mit den
Begriffen Führung, Leitung und Bewahrung durch Gottes
Geist umschrieben, aber im einzelnen nicht näher definiert
werden.

e) Schließlich müssen wir noch auf die häufig konstatierte
Akkommodation oder Anpassung der Offenbarung Gottes an
die menschliche Realität in ihrer Gefallenheit eingehen.[160]
Man behauptet, Gott habe seine »Offenbarungssprache« im
Blick auf Aussagen und Meinungen, die nicht seine ewige
Wahrheit betreffen, an das jeweils herrschende Weltbild und
an die konventionellen Meinungen der ursprünglichen Hörer
und Leser angepaßt. Da die Offenbarungswahrheit durch sündige Menschen, Kinder Adams und Kinder ihrer Zeit, vermittelt wurde, sind die Folgen für den menschlichen Aspekt der
biblischen Schriften dementsprechend: sie enthalten in ihren
historischen und wissenschaftlichen Aussagen faktische Details, die nicht mit der Wirklichkeit übereinstimmen. Dieser
Sachverhalt, so argumentiert man, sei kein Nachteil, sondern
geradezu ein Vorteil, da er die Kommunikation mit dem
Menschen in seiner Zeit und in seinem jeweiligen (heute zum
Teil als falsch erkannten) Überzeugungen ermöglicht.

Folgende Erwägungen zeigen, daß diese Akkommodation
dem Zeugnis der Heiligen Schrift nicht entspricht. (1) Eine
solche »Anpassung« widerspricht eindeutigen Aussagen im
AT und NT über die Wahrhaftigkeit der Schrift. Die absolute
Glaubwürdigkeit und Zuverlässigkeit der Schrift wird nicht
nur für *einige* Themen oder Hauptgedanken oder für die
Kernaussage und Intention beansprucht, sondern für *jedes*
Wort und jede Aussage (vgl. Ps. 12,7; 18,31; 119,96.140; Spr.

8,8; 30,5; Mt. 5,17–18; Lk. 24,25; Joh. 16,35; Apg. 24,14; 2. Tim. 3,16). (2) Die Akkommodationstheorie verneint implizite die Herrschaft Gottes über die menschliche Sprache. Unzählige Stellen im AT und NT, die von Gottes Reden mit dem Menschen handeln, bezeugen, daß die Begrenztheit der menschlichen Sprache nicht verhindern kann, daß Gott effektiv und völlig wahrheitsgemäß mit dem Menschen kommuniziert. Gott ist als der Schöpfer des Menschen auch Herr der Sprache. (3) Eine Anpassung Gottes auch an menschlichen Irrtum impliziert, daß Gott im Gegensatz zu seinem Charakter als »der Gott, der nicht lügt« (vgl. Num. 23,19; Tit. 1,2; Hebr. 6,18) handeln würde. Gottes Offenbarung durch die ganze Heilsgeschichte hindurch und besonders in Jesus Christus ist durchaus als seine gnädige Herablassung (Kondeszenz) zu beschreiben; aber keine Stelle besagt, daß diese Herablassung ihn veranlaßt, im Widerspruch zu seinem moralischen Charakter zu handeln. (4) Diese Art der Akkommodation hätte, da die Schrift unwandelbar und ewig ist (vgl. Ps. 119,89.160; Mt. 5,18; Offb. 22,18–19), zur Folge, daß die Schrift ewig von der Unvollkommenheit göttlichen Redens zeugen würde. Gottes Wahrhaftigkeit und Glaubwürdigkeit würden aufgrund der biblischen Bücher ewig angefochten. (5) Eine solche Anpassung Gottes an die Irrtumshaftigkeit der Menschen würde ein ernsthaftes ethisches Problem für den Christen aufwerfen. Sollte die Akkommodationstheorie stimmen, wäre es dem Christen, der den ethischen Grundzügen des Wesens Gottes entsprechen (vgl. Lev. 11,44; Lk. 6,36; Eph. 5,1; 1. Petr. 5,1) und in seinem Reden wahrhaftig sein soll (vgl. Ex. 20,16; Eph. 4,24), gestattet, ebenfalls absichtlich unwahre Aussagen zu machen, sofern dies die Kommunikation fördert (d.h., Notlügen, die einem guten Zweck dienen, wären erlaubt). (6) Die Akkommodationstheorie impliziert, daß Gott von den ursprünglichen Hörern und Lesern, die natürlich die »zentralen« wahren Aussagen von den »nebensächlichen« und unter Umständen unwahren Aussagen (die für sie als wahr gelten und an die Gott sich »angepaßt« hat) nicht unterscheiden konnten, verlangte, daß sie gemäß der Verpflichtung, *alles*, was Gott sagt, zu glauben, auch objektiv-faktische

Unwahrheit glauben sollten. (7) Die Akkommodationstheorie mißbraucht die nützliche und richtige Zusammenfassung des Ziels der Bibel, daß sie uns »weise macht zur Errettung« (vgl. 2. Tim. 3,15) oder daß sie uns »in Sachen des Glaubens und Lebens« unterrichtet. Solche Sätze sind nur summarische Angaben der vorrangigen Absichten Gottes im Blick auf die Heilige Schrift. Da eine Zusammenfassung nicht dazu benutzt werden darf, etwas zu bestreiten, was sie zusammenfaßt, ist es nicht legitim, solche summarischen Absichtsangaben als Argument dafür anzuführen, daß der Bibel nicht daran gelegen sei, historische, astronomische, geographische und ähnliche Einzelheiten mitzuteilen. Gott erachtet jedes einzelne Wort, das in der Bibel festgehalten ist, für wichtig, ganz gleich, ob der Mensch die Bedeutung der einzelnen Aussagen immer versteht oder nicht. Gott warnt wiederholt in sehr scharfen Worten davor, von seinen Worten auch nur eines wegzunehmen (vgl. Deut. 4,2; 12,32; Offb. 22,18–19).

4.3 Der Ort der Inspiration

a) Die Frage, wo Inspiration stattfand und was inspiriert ist, ist zuallererst mit dem Begriff der *Verbalinspiration* zu beantworten.[161] Es geht dabei nicht, um dies nochmals zu wiederholen, um einen mechanistischen Inspirationsmodus, um die Ausschaltung der Persönlichkeit der Schreiber oder um eine atomistische Hermeneutik. Der Modus der Inspiration bleibt auch hier ein Geheimnis! Der Begriff der Verbalinspiration betont, daß die *Worte* der Heiligen Schrift inspiriert sind, d.h. von Gott kommen und göttliche Autorität haben (vgl. Mt. 4,4).

Folgende Gesichtspunkte stehen bei der Betonung der Verbalinspiration, des u.E. einzig wirklich biblischen und sinnvollen Inspirationsbegriffes im Vordergrund. (1) Die Verbalinspiration stellt konsequent in Rechnung, daß nur Worte (lat. *verba*) die Bedeutung einer Sache oder eines Geschehens anzeigen und garantieren. Ein falsches Wort verzerrt die intendierte Bedeutung. Ohne Worte ist echte Kommunikation unmöglich. (2) Die Verbalinspiration anerkennt die Tatsache, daß Inspiration im biblisch-theologischen Rahmen mit *gra-*

phē, mit Schrift zu tun hat, d.h. mit Worten und Sprache. Gott vertraute sein Wort nicht dem menschlichen Gedächtnis an, sondern sorgte dafür, daß es aufgeschrieben wurde. (3) Die Verbalinspiration ist die konsequente Folgerung aus der Tatsache, daß die Offenbarung Gottes, die nicht nur »Begegnung«, sondern objektiv-begriffliche Wahrheit vermittelt, die Bildung von *graphē* zur Bewahrung und Erhaltung der Offenbarung erfordert. (4) Die Verbalinspiration unterstreicht die Tatsache, daß Gott in unserer Sprache zu uns gesprochen hat. (5) Die Verbalinspiration weiß, daß jedes Reden von Inspiration im Blick auf die Bibel irrelevant ist, wenn sie sich nicht auf Worte der Bibel erstreckt (also nicht verbal ist).[162] (6) Die Verbalinspiration bekräftigt, daß die Worte der Schrift die Worte Gottes sind. Das heißt: Wir können der verbalen Form der Schrift als zuverlässigem und zulänglichem Vehikel der göttlichen Offenbarung vertrauen. Wenn die Worte der Schrift nicht ganz Gottes Worte wären, könnte auch ihre »Lehre« nicht ganz Gottes Lehre sein.

b) Gleichzeitig ist aufgrund des biblischen Selbstzeugnisses und aufgrund theologischer Notwendigkeit zu betonen, daß die Inspiration sich auf *alle Worte* der Schrift erstreckt (vgl. Röm. 15,4; 2. Tim. 3,16).[163] In Artikel VI der Chicago-Erklärung heißt es: »Wir bekennen, daß die Schrift als Ganzes und in allen ihren Teilen, bis hin zu den einzelnen Wörtern der Originalhandschriften, von Gott inspiriert wurde. Wir verwerfen die Ansicht, daß die Inspiration der Schrift mit Recht auf ihr Ganzes, nicht aber auf ihre Teile, oder auf einige Teile, nicht aber auf ihr Ganzes bezogen werden könnte.« Im angelsächsischen Raum wird dieser Sachverhalt mit dem Begriff der *Plenarinspiration* (»plenary inspiration«) beschrieben.

Im einzelnen geht es um folgendes. (1) Die Heilige Schrift ist ein Organismus, der als ganzer und nicht nur in Teilen inspiriert ist. (2) Alle Aussagen der Bibel sind wahr und zuverlässig: sowohl die das Heil betreffenden als auch die nicht direkt (bzw. nicht offensichtlich) das Heil betreffenden Aussagen, sowohl die faktischen als auch die ethischen Aussagen, sowohl die scheinbar nebensächlichen als auch die zentrallehrmäßigen Aussagen. (3) Weder die biblischen Schriften im allgemeinen noch Jesus Christus im besonderen unterscheiden zwischen in der Bibel zu findenden geoffenbarten und nicht-geoffenbarten, zwischen göttlich-wahren und menschlich-irrtumsfähigen Sachverhalten. (4) Es gibt keinen Maßstab, anhand dessen man maßgeblich unterscheiden könnte zwischen zentralen Wahrheiten, die von Gott kommen und deshalb zu glauben sind, und trivialen Nebensächlichkeiten, die menschliche Meinung ausdrücken und kritisch zu beurteilen sind. C.H. Pinnock weist in diesem Zusammenhang mit Recht darauf hin, daß derjenige, der Anstoß an den »levicula«, d.h. an den scheinbar unbedeutenden Details der Schrift nimmt, die Schmach und die Demütigung nicht begriffen hat, die der Sohn Gottes bei seiner Menschwerdung erdulden mußte.[164] (5) Die Betonung der »Ganzinspiration« impliziert nicht, jeder Text der Bibel habe dasselbe Gewicht, und schließt nicht die Bejahung fortschreitender (progressiver bzw. kumulativer) Offenbarung aus. Die Plenarinspiration bekräftigt lediglich, daß jede Perikope und jedes Wort der Schrift vorhanden ist, weil Gott es gewollt hat.

c) Die *Personal- und Realinspiration* – heute als Alternative zur Verbalinspiration propagiert – ist somit ausgeschlossen bzw. relativiert. Der oben ausgeführte biblische und theologische Sachverhalt läßt nur eine Schlußfolgerung zu: Die Inspiration durch Gottes Geist ist nicht ausschließlich in den Schreibern oder in ihren Gedanken, sondern in erster Linie in den Worten der Bibel zu lokalisieren. Inspiriert ist *graphē*, die Schrift, nicht das, was die Schreiber vielleicht gedacht haben (oder was wir denken, daß sie gedacht haben!). Sowohl der Inhalt als auch die Form der Schrift sind von Gott durch Inspiration gegeben.

d) Die Vertreter der klassischen Schriftlehre, von einigen Ausnahmen abgesehen, räumten immer ein, daß die Inspiration samt ihren Konsequenzen (vgl. 4.4) strenggenommen auf die *Originalhandschriften* (Autographen) zu beziehen ist.[165] Diese Unterscheidung zwischen den Urschriften und den Abschriften bzw. den Übersetzungen ergibt sich konsequent und zwingend aus der Tatsache, daß Inspiration und Zuverlässigkeit der Schrift – aufgrund des biblischen Selbstzeugnisses

und des theologischen Rahmens – feststeht, daß es aber keinerlei Hinweise für die Inspiration der Abschreiber (oder der
Übersetzer) gibt. Eine fehlerlose Übermittlung und Bewahrung des Urtextes der Schrift wurde von Orthodoxen wie
Hollaz, Quenstedt und Turretin behauptet, fand aber sonst
keine allgemeine Zustimmung. Schon Augustin wies auf Fehler in den Kopien und auf mangelhafte Übersetzungen hin,
die für scheinbare Irrtümer oder Widersprüche in der Heiligen
Schrift, die an sich irrtumslos ist, verantwortlich sein können.[166] – Artikel X der Chicago-Erklärung betont im Blick auf
diese Frage: »Wir bejahen, daß sich die Inspiration, streng genommen, nur auf den autographischen Text der Schrift bezieht, der nach der Vorsehung Gottes anhand der heute verfügbaren Manuskripte mit großer Genauigkeit ermittelt werden
kann. Wir bejahen weiter, daß Abschriften und Übersetzungen
der Schrift insofern Wort Gottes sind, als sie das Original getreu wiedergeben. Wir verwerfen die Ansicht, daß irgendein
wesentlicher Bestandteil des christlichen Glaubens durch das
Fehlen der Autographen beeinträchtigt würde. Wir verwerfen
weiter die Ansicht, daß dieses Fehlen die Verteidigung der Irrtumslosigkeit der Bibel wertlos oder irrelevant mache.«
     Die Beschränkung der Inspiration auf die Autographen der
Bibel, d.h. auf die ursprünglichen Texte der inspirierten
Schreiber, anerkennt die Existenz zahlreicher Varianten in
den heute verfügbaren Manuskripten der Bibel sowie Ungenauigkeiten in den Übersetzungen. Daraus können wir schließen, daß die Bewahrung der Schreiber vor Fehlern, die für die
Entstehung der biblischen Bücher zu konstatieren ist, sich
nicht fortgesetzt hat und deshalb nicht für den Jahrhunderte
dauernden (und heute noch nicht abgeschlossenen!) Prozeß
des Kopierens und Übersetzens behauptet werden kann.
     In der Heiligen Schrift selbst wird dieses Thema nicht aus-
drücklich behandelt. Wir finden jedoch verschiedene Hinweise, die die Unterscheidung zwischen Urtext und Kopie rechtfertigen und den Status der Kopien (und Übersetzungen) klä-
ren. (1) Im AT ist meist die Autorität des ursprünglich ergan-
genen Wortes Gottes im Blickfeld (vgl. 2. Sam. 23,2; Rich. 3,4;
Jes. 8,1; 30,8; 34,16; Jer. 25,13; 30,2; Dan. 9,2; vgl. Jos. 24,26;

Joel 2,32), d.h., das »Original« hat entscheidende Bedeutung. (2) Die Bedeutung und die normative Autorität der autographischen Texte werden Deut. 17,18 (Abschrift des Gesetzes für den König), Jer. 36,1–32 (prophetische Schrift Jeremias) und eventuell 2. Kön. 22 (unter Josia gefundenes Buch des Gesetzes) deutlich herausgestellt. (3) Im NT finden wir die grundsätzliche Annahme, daß die vorhandenen (Ab-)Schriften der biblischen Bücher richtige und bindende Lehre enthalten, weil sie auf den autographischen Wortlaut zurückgehen (vgl. Mt. 1,22; 4,4; 19,4–5; 22,29–32; Mk. 12,36; 13,14; Lk. 16,29; 19,31; Joh. 5,45–47; 10,34–36; Apg. 28,25; Hebr. 10,15). (4) Die Verheißung Jesu in Joh. 14,25–26 und das Pauluswort in 1. Kor. 14,37 unterstreichen die Bedeutung der Originalschriften des NT. (5) Die ausdrücklich anerkannte und die vorausgesetzte Normativität der Autographen kommt sehr deutlich auch in den Stellen zum Ausdruck, die vor einer Änderung des Wort-Gottes-Textes warnen (vgl. Deut. 4,2; 12,32; Spr. 30,6; Jes. 8,20; Offb. 22,18–19). (6) Was die nicht-autographischen Kopien betrifft, so werden diese sowohl im AT wie im NT als hinreichend erachtet, den Zweck zu erfüllen, zu dem Gott die Schriften ursprünglich gegeben hat (vgl. 1. Kön. 2,3; Esr. 7,14; Neh. 8,8; Lk. 4,16–21; Joh. 5,39; Apg. 17,2.11). Das heißt: Das »Objekt« der Inspiration im strengen Sinn ist die *Botschaft*, die durch die Worte der Autographen vermittelt wird, nicht die physische Pergamentrolle, die das ursprüngliche Manuskript enthielt; weil diese Botschaft in den Kopien und Übersetzungen, die den biblischen Schreibern zur Verfügung standen, zuverlässig enthalten ist, konnten diese in autoritativer Weise gebraucht werden.[167]

Der innerbiblische Sachverhalt läßt sich folgendermaßen zusammenfassen. Die bestehenden Abschriften und die Übersetzung der Schrift (die Septuaginta) werden offensichtlich als brauchbar und normativ angesehen. Gleichzeitig ist die Anwendung der von den Kopien abgeleiteten Autorität der Schrift mit der impliziten Voraussetzung und oft mit der expliziten Qualifikation verbunden, daß diese bestehenden Kopien in dem Maß autoritativ sind, wie sie den ursprünglichen, autographischen Text reproduzieren.

Die Beschränkung der Inspiration auf die Autographen ist nicht apologetisch motiviert.[168] Niemand glaubt ernsthaft, daß sich sämtliche Schwierigkeiten, die sich aus dem Text der Bibel ergeben, lösen ließen, wenn die Originalschriften zur Verfügung ständen.[169] Der Bezug der Inspiration auf die Autographen ist theologisch begründet. Gott hat nicht verheißen, sein Wort in vollkommener Weise zu überliefern. Weil das inspirierte Wort Gottes in der Schrift etwas Einzigartiges ist und folglich vor Verdrehung und Entstellung bewahrt werden muß, können Fehler in der Überlieferung (wie Varianten) nicht einfach ignoriert werden.

Kritiker haben wiederholt die Beziehung der Inspiration und Unfehlbarkeit der Schrift auf den Urtext als irrelevant und sinnlos bezeichnet, da dieser nicht mehr existiere. Die Annahme eines inspirierten, unfehlbaren Textes, der in unvollkommener Weise überliefert wurde, ist aus folgenden Gründen *nicht* absurd. (1) Es ist ein großer Unterschied, ob ein Dokument von Anfang an mit Fehlern behaftet ist oder ob es im Urtext fehlerfrei war und sich erst beim Abschreiben Fehler eingeschlichen haben. Im ersten Fall kommt man über die Fehler nicht hinaus. Außerdem wäre es unmöglich, den Umfang der Fehlerhaftigkeit festzustellen. Im zweiten Fall ist es prinzipiell möglich, mit Hilfe der Textkritik die Fehler des Abschreibers zu eliminieren.[170] (2) Auch wir verlassen uns heute oft auf die maßgebliche Autorität perfekter »Modelle«, ohne diese je gesehen zu haben (im Blick auf Gewichte, Maße, Zeitmessung). (3) Die Beschränkung der Inspiration und Irrtumslosigkeit auf die Autographen ist die unabdingbare Voraussetzung für ein konsequentes Bekenntnis zur Wahrhaftigkeit Gottes. Da Gott die Verantwortung für die Worte der biblischen Schriften übernommen hat, müßten Fehler im Original Gott selbst angelastet werden; Irrtümer in den Kopien sind jedoch die alleinige Verantwortung der Kopisten. (4) Die Beschränkung der Inspiration auf nicht verfügbare Originalschriften ist schließlich deshalb keine grundlose Spekulation, weil sich Inspiration und Unfehlbarkeit nicht von einer empirischen Untersuchung der Texte ableiten, sondern vom Wesen Gottes und dem Wesen der biblischen Bücher als Gottes Wort.

Der tatsächliche Unterschied zwischen den heute verfügbaren *Kopien*, den hebräischen und griechischen Manuskripten des AT und NT, und dem Urtext ist kaum von *praktischer* Bedeutung. Einmal ist nachdrücklich festzuhalten, daß die Textvarianten selten solche Stellen betreffen, die nach Meinung der Kritiker Irrtümer und Fehler enthalten.[171] Das heißt: Was den Großteil des biblischen Wortlautes angeht, wissen wir in der Tat, was in den Autographen stand. Im Blick auf praktisch jede Aussage der Schrift wissen wir, wie der Urtext lautete.

Die große Zahl und die Qualität der Handschriften – für das NT haben wir über 5300 griechische Handschriften, zu denen das umfangreiche Handschriftenmaterial der alten Übersetzungen sowie Zitate bei den Kirchenvätern hinzukommen – verbürgt im Verein mit den hochentwickelten Kriterien der Textkritik den Wortlaut des ursprünglichen Textes.[172] Im Blick auf das NT, für das wir wesentlich mehr Handschriften (und damit auch mehr Varianten) besitzen als für das AT, bemerkt Aland: »Lediglich in ganz seltenen Fällen wird es angesichts der Tenazität (Hartnäckigkeit) der neutestamentlichen Überlieferung bei textlich irgendwie relevanten Stellen zu einem *non liquet* (Feststellung, daß ein Sachverhalt unklar ist) zwischen zwei oder mehreren konkurrierenden Lesarten kommen können.«[173] Dies zeigt sich in beeindruckender Weise in dem Zusammenwachsen der beiden ursprünglich getrennt angelegten Ausgaben des Nestle-Aland und des »Greek New Testament« zu einer Einheit, dem sog. »Standard-Text«, der aufgrund seiner exklusiven Verbreitung durch die internationalen Bibelgesellschaften und die entsprechenden Organe der katholischen Kirche eine universale, maßgebende Stellung erlangen wird.[174]

Der textkritische Sachverhalt, der praktisch gesehen den Urtext garantiert, gibt uns Grund zu der Zuversicht, daß Gott sein für alle Menschen maßgebliches Wort nicht durch Abschreiber korrumpieren läßt. Der uns verfügbare Text der Heiligen Schrift stimmt in hohem Maße mit dem Urtext überein, und wir können darauf vertrauen, daß er uns das Wort Gottes zuverlässig vermittelt. Gottes Treue gegenüber seinen Absichten ist die Garantie dafür.[175] Die Einschränkung

»in den Originalhandschriften« anerkennt lediglich die Tatsache, daß sowohl geschickte wie ungeschickte, aber in jedem Fall nicht unfehlbare Kopisten die Handschriften der Bibel geschrieben haben.

Auch die *Übersetzungen* der Heiligen Schrift sind nicht vollkommen. Aus linguistisch-semantischen Gründen ist dies prinzipiell nicht möglich: es findet sich in der deutschen (oder englischen, spanischen, chinesischen) Sprache nicht für jedes hebräische oder griechische Wort ein exaktes Äquivalent. Jede Übersetzung ist nur eine Annäherung an den vorgegebenen Wortlaut des zu übersetzenden Textes. Übersetzungen der Bibel sind somit ein weiterer Schritt weg von den Autographen. Wir besitzen heute jedoch eine Reihe von ganz ausgezeichneten Übersetzungen, in denen das wahre Wort Gottes erreichbar ist.

4.4 Das Ergebnis der Inspiration

a) Das an erster Stelle zu nennende Ergebnis der Inspiration ist die *Autorität* der Heiligen Schrift. Die Chicago-Erklärung formuliert in Artikel I folgendermaßen: »Wir bejahen, daß die Heilige Schrift als autoritatives Wort Gottes anzunehmen ist. Wir verwerfen die Ansicht, daß die Schrift ihre Autorität von der Kirche, der Tradition oder irgendeiner anderen menschlichen Quelle empfängt.«

Der geschichtliche Überblick über die Entwicklung der Schriftlehre hat gezeigt, wie sehr die Autorität der Schrift von der Frage der Inspiration abhängt. Wesen und Ort der Inspiration bestimmen die Autorität, die für die Bibel beansprucht werden kann. Es ist heute zunehmend üblich, die Autorität der Schrift mit ihrer Wirkungsgeschichte zu verbinden. Das heißt: Die Autorität der Schrift gründet sich nicht auf die in ihr enthaltene objektivierbare, von Gott geoffenbarte Wahrheit, sondern auf die Art und Weise, in der die Schrift die in ihr bezeugten Geschehnisse in der heutigen Welt und im Leben des einzelnen zum Tragen bringt.[176] Damit gibt man die objektive Autorität der Schrift preis und gerät unentrinnbar in menschliche Subjektivität.

167

Der göttliche Ursprung der Schrift und ihre Inspiration machen deutlich, daß es neben der Autorität der Schrift keine andere gibt.[177] Gegen die in der römisch-katholischen Kirche behauptete Ranggleichheit von Schrift, Tradition und Kirche (bzw. kirchliches Lehramt) gilt es das reformatorische *sola scriptura* festzuhalten.[178] Kirchliche und konfessionelle Traditionen (die wir alle besitzen) und theologische Spekulationen (denen wir alle zuneigen) dürfen nicht mit dem Wort, das Gott redet, identifiziert werden, sondern sind als Menschenwort zu betrachten, das vom Wort Gottes informiert, kontrolliert und reformiert werden muß.

Ein Schlüsselbegriff in dem oben zitierten Artikel ist das Wort »anzunehmen«. Es bringt deutlich zum Ausdruck, daß die Schrift weder bloßes Produkt von Traditionen ist (wobei der Traditionsprozeß als solcher grundlegend maßgeblich wäre) noch von der Kirche als autoritativ deklariert wurde (wobei die Kirche dann eine primäre Autorität hätte). Die Kirche hat lediglich anerkannt: Die Schrift sagt, was Gott sagt; deshalb besitzt sie alleinige Autorität. Das Wort »annehmen« drückt die Bereitschaft der Kirche Jesu Christi aus, sich der Schrift zu unterstellen, die für sie bereits als Wort Gottes galt.[179]

Die Unterscheidung der Orthodoxie zwischen kausativer und normativer Autorität macht deutlich: Die Schrift selbst verursacht im Menschen Zustimmung zu ihr (durch innere und äußere Kriterien und vor allem durch das innere Zeugnis des Heiligen Geistes), und die Schrift ist (einzige) Lehrnorm und Richter in Meinungsverschiedenheiten.

b) Der göttliche Ursprung der Schrift hat eine zweite Eigenschaft zur Folge: ihre *Vollkommenheit* bzw. *Suffizienz.* Diese bezieht sich in erster Linie auf das Ziel, das Gott mit der Bibel verfolgt: Sie enthält vollkommen und hinreichend, was zum Heil zu wissen nötig ist. Die Schrift enthält nicht alle jemals geschehene Offenbarung Gottes (vgl. Joh. 21,25!). Sie enthält auch kein völlig in sich geschlossenes, abgerundetes theologisches System. Nicht alle historischen Geschehnisse werden wiedergegeben oder entsprechend ihrer Bedeutung erleuchtet (vgl. z.B. die im AT nur knapp skizzierte Rolle des bedeutenden Königs Omri). Nicht alle theologischen Wahrheiten werden erschöpfend ausgeführt und abgehandelt (z.B. die Trinitätslehre, das Verhältnis von Prädestination und freiem Willen). Aber sie enthält alles, was der Mensch wissen muß, um gerettet zu werden, um gottgefällig in der Gemeinschaft der Gotteskinder und in der Welt leben zu können (vgl. 2. Tim. 3,15–17).

Wenn die Schrift diese Eigenschaft der Suffizienz nicht hätte, könnte sie nicht die einzige Autorität sein: das *sola scriptura* wäre hinfällig. Die Schrift müßte dann durch ein kollektives *ego* (die Tradition) oder durch ein individuelles *ego* (die Vernunft des einzelnen oder das maßgebliche Lehramt) erweitert und ergänzt werden.

Die Vollkommenheit der Schrift erstreckt sich jedoch nicht nur auf die Absicht Gottes mit seinem Wort, sondern auf die *ganze* Schrift – eben weil sie *Gottes*-Wort ist. Gottes Gebot und Gottes Heil hängen unlösbar mit historischen Ereignissen zusammen. Dies wird beispielsweise in den Eingangsworten des Dekalogs deutlich: »Ich bin der Herr, dein Gott, der ich dich herausgeführt habe aus dem Hause der Knechtschaft. Du sollst . . .« (Ex. 20,1–2). Wahrheit, Unfehlbarkeit, Irrtumslosigkeit und Einheit des Wortes Gottes sind aus Gottes Vollkommenheit *(perfectio)* abzuleiten.

c) Eine weitere Eigenschaft der Heiligen Schrift ist ihre *Unfehlbarkeit* und *Irrtumslosigkeit*. Da diese Begriffe und der Sachverhalt, den sie ausdrücken wollen, heftig umstritten sind, müssen wir an dieser Stelle etwas ausführlicher werden.[180] Früher genügte der Begriff der Inspiration, um die Richtigkeit, Zuverlässigkeit und Irrtumslosigkeit der Schrift zum Ausdruck zu bringen. In den Aufsätzen von B.B. Warfield läßt sich dies, zumindest teilweise, noch für das 19. Jh. sagen. Die in der heutigen akademischen Theologie geläufigen »positiven« Definitionen von Inspiration sind so unterschiedlich und rücken so sehr von der Verbindung mit dem Wahrheitsgehalt der Bibel ab, daß der Begriff in diesem Zusammenhang nicht mehr sehr hilfreich ist.

Einige Evangelikale, die durchaus an der Autorität der Schrift festhalten, indes Ungenauigkeiten und Fehler in ihr zu entdecken meinen und es deshalb ablehnen, von Irrtumslosigkeit zu reden, definieren den Wahrheitsgehalt der Schrift im Sinne der *zentralen Intention* der biblischen Autoren und des *(Heils-)Willen Gottes*. Die Formulierung der Lausanner Verpflichtung von 1974, die im Blick auf das geschriebene Wort Gottes bekräftigt, daß dieses »ohne Irrtum ist in allem, was es verkündigt«[181], wird akzeptiert, »Irrtum« aber in einem ganz bestimmten Sinn verstanden: Irrtum ist gleichbedeutend mit Lüge, bewußter Täuschung, mit allem, was uns von Gottes Willen und von Gottes Wahrheit wegführt. Die Bibel ist hinreichend wahr im Blick auf Gottes Absicht mit der Bibel, nämlich Menschen zum Heil zu führen, und im Blick auf die zentrale Aussageintention der Autoren.[182]

Dieser Ansatz ist vor allem deshalb abzulehnen, weil die vorausgesetzte Definition von Fehler und Irrtum – (nur) das sei ein Irrtum oder Fehler, was (bewußt) täusche, in die Irre führe und mit den (Heils-)Absichten Gottes nicht direkt verknüpft sei – der Mehrdimensionalität der biblischen Begriffe für Fehler bzw. Irrtum nicht gerecht wird.[183] Die entsprechenden griechischen und hebräischen Begriffe lassen sich in drei Gruppen einteilen. (1) Fehler, die unbewußt gemacht werden. Im AT steht für unbeabsichtigt begangene Sünden oder Fehler die Wurzel *schagag* bzw. *schagah*, »sich versehen, irren« (vgl. Lev. 4,2.22.27; 5,15; Num. 15,27.28.29; Jos. 20,3.9; Hi. 19,4). Nun könnte man meinen, und die oben genannte Haltung setzt dies voraus, daß solche Irrtümer nicht beanstandet oder geahndet würden. Dem ist aber nicht so: ein nicht vorsätzliches, ungewolltes Versehen bedeutet im AT *nicht* Schuldlosigkeit, sondern stellt ebenfalls »eine objektive Störung der göttlichen Weltordnung« dar.[184] Die Tatsache, daß der Mensch sich unwissentlich, aber nichtsdestoweniger in vollverantwortlicher Weise irren kann, zeigt seine totale Abhängigkeit von Gottes Enthüllung (Ps. 19,13; 119,66–67), Leitung (Ps. 119,10) und Gericht oder Vergebung (Ps. 119,21.118). Im NT steht in Hebr. 9,7 der Ausdruck *agnoēmata* für solche Vergehen »aus Unwissenheit«, für die der Hohepriester am Versöhnungstag ebenfalls Opfer darbringt.[185] (2) Fehler, die vielleicht absichtlich, vielleicht aber auch unbeabsichtigt begangen werden. An den meisten Stellen, die von Vergehen und Fehlern reden, kann man nicht eindeutig entscheiden, ob es sich um bewußte Täuschung oder um bloße Fahrlässigkeit handelt. (3) Fehler, die bewußt und absichtlich gemacht werden. Im AT bezeichnet *ta ͑ah* (hiph.) die bewußte Irreführung oder Verführung (vgl. 2. Kön. 21,9; 2. Chr. 33,9; Jes. 30,28; 50,6; Jer. 23,13.32; Hos. 4,12; Am. 2,4). Im NT steht das Verb *planaō* mit seinen Derivaten für (absichtliche) Irreführung.

Es zeigt sich, daß es anhand des biblischen Befundes unmöglich ist, den Begriff des Irrtums bzw. Fehlers ausschließlich auf bewußte Irreführung einzuengen. Wie der biblische Wahrheitsbegriff nicht auf Zuverlässigkeit eingeschränkt werden darf, sondern auch Richtigkeit im Sinn von Übereinstimmung mit den Fakten der Realität meint, so ist es ebenfalls unzulässig, den biblischen Irrtumsbegriff einseitig als bewußte Irreführung zu definieren und die klar bezeugte Bedeutung von unwissentlichem Versehen, für das volle Verantwortung besteht, außer acht zu lassen. Das heißt: Die Wahrhaftigkeit der Schrift kann niemals *nur* für die bewußte, zentrale Absicht der Schreiber beansprucht werden. Auch eventuell »beiläufige« Aussagen der Bibel – über geschichtliche Ereignisse oder geographisch-naturwissenschaftliche Sachverhalte –, die vielleicht nicht unmittelbar mit der zentralen Intention zusammenhängen, müssen wahr im Sinne von richtig sein, soll an der Vollkommenheit der Schrift festgehalten werden.

Der klassische Begriff für den durchgehenden Wahrheitsgehalt der Schrift ist *Unfehlbarkeit*. Das Adjektiv »unfehlbar« bedeutet: »ursprünglich, niemals irrend, unanfechtbar, sicher.«[186] Die Chicago-Erklärung bekräftigt in Artikel XI: »Wir bejahen, daß die Schrift, durch göttliche Inspiration gegeben, unfehlbar ist; sie leitet uns also nicht in die Irre, sondern ist im Blick auf alle Bereiche, zu denen sie spricht, wahr und zuverlässig.«

Die Unfehlbarkeit der Schrift ist die Unfehlbarkeit des redenden Gottes. Sie ist die notwendige Implikation der göttlichen Offenbarung und Inspiration. Die Unfehlbarkeit der Schrift ist die einzige erkenntnistheoretische Verbindung zwischen dem sündigen Menschen und dem unergründlichen Gott: wenn die Schrift nicht unfehlbar ist, kann der Mensch nichts Sicheres von Gott erkennen. Die Unfehlbarkeit der Schrift ist die einzige Grundlage für die prinzipielle und alleinige Autorität der Schrift: Ohne sie richtet der Mensch andere, maßgebende Autoritäten auf. Im Begriff der Unfehlbarkeit kommt die Überzeugung zum Ausdruck, daß die Schrift auf den Gott, der nicht lügen kann, zurückgeht. Das Festhalten an der Unfehlbarkeit ist somit Bekenntnis zur Treue und Zuverlässigkeit Gottes.

Der Glaube an die Unfehlbarkeit der Schrift garantiert weder die Unfehlbarkeit einer bestimmten Interpretation noch die Unfehlbarkeit des Exegeten. Keine Auslegung der Schrift, kein kirchliches Bekenntnis (das immer eine interpretierende Zusammenfassung der Bibel sein will), keine Tradition kann für sich in Anspruch nehmen, unfehlbar zu sein. Deshalb ist die Kirche Jesu Christi auch eine sich kontinuierlich reformierende Kirche.

Der Glaube an die Unfehlbarkeit der Schrift bedeutet auch kein Vor-Urteil über die Frage, was die Schrift jeweils sagen will. Diese Entscheidung kann nur aufgrund einer gewöhnlichen grammatisch-historischen Exegese getroffen werden, bei der manchmal zwischen Form und Inhalt der gemachten Aussagen zu unterscheiden ist. Die Form der poetischen Sprache (wenn z.B. die Erde als auf Säulen gegründet vorgestellt wird, 1. Sam. 2,8) sagt nicht immer unmittelbar etwas aus über den intendierten Inhalt der Aussage (hier z.B. über das dahinterliegende Weltbild). Stellen, an denen diese Unterscheidung zwischen Form und Inhalt im Blick auf den Wahrheitsgehalt zu treffen ist, sind im Normalfall deutlich erkennbar. Wenn wir heute von Sonnenaufgang sprechen, verbinden wir damit kein objektiv falsches, geozentrisches Weltbild; und wenn jemand sagt, er habe den Kopf verloren, wird er auch nicht gleich zum Friedhof gebracht.

Nun wurde in den letzten Jahren von einigen Evangelikalen der Versuch unternommen, Unfehlbarkeit nur für jene Teile der Schrift vorauszusetzen, die von Heil und Glauben reden.[187] Diese Einschränkung ist jedoch, wie wir bereits ausgeführt haben, nicht berechtigt, da in der Schrift Heilsaussagen mit historischen, geographischen und naturwissenschaftlichen Aussagen unlösbar verbunden sind.[188] Eine solche Beschränkung ist charakteristisch für die Irrlehren des Gnostizismus und des Existentialismus, wo wir dieselbe Unterscheidung zwischen Fakten und Glaube, zwischen »Welt und Religion« finden. Diese Art der »eingeschränkten Unfehlbarkeit« ist außerdem in problematischer Weise »sicher«: Aussagen über Glauben und Ethos können kaum als falsch erwiesen werden.

Die Vollkommenheit der Schrift läßt sich auch mit dem Begriff *Irrtumslosigkeit* umschreiben. Die Irrtumslosigkeit der Schrift muß ebenfalls als unmittelbare Folge ihrer Inspiration durch den Geist Gottes betrachtet werden: eine notwendige Folgerung aus der Tatsache, daß die Schrift das Wort *Gottes* ist.[189] Die Begriffe Unfehlbarkeit und Irrtumslosigkeit können synonym gebraucht werden, je nachdem wie man sie definiert.

In Artikel XIII der Chicago-Erklärung heißt es: »Wir bejahen, daß es angemessen ist, die Irrtumslosigkeit als theologischen Terminus in bezug auf die völlige Wahrhaftigkeit der Schrift zu gebrauchen.« In den Artikeln IX und XII wird die Irrtumslosigkeit der Schrift näher definiert: »Wir bejahen, daß die Inspiration, auch wenn sie nicht Allwissenheit verlieh, im Blick auf alles, was die biblischen Autoren auf Veranlassung Gottes sprachen und schrieben, wahre und zuverlässige Aussagen garantierte . . . Wir bejahen, daß die Schrift als Ganzes irrtumslos und ohne jede Unwahrheit, Fälschung oder Täuschung ist. Wir verwerfen die Ansicht, daß die Unfehlbarkeit und Irrtumslosigkeit der Bibel auf geistliche, religiöse oder die Erlösung betreffende Themen beschränkt seien, sich aber nicht auf historische und naturwissenschaftliche Aussagen bezögen. Wir verwerfen ferner die Ansicht, daß Hypothesen der Wissenschaft im Blick auf die Erdgeschichte mit Recht verwandt werden könnten, um die biblische Lehre über Schöpfung und Flut umzustoßen.« In der »Kurzen Erklärung« heißt es: »Die Schrift, ganz und wörtlich von Gott gegeben, ist in allem, was sie lehrt, ohne Irrtum oder Fehler, und zwar genauso im Blick auf ihre Aussagen über Gottes Handeln in der Schöpfung, über die Ereignisse der Weltgeschichte und über ihre literarischen Ursprünge unter Gott, wie in ihrem Zeugnis von Gottes Heilshandeln in dem Leben von einzelnen.«

Aus sieben Gründen ist die Irrtumslosigkeit der Schrift unaufgebbar. (1) Gottes Charakter verlangt die Irrtumslosigkeit der Schrift. Wenn Gott ein Gott der Heiligkeit und Vollkommenheit, ein Gott der absoluten Wahrhaftigkeit und Allwissenheit ist, ein Gott der nicht lügt, dann muß auch sein Wort vollkommen wahrhaftig sein (vgl. Ps. 119,160; Spr. 30,5; Joh. 17,17). Und wenn die Bibel in der Tat Gottes Wort ist, muß sie ebenfalls vollkommen wahrhaftig, d.h. unfehlbar und fehlerfrei sein. (2) Die Natur des Menschen verlangt die Irrtumslosigkeit der Schrift. Wenn das Herz des Menschen »arglistig« und verderbt (Jer. 17,9) und jeder Mensch ein Lügner ist (Röm. 3,4), bleibt der Mensch auf absolut zuverlässige göttliche Offenbarung angewiesen. Und gerade weil Irren menschlich ist, hat Gott die Schrift durch Inspiration gegeben, so daß sie *nicht* irrt.[190] (3) Das Selbstzeugnis der Bibel verlangt die Irrtumslosigkeit der Schrift.[191] Dies wird vor allem in den Stellen deutlich, die die Schrift mit dem Wort Gottes identifizieren (vgl. oben S. 125f.). (4) Das Zeugnis Jesu verlangt die Irrtumslosigkeit der Schrift. Viele Stellen zeigen, daß Jesus die völlige Zuverlässigkeit und unfehlbare Autorität der (alttestamentlichen) Schrift voraussetzte und bekräftigte (vgl. oben S. 122–125). (5) Logische Überlegungen verlangen die Irrtumslosigkeit der Schrift. Wenn es *einen* Fehler in der Bibel gibt, kann man nicht sicher sein, ob es nicht auch weitere Fehler gibt.[192] Diese ließen sich, wenn man ehrlich ist, nicht apriorisch auf historische und geographische Aussagen beschränken, sondern müßten auch für den theologischen und ethischen Bereich, zumindest theoretisch, eingeräumt werden.[193] (6) Die Frage der Autorität verlangt die Irrtumslosigkeit der Schrift. Das reformatorische *sola scriptura* ist nur auf der Grundlage der biblischen Irrtumslosigkeit festzuhalten. Wenn diese aufgegeben oder eingeschränkt wird, ist letztlich der Mensch mit seiner gefallenen *ratio* der Maßstab für das, was er glaubt. (7) Das Zeugnis der Kirchen- und Theologiegeschichte bestätigt die Irrtumslosigkeit der Schrift. Es ist reformatorische Überzeugung, daß die Kirche sich irren kann und sich auch oft geirrt hat. Deshalb ist dieses Argument nicht das entscheidende. Aber es ist doch eine eindrucksvolle Bestätigung der hier vertretenen Auffassung, wenn wir uns in Erinnerung rufen, daß bis in die Neuzeit hinein die Überzeugung von der Irrtumslosigkeit der Schrift selbstverständliche Voraussetzung der Theologie war.

Über der Betonung der Irrtumslosigkeit dürfen wir nicht vergessen, daß diese nicht dazu geeignet ist, die Lösung einzelner Problemstellen von vornherein zu gewährleisten.[194] Die Lehre von der biblischen Irrtumslosigkeit liefert lediglich Parameter oder Richtlinien für den Umgang mit einzelnen Stellen. Aber sie garantiert keine allgemein akzeptierte Auflösung der Schwierigkeit und der entsprechenden Interpretation der Stelle. Weiter ist festzuhalten, daß die Irrtumslosigkeit der Schrift bekräftigt und betont werden muß, aber nicht unbedingt in jeder Hinsicht demonstriert werden kann. Unsere Definition von Irrtumslosigkeit anerkennt ausdrücklich die Fehlbarkeit und die Begrenztheit menschlichen Wissens. Wir haben nicht immer die benötigte (historische, soziologische, archäologische) Information zur Hand, um die Richtigkeit einer bestimmten Stelle oder Aussage zweifelsfrei zu erweisen. Andererseits steht auch jene (angeblich gesicherte) Information, welche die Richtigkeit einer biblischen Aussage zu unterhöhlen scheint, im Zeichen dieser Begrenztheit und Fehlbarkeit. Damit soll nicht gesagt werden, daß die Lehre von der Irrtumslosigkeit der Schrift nicht falsifizierbar ist; dies ist durchaus möglich.[195] Es soll lediglich die Vorläufigkeit und bloße Wahrscheinlichkeit historischer, von Menschen aufgestellter Urteile auch in diesem Zusammenhang betont werden. Mit der Irrtumslosigkeit der Schrift behaupten wir nur, daß die Schrift, wenn alle Fakten bekannt sind, der objektiven Wahrheit nicht zuwiderläuft.

Die Irrtumslosigkeit der Heiligen Schrift ist auf dem Hintergrund von drei Einschränkungen zu sehen. Erstens: Die Irrtumslosigkeit bezieht sich durchweg auf die Originalschriften. Damit soll nicht irgendwelchen Textproblemen aus dem Weg gegangen werden, sondern nur ein offensichtlicher Sachverhalt zum Ausdruck gebracht werden (vgl. oben S. 162–166).

Zweitens: Die Irrtumslosigkeit der Schrift hängt eng mit der hermeneutischen Frage zusammen. Einmal müssen wir die – eigentlich selbstverständliche – Unterscheidung zwischen dem Text der Bibel und dessen Interpretation treffen. Der Text der Bibel ist wahr, während keine menschliche Interpretation *eo ipso* wahr ist. Weiter ist festzuhalten, daß die Irrtumslosigkeit einen adäquaten hermeneutischen Ansatz voraussetzt. Wer die Aussage einer Stelle aufgrund einer falschen Interpretation falsch wiedergibt, kann u.U. für eine falsch verstandene Aussage Irrtumslosigkeit – oder Fehlerhaftigkeit – behaupten, wobei beides nicht gerechtfertigt wäre.

Drittens: Die Irrtumslosigkeit der Schrift ist auf den intendierten Skopus des Textes zu beziehen. Hier geht es um die Unterscheidung zwischen historischer bzw. deskriptiver und normativer Autorität. Erstere beinhaltet, daß alles, was nach der Schrift gesagt oder getan wurde, auch tatsächlich so geschehen ist. Es geht also um die Wahrheit des Zitats *(veritas citationis)*. In diese Kategorie gehören alle Aussagen der Schrift, einschließlich der Worte Satans und seiner »Sprecher« und der Berichte vom Menschen in seiner Sünde.[196] Die normative Autorität beinhaltet darüber hinaus, daß das Gesagte oder Getane auch gesagt oder getan werden sollte (oder auch nicht). Hier geht es um die Wahrheit der zitierten Sache *(veritas rei citatae)*. Es geht darum, ob der Stempel der Billigung (oder des Befehls) Gottes auf dem ruht, was gesagt oder getan wurde. Sicherlich ist die Entscheidung, in welche Kategorie eine konkrete Aussage des biblischen Textes gehört, nicht immer einfach. Gleichzeitig ist zu betonen, daß der intendierte Skopus auf dem Hintergrund des kulturellen Milieus des Schreibers und der Hörer bzw. Leser zu verstehen ist, das den Grad der Präzision der Aussagen bestimmt. So bezeichnet z.B. das hebräische Wort für »Sohn« *(ben)* nicht immer den direkten leiblichen Sohn eines Vaters, sondern auch Enkel und weitere Nachkommen (Jesus ist der »Sohn« Davids). Wenn also Mose als Sohn Amrams geschildert wird (Ex. 6,18), so ist der Grad an Präzision dieser Aussage auf diesem Hintergrund zu verstehen und entsprechend zu interpretieren. Ähnliches gilt für die alttestamentlichen Zitate im NT, für die synoptischen Parallelen und für viele andere Stellen.

Die Irrtumslosigkeit wird immer wieder mißverstanden. Die gängigsten Mißverständnisse sollen hier im Sinne einer weiteren Klärung des Begriffes »Irrtumslosigkeit« ausgeräumt werden. Artikel XIII der wiederholt zitierten Chicago-Erklärung stellt fest: »Wir verwerfen die Ansicht, daß es angemessen sei, die Schrift nach Maßstäben von Wahrheit und Irrtum zu bewerten, die ihrem Gebrauch und ihrem Zweck fremd sind. Wir verwerfen ferner die Ansicht, daß die Irrtumslosigkeit von biblischen Phänomenen wie dem Fehlen modern-technischer Präzision, Unregelmäßigkeiten in der Grammatik oder der Orthographie, beobachtungsgemäßer Beschreibungen der Natur, Wiedergabe von Unwahrheiten, Verwendung von Übertreibungen und runden Zahlen, thematischer Anordnung des Stoffes, unterschiedlicher Auswahl des Materials in Parallelberichten oder der Verwendung von freien Zitaten annulliert würde.«

Es geht um Folgendes: (1) Irrtumslosigkeit verlangt keine moderne technische Präzision. Abgerundete Zahlen, summarische historische Angaben etc. machen die Irrtumslosigkeit nicht hinfällig. (2) Irrtumslosigkeit verlangt keine strenge, durchgängige Anwendung grammatikalischer Regeln. Das heißt: Grammatikalische Unzulänglichkeiten wie Auslassungen eines oder mehrerer Wörter oder der Abbruch einer Rede mitten im Satz widerlegen die Irrtumslosigkeit nicht. Für orthographische Unregelmäßigkeiten gilt dasselbe. Wenn ein Angeklagter vor Gericht sagt: »Ich nix getötet haben türkische Mann«, wird die Wahrheit oder Unwahrheit der Aussage nicht auf der Grundlage der mangelhaften Grammatik festgestellt. (3) Aussagen über das Universum und über die Natur vom Standpunkt des menschlichen Beobachters aus (daß z.B. die Sonne am Himmel entlangzieht, Ps. 19,5–7) macht die Irrtumslosigkeit der Schrift ebenfalls nicht hinfällig. Solche Stellen dürfen nicht mit modernen wissenschaftlichen Kriterien beurteilt werden, weil sie keine objektiven astronomischen Aussagen machen oder ein bestimmtes Weltbild vorstellen wollen, sondern weil sie – völlig legitim und in adäquater

Weise – lediglich den Augenschein des Menschen beschreiben. (4) Der literarische Kunstgriff der Hyperbel (zum Aufhorchen zwingende Übertreibung), der in der Bibel öfter vorkommt (z.B. Mt. 2,3; 11,23; 2. Kor. 11,8; Gal. 4,15)[197] ist legitime Redeweise und widerspricht in keiner Weise dem biblischen Wahrheits- und Unfehlbarkeitsbegriff. Dasselbe trifft auch auf andere entsprechende Redewendungen und Sprachfiguren zu, die nicht wörtlich zu verstehen sind (Personifikationen, Metonymie, etc.). (5) Irrtumslosigkeit schließt nicht von vornherein bestimmte literarische Gattungen aus. Das heißt: Die Irrtumslosigkeit der Schrift verpflichtet nicht zu einer literalistischen Exegese, die alles streng wörtlich auffaßt. Symbolische und poetische Sprache machen wahren Inhalt (der entsprechend zu interpretieren ist) nicht von vornherein unmöglich. (6) Thematische (anstatt chronologische) Anordnung des Stoffes und selektive Auswahl des Materials machen ebenfalls die Irrtumslosigkeit der Schrift nicht hinfällig. Thematische und selektive Wiedergabe von Information hat nichts mit Fehlerhaftigkeit zu tun. Es mag viele Dinge geben, die wir gerne wüßten, die Gott aber nicht geoffenbart hat. (7) Irrtumslosigkeit verlangt nicht wörtliche Exaktheit im Blick auf alttestamentliche Zitate im NT. Anführungszeichen gab es im Altertum nicht! Die Evangelisten und Apostel zitierten das AT nach der griechischen Übersetzung, der Septuaginta (wobei zu beachten ist, daß es ab dem 4. Jh. v.Chr. mehrere griechische Übersetzungen und Revisionen derselben biblischen Bücher gab), nach dem hebräischen Urtext oder in freier Anlehnung an denselben (oder an die griechische Übersetzung)[198] und sahen darin keinen Widerspruch zu ihrer Überzeugung von der absoluten Wahrhaftigkeit und Zuverlässigkeit der Schrift. (8) Die Irrtumslosigkeit der Schrift impliziert nicht die Unfehlbarkeit nicht-inspirierter Quellen, die zitiert werden. (9) Irrtumslosigkeit vergöttert die Bibel nicht und schließt auch analytisches und historisches Studium nicht aus, wie auch die Sündlosigkeit Jesu diesen nicht zu einer doketischen Gestalt macht oder eine historische Untersuchung seines Lebens verhindert.

Der Vorwurf, die verschiedenen Einschränkungen der Irr-

tumslosigkeit, verbunden mit der Abwehr von Mißverständnissen, mache diesen unbrauchbar[199], ist unangebracht. Es
geht einmal lediglich darum, eine sprachliche Übereinkunft
zu treffen und genau zu definieren. Zum anderen kann derselbe Vorwurf auch gegen Begriffe wie »Gott«, »Sünde«, »Heil«,
»Frieden«, »Liebe« etc. gemacht werden, die im Blick auf den
biblischen Bedeutungsgehalt ebenfalls präzise definiert und
abgegrenzt werden müssen.

An dieser Stelle müßte jetzt eine detaillierte Analyse jener
Aussagen der Bibel erfolgen, die von manchen als fehlerhaft
angesehen werden. Hier sei nur soviel gesagt (vgl. unten 5.3):
Für jede dieser »Problemstellen« kann eine mögliche Lösung
gefunden werden. Wenn man akzeptiert, daß die Bibel das
Wort Gottes ist, dann steht nicht die Frage im Mittelpunkt,
wie wahrscheinlich eine solche Lösung ist. Sondern dann wägt
man die Wahrscheinlichkeit der vorgeschlagenen Lösung gegen die Wahrscheinlichkeit, daß Gott etwas Falsches gesagt
hat, ab![200]

Die starke Betonung der Irrtumslosigkeit durch konservative Evangelikale in letzter Zeit ist nicht der Ausfluß von
Streitsucht und Rechthaberei, sondern die Antwort auf die
charakteristische Form moderner Irrlehre[201]. Auch in manchen evangelikalen Kreisen räumt man ein, die absolute Unfehlbarkeit und Irrtumslosigkeit der Bibel sei heute nicht
mehr zu halten. Man will die Irrtumslosigkeit auf jene Aussagen der Schrift beschränken, die Heil und Ethos betreffen, d.h.
auf Stellen, die nicht verifiziert werden können. Zu diesem
Programm der »eingeschränkten Irrtumslosigkeit« ist folgendes zu bemerken.[202] (1) Die Behauptung, die Schrift irre nicht
in jenen Aussagen, die nicht verifiziert werden können, ist
vollkommen sinnlos, wenn sie in jenen Aussagen irrt, die
überprüft werden können. (2) Es gibt keinen objektiven Maßstab, nach dem die Scheidung der Aussagen der Bibel in »irrtumslose« und »irrtumsfähige« vorzunehmen wäre. Der »Kanon im Kanon«, der diese Rolle übernehmen sollte, hat sich
als unauffindbar erwiesen. (3) Es gibt keine Autorität, die dem
Exegeten sagen könnte, an welcher Stelle die Suche nach Fehlern bzw. das Konstatieren von Fehlern haltmachen müßte.

»Eingeschränkte Irrtumslosigkeit« wird leicht zur uneingeschränkten Fehlerhaftigkeit. (4) Es gibt weder eine biblische noch eine logische Rechtfertigung für diese Einschränkung. (5) Das Endresultat dieses Ansatzes ist der Verlust einer vertrauenswürdigen Heiligen Schrift.

Der Vorwurf, eine Betonung der Irrtumslosigkeit lenke die Aufmerksamkeit ungerechtfertigter Weise auf kleine oder kleinste Schwierigkeiten im Text, also auf Nebensächlichkeiten, und führe folglich zu einer Vernachlässigung der zentralen Wahrheiten der Schrift, ist ebenfalls zurückzuweisen. Die Beschäftigung mit Details ist zum einen deshalb gerechtfertigt, weil diese eben zum Wort Gottes gehören, und zum anderen deshalb, weil sie durch die Kritik an der Schrift aufgedrängt wird. Die Bekräftigung der Irrtumslosigkeit muß auch nicht zu einer Vernachlässigung der Heilsbotschaft der Schrift führen; wo dies geschehen ist, ist es zu bedauern.

Wir schließen die Darlegung der Unfehlbarkeit und Irrtumslosigkeit der Heiligen Schrift mit der Bemerkung, daß diese Begriffe nützliche »Kürzel« sind, die eine zutiefst biblische Überzeugung vermitteln: die völlige Wahrheit und Zuverlässigkeit der Aussagen und Direktionen der Schrift, die eine Konsequenz ihrer göttlichen Authentizität sind und die die Grundlage für ihre göttliche Autorität bilden.[203]

d) Die *Einheit* der Heiligen Schrift ist ein weiteres Resultat ihrer Inspiration und kann ebenfalls zur Vollkommenheit der Schrift gerechnet werden.[204] Die harmonische Einheit und innere Übereinstimmung der biblischen Bücher ergibt sich apriorisch aus der Tatsache, daß die Bibel in ihrer Gesamtheit Gottes Wort ist und Gottes Wahrhaftigkeit widerspiegelt.

Aus literaturwissenschaftlicher Sicht ist die Bibel eine aus Gelegenheitsschriften verschiedener Autoren zusammengestellte »Bibliothek«, die über einen Zeitraum von ca. 1500 Jahren entstand. Sie enthält offizielle Urkunden, rechtliche und liturgische Dokumente, Geschichtsbücher, lyrische und philosophiche Dichtung, visionäre Prosa, Lieder, Briefe, Predigten. Und doch ist die Bibel ein einziges Buch mit einem einzigen Autor und einem einzigen Thema: der dreieinige Gott offenbart seine Heilsabsichten.

In der gegenwärtigen akademischen Theologie steht die inhaltliche Vielfalt der Bibel im Mittelpunkt des Interesses. Da die biblischen Bücher als nur menschliches Zeugnis von Gotteserfahrungen gelten, sieht man sie als Ausdruck eines evolutionären theologischen Pluralismus, als vielförmige Materialsammlung mit vielfältigen inneren Spannungen, Diskrepanzen und Widersprüchen auf historischer wie auch auf theologischer Ebene, die als Endprodukt eines vielschichtigen Traditionsprozesses mit zahlreichen Neuinterpretationen und Revisionen unausweichlich sind. Man ist der Meinung, im ersten Jahrhundert habe es keine »reine«, d.h. normative Form des Christentums gegeben, kein Bewußtsein einer Spannung zwischen orthodoxem und häretischem Glauben: verschiedene Formen christlichen Glaubens mit zum Teil miteinander unvereinbaren »Theologien« lieferten sich einen Konkurrenzkampf um die Loyalität der Gläubigen, der erst in nachbiblischer Zeit auf dem Wege der Politik entschieden wurde.[205]

Die Preisgabe der Einheit der Schrift führte zu einem Vertrauensverlust in die Einheit der Schrift als Ganze und in die Einheit des AT wie des NT. Die Kritiker stimmen darin weitgehend überein, daß eine Theologie des AT, eine Theologie des NT oder eine biblische Theologie der ganzen Schrift zumindest problematisch oder überhaupt unmöglich sei.[206] Systematische Theologie (Dogmatik) ist auf diesem Hintergrund praktisch nicht mehr möglich. Auch in Predigt und Seelsorge hat die Betonung der Vielfalt der biblischen »Stimmen« weitreichende Folgen: man hat keine echte Möglichkeit, sich auf die normative Autorität der Schrift zu berufen. Die Betonung der Einheit der Schrift geschieht also in Distanz zum Gros akademischer Theologie.

Nun ist nicht zu leugnen, daß die einzelnen biblischen Bücher verschiedene theologische Akzente setzen. Im NT haben wir zum Beispiel in den vier Evangelien vier unterschiedliche theologische Portraits Jesu. Johannes, Paulus, Jakobus und Petrus haben je einen unterschiedlichen Wortschatz, und verfolgen unterschiedliche Ziele und Gedankengänge. Dies ist uneingeschränkt anzuerkennen. Gleichzeitig ist jedoch daran festzuhalten, daß diese Verschiedenheit von einer harmonischen inneren Einheit zusammengehalten wird, die sich davon ableitet, daß die ganze Bibel Gottes Wort und Gottes Botschaft für die Welt ist.

Im Blick auf angeblich die Einheit der Schrift zerstörende Diskrepanzen und Widersprüche ist folgendes zu bemerken. (1) Viele Diskrepanzen lösen sich auf, wenn die betreffenden Aussagen bzw. Perikopen im Zusammenhang der fortschreitenden Offenbarung[207], d.h. im Kontext der Heilsgeschichte gesehen und interpretiert werden. Die Relevanz der progressiven Offenbarung darf aber nicht dazu verwandt werden, unbequeme Komponenten auszuscheiden. (2) Was theologische Diskrepanzen betrifft, so werden bestehende Unterschiede manchmal maßlos übertrieben. Dies kann z.B. dadurch geschehen, daß man sich ausschließlich auf die sprachliche Form einer Aussage konzentriert und die Gedankenrichtung und die Absicht der betreffenden Stelle völlig außer acht läßt. (3) Die Verschiedenheit spiegelt häufig unterschiedliche seelsorgerliche Anliegen und Interessen wider. Dabei ist es nicht notwendig – und wohl auch kaum berechtigt –, auf unterschiedliche theologische Grundstrukturen zu schließen. Paulus gibt an einer Stelle den Rat: »Einer trage des anderen Lasten, und so werdet ihr das Gesetz des Christus erfüllen« (Gal. 6,2). Dies hindert ihn nicht daran, einige Verse später zu schreiben: »Jeder wird seine eigene Last tragen« (6,5). Die meisten Kommentatoren haben keine Schwierigkeit, die »Einheit« dieser verschiedenen Aussagen in der seelsorgerlichen Situation zu finden. Ähnliche Lösungen kann man für zahlreiche andere »Diskrepanzen« finden. (4) Die Verschiedenheit der biblischen Schriften dokumentiert häufig lediglich die Verschiedenheit der persönlichen Interessen und die charakteristischen Ausdrucksweisen der einzelnen Schreiber. Wir legten oben (4.2) dar, daß Persönlichkeit und charakterliche Eigenart der einzelnen Schreiber bei der Inspiration nicht ausgeschaltet, sondern aufrecht erhalten und benutzt wurden.

Die Einheit der Schrift ergibt sich nicht aposteriorisch nach einer erfolgten und erfolgreichen Harmonisierung aller Diskrepanzen und Integration aller Teile, sondern wird abgeleitet

aus der Inspiration der Schrift. Der Versuch der Harmonisierung und Integration ist erst ein zweiter, aber dann doch auch
notwendiger Schritt (vgl. unten 5.3). Die empirische Demon-
stration der Einheit der Schrift hat allerdings eine Grenze, die
D.A. Carson in einem Bild folgendermaßen beschreibt.[208] Die
Bibel ist nicht mit einem Zusammensetzspiel (Puzzle) zu vergleichen, das fünftausend Teile hat und das bei Vorhandensein
aller fünftausend Teile mit Geduld vollständig zusammengesetzt werden kann. Die Bibel ist vielmehr einem Puzzle zu vergleichen, daß fünftausend Teile hat und die Versicherung mit-
liefert, daß diese Teile alle zu demselben Puzzle gehören, daß
aber fünfundneunzigtausend Teile fehlen (die Relation der
Zahlen ist für die Analogie als solche unwichtig). Die Anlei-
tung informiert, daß die Mehrzahl der Teile zusammenpas-
sen, daß aber am Schluß große Lücken bleiben, der Rand an
mehreren Stellen unvollständig sein wird und daß einige
Gruppen von Teilen sozusagen »in der Luft« hängen. Die Zusi-
cherung, daß alle Teile zu demselben Puzzle gehören, ist jedoch hilfreich: sie ermöglicht – um zu unserem Thema zurückzukehren – das Erreichen einer grundsätzlich harmonischen Einheit, d.h. die Entfaltung einer biblischen und einer
systematischen Theologie, auch wenn sie nicht ganz vollständig sein wird.[209]

   e) Die *Deutlichkeit und Klarheit (perspicuitas* und *claritas)*
der Heiligen Schrift ist ein weiteres Resultat der Inspiration.[210]
Weil die Schrift das Wort *Gottes* ist, ist sie klar und verständlich. Der Zugang der Schrift darf nicht von irgendeiner kirchlichen oder wissenschaftlichen Auslegungskompetenz abhängig gemacht oder reglementiert werden. Die Schrift ist im
Blick auf das Heilsnotwendige deutlich und klar verstehbar.
Die Verstehbarkeit der Schrift ermöglicht es, daß »jeder
Christ mit seiner Bibel ohne Vormund umgehen« kann.[211]
   Eine Leugnung der *perspicuitas* der Schrift führt automa-
tisch zu einer Preisgabe des *sola scriptura:* Wenn die Bibel
nicht in sich selbst klar und verstehbar ist, benötigt man für
eine adäquate Auslegung eine andere, höhere Autorität – die
Kirche oder den Verstand der Menschen (der Wissenschaft).
   Damit ist nicht gesagt, daß *alle* Stellen der Schrift gleicher-

maßen verstehbar und klar sind (vgl. 2. Petr. 3,16!). Hier ist an das klassische, in der Reformation hervorgehobene Prinzip zu erinnern, daß die Schrift sich selbst auslegt *(Scriptura sacra sui ipsius interpres)*, d.h., die unklaren »dunklen« Stellen sind im Licht der klaren »hellen« Stellen zu verstehen. An dieser Stelle ist auch festzuhalten, daß die Schrift sich nur den Gläubigen aufschließt, die durch den Heiligen Geist erleuchtet wurden.

Nun drängt sich die Frage auf, wie angesichts der Verstehbarkeit und Klarheit der Schrift die exegetischen und theologischen Meinungsverschiedenheiten in der Christenheit, auch unter entschiedenen Christen, zu verstehen sind. Wenn die Schrift wirklich deutlich und klar ist, müßten doch alle Christen dieselbe Theologie haben, dürfte es also keine verschiedenen Konfessionen geben! Hier dürfen wir nicht vergessen, daß die Übereinstimmung, vor allem im Blick auf den christozentrischen, das Heil betreffenden Brennpunkt der Schrift, größer und weitreichender ist, als man manchmal annehmen könnte. Manche Meinungsverschiedenheiten, die unterschiedliche theologische Akzentuierungen mit sich bringen, gehen auf einseitige Betonung durchaus biblischer Gedanken zurück und zeigen, daß letztlich alles menschliche Erkennen Stückwerk ist (vgl. 1. Kor. 13,12). Andere Meinungsverschiedenheiten ergeben sich aus der Vorschaltung kirchlicher Traditionen oder menschlicher Philosophie vor den Verstehensprozeß und sind deshalb illegitim. Die Deutlichkeit und Klarheit der Schrift, die eine harmonische Einheit ist, drängt zur Einheit des Glaubens der »Heiligen und an Christus Jesus Gläubigen« (Eph. 1,1): Diese Einheit des Glaubens ist uns als Ziel mit auf den Weg gegeben (Eph. 4,13).

f) Als Wort Gottes besitzt die Heilige Schrift schließlich die Eigenschaft der *Wirksamkeit (efficacia)*. Es ist dies die Wirksamkeit, Sünder ihrer Sünde zu überführen und zu bekehren und Gläubige zurechtzubringen und zu leiten (vgl. Jes. 55,11; Hebr. 4,12). Das Wort Gottes wird in diesem Zusammenhang verglichen mit einem Hammer (Jer. 23,29), mit Regen und Schnee, die Samen hervorbringen (Jer. 20,9) und mit nährender Milch (1. Petr. 2,2). Dabei liegt diese Macht der Schrift nicht in den vom Heiligen Geist losgelösten Buchstaben (2.

Kor. 3,6). Das in der Vollmacht des Geistes gepredigte Wort, die mit einer grundsätzlichen Offenheit für den Geist gelesene Schrift, wirkt Heil und Leben. Nicht der Mensch macht das Wort wirksam! Die Schrift ist wirksam aufgrund ihres Ursprungs in Gott und ihrer Inspiration durch den Geist Gottes. Das vom Geist gewirkte und bevollmächtigte Wort fällt nicht unwirksam zu Boden, sondern überführt die Welt »von Sünde und von Gerechtigkeit und von Gericht« (Joh. 16,8).

5. Inspiration und Interpretation

Die Inspiration der Heiligen Schrift begründet den hermeneutischen, d.h. den die Schriftauslegung betreffenden Ansatz und qualifiziert die abgeleiteten exegetischen Methoden. Die Ablehnung historischer Kritik und die Weigerung, einen Kanon im Kanon zu suchen, ergibt sich konsequent aus der Tatsache, daß die Schrift Gottes Offenbarung *ist*. G. Maier hat auf diesem Gebiet wichtige Vorarbeit geleistet, der wir uns größtenteils anschließen können.[212] Wir beschränken uns hier auf meist nur summarisch begründete und ausgeführte Grundsätze, vor allem auf die Konsequenzen, die sich aus der Inspiration, Unfehlbarkeit und Irrtumslosigkeit der Schrift für den Interpretationsvorgang ergeben, wohl wissend, daß es sich um ein äußerst komplexes, von Evangelikalen erst in jüngster Zeit in Angriff genommenes Thema handelt, über das noch viel mehr gesagt werden müßte.[213]

5.1 Hermeneutischer Ansatz

a) Das exegetisch ermittelte Selbstzeugnis der Bibel über ihr Wesen, ihren Ursprung und Zweck erweist folgende Schriftauffassungen als hermeneutisch illegitim: (1) die Auffassung, die Bibel sei ein pluriformes, vielschichtiges Zeugnis menschlicher religiöser Erfahrung und Einsicht, das in oft fehlerhafter und unausgeglichener Weise von dem Gott, dem man in der Erfahrung begegnet ist, redet; (2) die Auffassung, daß nur die Teile der Schrift, die von Heil handeln, unfehlbar sind, während die anderen, das Gros der Schrift ausmachenden Teile genauso fehlbar und fehlerhaft sind wie die fehlbaren und fehlerhaften menschlichen Zeugen; (3) die Auffassung, daß die Schrift in ihrer Gesamtheit widersprüchlich, unzusammenhängend oder unverständlich ist und ihre vom Exegeten zu bestimmende »Mitte« als kritischer »Kanon im Kanon« fungiert.[214]

b) Die Inspiration der Schrift hat folgende Konsequenzen für die Schriftinterpretation.[215] (1) Der Inspiration der Schrift entspricht die Erwartung, in den Worten der Bibel tatsächlich Gott zu begegnen. Weil die Schrift das Wort Gottes *ist*, liegt der Schwerpunkt auf der Begegnung mit Gott und nicht auf der Beschäftigung mit den menschlichen Schreibern. Dieses *Wort* erschließt sich durch eine grammatische Exegese. (2) Die Inspiration der Schrift verbietet historische Kritik im Sinne einer Suche nach naturwissenschaftlichen und historischen Fehlaussagen. Es ist nicht legitim, neben (bzw. über) der Schrift andere normative Maßstäbe – wie wissenschaftlich »gesicherte« Ergebnisse, das moderne Wahrheits- und Wirklichkeitsbewußtsein – an die Aussagen der Schrift oder an die Ergebnisse des Exegeten anzulegen. Die Schrift ist durch die Schrift auszulegen. (3) Die Inspiration mit der aus ihr resultierenden durchgängigen Unfehlbarkeit und Irrtumslosigkeit der Schrift führt zu dem legitimen Versuch der Harmonisierung von Diskrepanzen und Spannungen im Text. Wenn dieser Versuch nicht in zufriedenstellender Weise durchzuführen ist, sind die Diskrepanzen und Spannungen stehen zu lassen. (4) Die Inspiration verlangt, daß die Schriftinterpretation von der Einheit der Schrift ausgeht, »die in einem organischen und heilsgeschichtlichen Ganzen besteht, das durch Gottes Geist zu einer Harmonie der Botschaft und ihrer Ziele zusammengefügt ist.«[216] Die Einheit der Schrift verbietet jede Sachkritik. (5) Die Inspiration, die eindeutig auch ein geschichtlicher Vorgang ist, eröffnet deshalb in vollem Umfang die historische Frage und fordert eine historische Exegese. Weil die Inspirationsauffassung, die wir vertreten, nicht doketisch ist, ist auch die Interpretation nicht doketisch. (6) Die Inspiration der Schrift befreit aber auch von dem Zwang zum historischen

Apparat, d.h., eine biblische Schriftinterpretation beschäftigt sich nicht ausschließlich mit historischen Fragen, wie das in vielen der großen wissenschaftlichen Kommentare der Fall ist, sondern schließt auch den dogmatischen, den dynamischen und den spirituellen Zugang zur Schrift ein[217], vorausgesetzt, auch dieser bindet sich an den Wortlaut der Schrift und wird nicht zum Einfallstor subjektivistischer, den wörtlich von Gott gegebenen Text vernachlässigender Ideen. Es kommt deshalb zu einer neuen, positiven Beziehung zwischen dem akademisch-wissenschaftlichen Exegeten, der die historischen Fragen beherrscht, und dem Laien, der in völlig legitimer Weise – weil eben die Schrift Gottes Wort für alle Menschen ist – die Schrift ebenfalls zu verstehen sucht und auslegt. (7) Die Inspiration, d.h. die Tatsache, daß die Schrift Gottes Anrede ist, stellt den Ausleger in ein Kraftfeld, in dem sein eigener Glaube wichtig ist. Eine »neutrale« Beschäftigung mit der Schrift gibt es nicht. (8) Die Inspiration der Schrift schließt die Anwendung der Bibel im Heute ein: Weil die Schrift das Wort des unwandelbaren und gleichmäßig folgerichtigen Gottes ist, kann, ja muß sie universal anwendbar sein. Diese universale Anwendbarkeit der Schrift begründet die Möglichkeit der Predigt. (9) Die Inspiration bindet uns an die Schrift als Gottes Wort. Die Heilige Schrift ist damit ein Schutz und eine Korrektur gegen jeden Enthusiasmus. (10) Die Inspiration nötigt uns schließlich, die Theologie als eine Disziplin *sui generis* aufzufassen, die nur unter Beachtung entsprechender innerer Voraussetzungen adäquat »betrieben« werden kann. Aus diesem Grund benötigen wir eine spezifisch biblische Hermeneutik, eine *hermeneutica sacra*. Es darf nämlich bei der Behandlung des göttlichen Charakters der Heiligen Schrift nicht vergessen werden, daß die Bibel (nicht nur das AT!) bloßer ›Buchstabe, der tötet‹ *(gramma)* sein kann (2. Kor. 3,6). Dies ist dann der Fall, wenn der Mensch der Schrift nicht im Geist, sondern im Fleisch, in falscher, legalistisch interpretierender Weise begegnet.

c) Die Schriftinspiration erklärt zusammen mit ihrem theologischen Rahmen, in den sie einzuordnen ist, folgende hermeneutischen Ansätze für inadäquat: (1) die Auffassung, wonach das, was Gott in und durch die Schrift mitteilt, etwas anderes ist als das, was in den Worten der Schreiber zum Ausdruck kommt; (2) die Auffassung, daß Gottes »Offenbarung« (falls dieser Ausdruck hier überhaupt noch gerechtfertig ist) durch die Schrift nichts mit in Worten faßbarer, objektiv-begrifflicher, faktischer Information zu tun hat; (3) die Auffassung, daß der Schlüssel zum Verständnis der biblischen Botschaft hinter (!) dem biblischen Text in irgendwelchen (oft genug rein hypothetischen und subjektiv eruierten) Quellen liegt; (4) die Auffassung, daß außerbiblische Ereignisse und Umstände (wie gegenwärtige Armut, soziale und wirtschaftliche Diskriminierung) es erlauben oder gar fordern, die biblische Botschaft auf einen anderen Brennpunkt zu beziehen, als auf Jesus Christus, den Erlöser von Sünde und Verdammnis.[218]

d) Gottes Offenbarung zielt auf die Erlösung und das Heil des Menschen. In der heilsgeschichtlichen Linie von Verheißung und Erfüllung ist Jesus Christus zeitlich gesehen die *Mitte der Schrift*. Davon ging Luther aus, als er das Prinzip »was Christum treibet« aufstellte und anwandte. Es wäre nun falsch, dieses Prinzip als kritisches Skalpell an die Schrift anzulegen, um mit seiner Hilfe eine reduktorische Zensur durchzuführen. Eine sachliche Mitte der Schrift im Sinne eines maßgeblichen »Kanon im Kanon« kann nur subjektiv herausgestellt werden und entspricht einer eher statischen Betrachtungsweise.[219] Die christozentrische Konzentration ist vielmehr die hermeneutische Richtschnur für die Interpretation der in der Bibel als Einheit gegebenen Offenbarungsgeschichte.

Gott benutzt die Schrift in seiner Gemeinde aber auch außerhalb dieser »Kerntradition« – weil sie *sein* Wort ist. Die Heilige Schrift Alten und Neuen Testaments ist durch eine christozentrische, kerygmatische, Gottes Bundesschlüsse und Heilsgeschichte mit den Menschen in Rechnung stellende Exegese zu interpretieren.[220]

Im nächsten Abschnitt versuchen wir, die konkreten Konsequenzen, die sich aus der Inspiration der Schrift für die spezifischen exegetischen Methoden ergeben, darzulegen.[221]

5.2 Exegetische Methodik

a) Die *Literarkritik*, die im Rahmen der historisch-kritischen Methodik den Umfang und den Kontext einer Texteinheit sowie deren Integrität untersucht, muß in mehrfacher Hinsicht modifiziert werden, wenn die Inspiration der Schrift als gegeben vorausgesetzt wird. (1) Eine Redaktion und/oder Revision des bestehenden Textes ist ausgeschlossen. (2) Spannungen, Diskrepanzen, augenscheinliche Widersprüche und Ähnliches sind nicht als (sekundäre) Störungen der Integrität des Textes zu erklären und eventuell auszuscheiden, sondern so weit wie möglich zu harmonisieren und zu erklären. (3) Die Suche nach Quellen hinter dem bestehenden Text, die häufig auf literarkritischen Beobachtungen aufgebaut wurde, bleibt spekulativ und ist höchstens von zweitrangiger Bedeutung.

Die Bedeutung der Literarkritik – besser: der literarischen Analyse – im Bereich der Bestimmung des Umfangs und des Kontextes einer Texteinheit bleibt bestehen.

b) Die *Form- und Gattungskritik*, welche die literarischen und vorliterarischen Formen und Gattungen des Textes bestimmt und analysiert und für jede Form bzw. Gattung einen spezifischen »Sitz im Leben« ableitet, muß im Licht der Offenbarungsqualität der Schrift ebenfalls modifiziert werden. (1) Die Suche nach einem »ursprünglichen« Sitz im Leben, d.h. dem soziologischen Kontext eines Textes, ist häufig eine äußerst spekulative Angelegenheit und höchstens von zweitrangiger Bedeutung. (2) Der primäre Schwerpunkt muß auf dem vorgegebenen Text liegen und nicht auf etwaigen vorliterarischen Formen. (3) Der Vergleich mit analogen außerbiblischen Formen und Gattungen ist äußerst vorsichtig zu handhaben.[222]

Im Übrigen hat die formanalytische Betrachtungsweise in der Erforschung der Konturen und Strukturen eines Textes (z.B. der Gleichnisse Jesu) durchaus ihre Berechtigung. So kann eine formanalytische Untersuchung der Gebete und Hymnen im NT Licht auf das Leben und die Geschichte der ersten Christen werfen.

c) Die *Traditionskritik*, die Bedeutung, Funktion und Herkunft von Motiven und Themen im Text auf dem Hintergrund seines gedanklichen und theologischen Kontextes untersucht, wird durch die Überzeugung von der Inspiration der Schrift folgendermaßen beeinflußt. (1) Die biblischen Texte sind als solche inspirierte Offenbarung und nicht bloße Traditionskonglomerate. (2) Autoritative göttliche Offenbarung liegt nur in den biblischen Texten vor, nicht in analogen außerbiblischen oder (spekulativen) innerbiblisch abgeleiteten Traditionen.

Eine biblisch durchgeführte traditionsanalytische Untersuchung, zu der auch der religionsgeschichtliche Vergleich gehört, kann bei Beachtung der dieser Methode gesetzten Grenzen den Charakter, den sozio-kulturellen Hintergrund und die Funktion eines Textes, den Kontext einer Aussage, die Richtung des Arguments und den gedanklichen Rahmen erhellen, in dem die ursprünglichen Leser den Text und seine Aussage verstanden. Solche Untersuchungen leisten einen Beitrag für das Verständnis der israelitischen, frühjüdischen und frühchristlichen Theologiegeschichte.

d) Die *Redaktionskritik*, zu der man die Quellen-, Überlieferungs- und Kompositionskritik zählen kann, fragt nach dem literarischen »Input« des Redaktors, der vorhandenes Material und überlieferte Traditionen revidiert, interpretiert und verarbeitet hat und nach der entsprechenden theologischen Funktion des so produzierten Textes. Im Rahmen der historisch-kritischen Methodologie ist die Redaktionskritik mit verschiedenen Voraussetzungen, Prinzipien und Kriterien verbunden, die aufgrund ihrer Subjektivität und Willkürlichkeit oft schon an sich problematisch und vor allem unter der Voraussetzung der Inspiriertheit der biblischen Texte abzulehnen sind.[223]

Folgende Punkte sind in jedem Fall anzumerken. (1) Der uns vorgegebene Text ist inspiriertes Gotteswort, ganz gleich, welche Motive und Traditionen die Schreiber übernommen und welche Gedanken sie selbst »entwickelt« haben. (2) Die Schrift bildet in theologischer Hinsicht eine harmonische Einheit. (3) Die Authentizität von im Text erwähnten Ereignissen und Personen wird durch »redaktionelle Aktivität«, d.h. durch das im Kontext zum Ausdruck kommende Anliegen des Schreibers (das auch inspiriert ist!) in keiner Weise beeinträchtigt.

Wenn man im Rahmen einer konsequenten biblischen Schriftauffassung traditionsanalytische Untersuchungen anstellt und zum Beispiel nach den spezifischen Anliegen und Betonungen der vier Evangelisten im NT fragt, dann ist dies durchaus legitim, man tut damit nichts Neues. Entsprechende Fragestellungen sind schon im Ansatz bei den Reformatoren zu finden! Bei einer solchen Anwendung der Traditionsanalyse, die der Erhellung spezifischer Akzentsetzungen der biblischen Schreiber dient, sollte man jedenfalls ihre Herkunft von der historisch-kritischen Traditionsgeschichte nicht zu ernst nehmen und sich vor dogmatischen Schlußfolgerungen hüten.[224]

5.3 Umgang mit Problemstellen

Bei der Interpretation von Stellen, die in chronologischer, historischer, naturwissenschaftlicher, faktischer oder theologischer Hinsicht schwierig sind, sollte man folgende Gesichtspunkte beachten.[225] (1) Die aufgrund des biblischen Selbstzeugnisses gewonnene und im Zusammenhang des biblisch-theologischen Rahmens bestätigte Überzeugung, daß die Bibel das inspirierte, unfehlbare und autoritative Wort Gottes ist, ist in jedem Fall festzuhalten. Dieser Überzeugung entspricht eine Haltung, die von Respekt, Vertrauen und Gehorsam gekennzeichnet ist. Eine Problemstelle, die für uns vielleicht nicht erklärbar ist, darf uns nicht dazu veranlassen, diese Überzeugung aufzugeben. (2) Wir müssen deshalb davon ausgehen, daß eine ausreichende Erklärung der Problemstelle existiert, auch wenn wir sie (noch) nicht gefunden haben. Ein Aerodynamiker versteht vielleicht nicht, weshalb und wie eine dicke Hummel fliegen kann; er weiß aber, daß es eine Erklärung geben muß, weil er sie fliegen sieht. (3) Eine sorgfältige grammatisch-historische Exegese des hebräischen bzw. griechischen Textes erklärt viele angebliche »Widersprüche« und Diskrepanzen. Ein großer Teil der Lösungen ist in guten

Kommentaren zu finden. (4) Das Prinzip, daß die Schrift sich selbst auslegt, löst ebenfalls zahlreiche Schwierigkeiten. Die Benutzung einer guten Konkordanz hilft hier sehr oft weiter.

(5) Die Tatsache, daß die Bibel ein orientalisches Buch ist (und nicht ein Buch der technisch-statistisch orientierten Neuzeit), ist nicht aus den Augen zu verlieren. Sie erklärt, weshalb Einzelheiten weggelassen oder selektiv ausgewählt werden können, weshalb manches in bildhafter und symbolischer (und deshalb nicht wörtlich zu verstehender) Sprache beschrieben ist, und weshalb wissenschaftliche Exaktheit in Fragen der Naturbeobachtung und historischen Beschreibung nicht gefordert ist. (6) Wir dürfen nicht vergessen, daß die Bibel ein historisches und archäologisches Dokument ist, das mindestens so zuverlässig ist wie außerbiblische Dokumente! Die häufig (unbewußt) vertretene Meinung, mit ägyptischen Hieroglyphen oder babylonischer Keilschrift geschriebene Texte seien zuverlässiger als die hebräischen Schriften des AT, ist einfach naiv. Die Authentizität und Integrität der biblischen Informationen wurde in ungezählten Fällen bewiesen. (7) Manche Schwierigkeiten, vor allem was Zahlenangaben betrifft, gehen unter Umständen auf Schreibfehler der Kopisten zurück. Das althebräische Konsonantenalphabet und die griechische Unizialschrift enthalten leicht verwechselbare Buchstaben. Zudem ist zu bedenken, daß Satzzeichen, die das Lesen (und Abschreiben!) erleichtern, praktisch fehlten. (8) Wo parallele Berichte vorliegen (wie vor allem in den Evangelien), sind diese so weit wie möglich zu harmonisieren. Da Jesus sich als Wanderprediger sicherlich oft wiederholte, ist es manchmal zweifelhaft, ob es sich um wirkliche Parallelberichte oder um zwei verschiedene Ereignisse handelt. Die Lösungen müssen allerdings plausibel erscheinen und dürfen nicht erzwungen werden. (9) Als Prinzip ist festzuhalten, daß man eher mit einer literarisch-theologischen Konzeption von besonderer Eigenart auf seiten des Autors rechnen muß, als daß man annehmen dürfte, dieser habe Widersprüche und Diskrepanzen nicht erkannt und einfach stehengelassen.[226]

(10) Schließlich ist zu beachten, daß die Frage nach der Wahrheit solcher Stellen konkret mit der Intention des Ver-

fassers im Blick auf seine Leser in ihrem besonderen kulturellen Kontext zusammenhängt. (11) Wenn eine Lösung nicht gelingt, haben wir uns in Demut vor Gott zu neigen und in Geduld auf eine Klärung zu warten. Wenn es den Richtern von heute nicht immer gelingt, ihre »Fälle« restlos aufzuklären und alle unter Eid gemachten Zeugenaussagen zu einer widerspruchsfreien, harmonischen Erklärung des Tathergangs zusammenzufügen, ist es keine Katastrophe, wenn dieselbe Situation bei einem Buch eintritt, das vor 2000 Jahren von verschiedenen Verfassern über einen langen Zeitraum hinweg geschrieben wurde.

6. Inspiration und die Gemeinde Jesu Christi

Zum Abschluß bleibt uns noch die Darlegung der praktischen Konsequenzen, die sich auf der Voraussetzung bzw. aus der Preisgabe der Inspiration der Heiligen Schrift für die Gemeinde Jesu Christi ergeben.

6.1 Konsequenzen für die Theologie

Die tiefe Krise der zeitgenössischen protestantischen Theologie liegt offen zutage.[227] Für viele Theologen ist das Wort »Gott« nur ein Interpretament, das im Rahmen eines methodischen, angeblich »neutralen« und »objektiven« Atheismus analysiert, seziert und im Blick auf die modernen Bedürfnisse des Menschen rekonstruiert wird. Der Anspruch der akademischen Theologie, den Pfarrernachwuchs wissenschaftlich adäquat und gleichzeitig bekenntnisgebunden auszubilden, führt viele in gewaltige seelische und intellektuelle Zerreißproben. Der Tübinger Theologe P. Stuhlmacher erkennt, daß diese Zerreißprobe »dort am stärksten (ist), wo der akademische Unterricht zu einer verantwortbaren Antwort auf die Frage führen soll, ob denn die wesentlichen Sachaussagen des christlichen Bekenntnisses von der Schöpfung, von der Erlösung und von der Zukunft der Welt wirklich dem Aussagewillen der Bibel entsprechen und ob es vor dem Wahrheitsgewissen verantwortbar ist, weiterhin an Jesus Christus als den Messias und Versöhner zu glauben. Es waren und sind nicht die schlechtesten Studenten und Dozenten, die sich angesichts solcher Zumutung überfordert gesehen haben und an ihr zerbrochen sind.«[228]

Diese Krise wurde durch die mit der Aufklärungsphilosophie einsetzende Preisgabe der mit dem inspirierten, unfehlbaren und autoritativen Wort Gottes identischen Heiligen Schrift als tragendes Fundament für Theologie und Kirche ausgelöst. Offenbarung ist für viele identisch mit einer nicht in Worte faßbaren Erfahrung, deren Inhalt und Bedeutung Sache persönlicher Überzeugung ist. Die Bibel ist für sie lediglich ein konglomerathaftiges Sammelsurium von Berichten solcher Erfahrungen. Die Konsequenz: Das Wort Gottes ist verloren, das Evangelium ist verloren, autoritative Wahrheit ist verloren.

Die Preisgabe des *sola scriptura* führt zu einem neuen Sacerdotalismus, in dem die kirchliche Tradition die Matrix des zu Glaubenden ist, zu einem neuen Klerikalismus, in dem die kirchlichen »Profis« glaubensmaß-gebend sind, und letztlich zu einem neuen mystischen Agnostizismus, in dem der zurechtgezimmerte Glaube auch dann überlebt, wenn man Gott längst verabschiedet hat. Die Theologie wird zunehmend rein deskriptiv, subjektiv, nihilistisch. Ohne sicheres Fundament und ohne normativen Wahrheitsgehalt versinkt sie in haltloser Sprachlosigkeit.

Das Reden Gottes, die Präsenz des Wortes Gottes, die Maßgeblichkeit der Heiligen Schrift, die Autorität geoffenbarter Wahrheit, das Wissen um Erlösung und Heil und somit die Relevanz des Evangeliums läßt sich nur auf der Grundlage der festen Überzeugung von der Inspiration, der Unfehlbarkeit und der Autorität der Bibel als dem geoffenbarten Wort Gottes festhalten. Auf dieser Grundlage ist Theologie *Nach*-Denken der Offenbarung Gottes in der Schrift. Sie ist frei von dem in der zeitgenössischen Theologie aufpolierten aber falschen Glanz der Originalität, Innovation und Spekulation. Sie ist statt dessen gekennzeichnet von Achtung, Demut und Gehorsam gegenüber dem geoffenbarten, geschriebenen Wort

Gottes. Gesunde, biblische Theologie setzt eine gesunde, biblische Schrifthaltung voraus.

6.2 Konsequenzen für die Ethik

Die Preisgabe der Heiligen Schrift als in ihrer Inspiration durch Gottes Geist begründete, normative Grundlage und Maßgabe der Ethik führte zu der heute praktisch abgeschlossenen »Enttheologisierung« der öffentlichen und – in zunehmendem Maße – auch der kirchlichen Moral.[229] Die Sittlichkeit der Moderne beruht auf der Selbstgesetzgebung des menschlichen Willens. Diese autonome, sich selbst setzende Moral zielt auf unbedingte Selbstverwirklichung des einzelnen oder des Kollektivs. Glück ist alles, Verantwortung ist nichts.

Das biblische Ethos ist Offenbarungs- und Ordnungsethos,[230] d.h., es ist ganz und gar heteronomes, dem Menschen angetragenes Ethos. Es ist nur gegeben durch das geoffenbarte Wort des lebendigen Gottes. Es ist nur möglich in der gehorchenden Auf- und Annahme des Willens Gottes durch sein Wort. Christliche Ethik, die biblisches Ethos verwirklichen will und muß, ist deshalb notwendigerweise schriftgebunden.[231] Aktuelle Fragen wie Ehescheidung, Abtreibung, Sterbehilfe, Euthanasie, Homosexualität, Umweltschutz, Friedenssicherung u.a.m. sind für den entschiedenen Christen nur in gehorsamer Abhängigkeit von den normativen Ordnungen und Geboten Gottes in der autoritativen, unfehlbaren Heiligen Schrift zu bedenken und zu beantworten.

Christliche Ethik kann nur dann wirklich schriftgebunden sein, wenn sie die Inspiration und die (allein) aus dieser resultierende Autorität, Unfehlbarkeit, Wahrheit und Klarheit der Heiligen Schrift festhält und in die Diskussion konsequent einbringt. Wird die Inspiration zusammen mit der Unfehlbarkeit und Wahrheit der Schrift relativiert oder ganz preisgeben, folgt daraus notwendigerweise die Relativierung der Schriftautorität, verbunden mit der Inthronisierung des jetzt maßgeblichen modernen Selbstverständnisses.[232] Biblisches Ethos ist Ethos aus Autorität. Normative Autorität ist nur gegeben, wenn die Heilige Schrift das inspirierte, wahre Wort Gottes ist. Gesundes, biblisches Ethos setzt ein gesundes, biblisches Schriftverständnis voraus.

6.3 Konsequenzen für die Predigt

Nach der Krise der Theologie und der Krise in der Ethik ist auch eine Krise der Predigt zu konstatieren. D.M. Lloyd-Jones, einer der größten britischen Verkündiger des 20. Jhs. sieht in der Preisgabe des Glaubens an die Autorität der Heiligen Schrift als das Wort Gottes den entscheidenden Grund für den Niedergang der Predigt.[233] Weil die göttliche Autorität der Schrift nicht mehr selbstverständliche Voraussetzung ist, kann sie auch nicht Ausgangspunkt der Predigt sein. Man beginnt mit der heutigen Situation und bleibt, weil man kaum noch an die großen Themen der Bibel wie Sünde, Gericht, Erlösung und Heil glauben mag, auch darin stecken. So wird aus der Predigt eine Meditation, eine moralische Ansprache oder ein sozialpolitischer Vortrag. Dieser innere Verfall der Predigt zeitigt dementsprechende äußere Konsequenzen: die Predigt wird immer kürzer, die Liturgie wird länger. Die Predigt, die Wortlesung und das Gebet verlieren an Bedeutung. Die Beteiligung der Gemeinde mit Singen, Musizieren, Dramatisieren und Zeugnis-Geben nimmt einen immer breiteren Raum ein. So verwundert es nicht, daß die Kirchen am Sonntagmorgen vielfach leer sind. Die Menschen wollen hören, was Gott zu sagen hat, nicht die selbstgestrickte Weisheit des Pastors.

Vollmächtige, wirksame Predigt ist nur möglich auf der Grundlage der Überzeugung, daß die Heilige Schrift Gottes inspiriertes, unfehlbares, autoritatives Wort ist.[234] Die Tatsache der Inspiration ergibt, daß der (ganze!) Text der Bibel Gottes Wort ist. Das bedeutet für die Predigt: Die Worte der Bibel stehen im Mittelpunkt, weil sie sagen, was Gott sagt. Jeder Bibeltext ohne Ausnahme kann und soll gepredigt werden. Jede Aussage des Textes kann und soll ausgelegt werden – auch wenn die Zuhörer Anstoß nehmen. Die Predigt ist nicht themen-orientiert, sondern text-orientiert.[235]

Die Tatsache der Inspiration ergibt ferner, daß Gott durch

sein geschriebenes Wort immer noch redet. Das bedeutet für die Predigt: In der Schrift sind alle uns bewegenden Fragen, wenigstens was die Prinzipien betrifft, angesprochen. Die Bibel ist aktuell und relevant. Die Predigt läßt in der Erklärung der Schrift Gott selbst zu Wort kommen. Der Verkündiger, der schriftgemäß predigt, spricht mit Vollmacht und Autorität.

Die Tatsache der Inspiration ergibt schließlich, daß Gottes Wort mächtig ist. Das bedeutet für die Predigt: Die Predigt geschieht in der Erwartung, daß sie etwas bewirkt. Der Verkündiger ist sich seines gewaltigen Auftrags und seiner riesigen Verantwortung bewußt, Gottes Wort zum Heil der Menschen in der Hand, im Herzen und im Mund zu haben. Vollmächtige, biblische Predigt setzt ebenfalls eine gesunde, biblische Schrifthaltung voraus.

6.4 Konsequenzen für die Mission

Schließlich ist eine konsequente Haltung im Blick auf die Inspiration der Heiligen Schrift mit ihren Konsequenzen für den Text auch für Mission und Evangelisation relevant. Die Heilige Schrift ist auch für die missionsspezifischen Situationen und Probleme unaufgebbare Norm und Autorität. Es ist ein verheißungsvolles Zeichen, daß in der *Seoul Declaration*, die im Sommer 1982 von evangelikalen Theologen der Dritten Welt formuliert wurde, der Primat der Heiligen Schrift als inspiriertes, unfehlbares und autoritatives Wort Gottes festgehalten und als alleinige Quelle und normative Grundlage der Theologie bekräftigt wurde.[236]

In der *Declaration* der sechsten Konsultation der evangelikalen »Asia Theological Association«, die ebenfalls im Sommer 1982 in Korea stattfand, heißt es noch deutlicher: »In seiner verbalen Form kommt das Wort Gottes in der Form der Bibel zu uns. Die Bibel ist ein historisches Dokument, inspiriert, unfehlbar und irrtumslos, schärfer als jedes zweischneidige Schwert und grundlegend für Lehre, Ermahnung, Zurechtweisung und Unterweisung in der Gerechtigkeit (2. Tim. 3,16; Hebr. 4,12; 2. Petr. 1,21).«[237]

Bei der Kulturgrenzen überschreitenden Kommunikation der Botschaft der Heiligen Schrift ist der Inhalt, d.h. die Bedeutung der Botschaft mit Sorgfalt zu bewahren und zu erhalten. Was die *Form* der Botschaft, d.h. die konkrete Wahl von Wortsymbolen betrifft, so können einige ursprüngliche Formen unter Umständen verändert werden. Dies trifft hauptsächlich auf symbolische Formen (Analogien der Natur, Metaphern etc.) zu: Ein Symbol wie »weiß wie Schnee« gehört nicht essentiell zur Bedeutung des zum Ausdruck gebrachten Gedankens und kann notfalls durch ein anderes Symbol ersetzt werden. Konzeptionelle Formen, die essentiell mit der vermittelten Bedeutung zusammenhängen (wie: »der Vater im Himmel«) können andererseits nicht beliebig ersetzt werden.[238] Aber auch die ursprünglichen symbolischen Formen der biblischen Botschaft haben eine bestimmte normative Qualität, weil Gott sie in seiner Weisheit als völlig geeignete Vehikel seiner Offenbarung gewählt und benutzt hat.[239]

Wesen und Aufgabe der Mission wird nicht primär durch die Gegebenheit der Situation oder durch gesellschaftspolitische Analysen bestimmt, sondern durch das in der Heiligen Schrift normativ vorgegebene apostolische Zeugnis. Die konkrete Situation bestimmt nicht die Interpretation der Schrift und des Evangeliums, sondern beeinflußt lediglich seine Anwendung. »Die Preisgabe des Schriftprinzips führt zur Konturlosigkeit der Mission und zu ihrer Verwechslung mit einer allgemeinen Weltverantwortung.«[240]

Die moderne Religionswissenschaft, Soziologie und Anthropologie sieht alles menschliche Wissen als kulturbezogen und kulturrelativ an. Absolute Wahrheiten gibt es nicht. Auch die religiösen Ansichten sind kulturell und geschichtlich bedingt. Hier erweist sich die Inspiration der Schrift und die Endgültigkeit der Sendung Jesu Christi als archimedischer Punkt im Fluß der menschlichen Situationen, an dem der Strom der Geschichte gemessen und bewertet werden kann.[241] Das heißt: Aufgrund der Inspiration der Schrift haben wir die Gewißheit, daß wir es in der Schrift nicht mit zeitgebundenen, kulturabhängigen Ansichten und Symbolen zu tun haben, sondern mit der absoluten, maßgebenden, richtenden und rettenden Wahrheit Gottes des Schöpfers Himmels und der Erde. Nur diese Überzeugung ermöglicht Mission.

Die Inspiration der Heiligen Schrift und das aus ihr resultierende Vertrauen in ihre Zuverlässigkeit, Wahrheit und Wirksamkeit ist die Grundlage für den Gehorsam gegenüber dem Missionsauftrag Jesu Christi, hinzugehen in alle Welt und alle Nationen zu Jüngern zu machen (Mt. 28,18–20). Gottes Wort in der Schrift ist wahr, d.h., es kann, ja es muß als Gericht über die Kulturen dieser Nationen, gleichzeitig aber auch als Verheißung für die Menschen dieser Völker verkündigt werden. Gottes Wort in der Schrift ist wirksam, d.h., es wird Bekehrung, Taufe und Eingliederung in die Gemeinde Jesu Christi verursachen. Das Wort Gottes ist zuverlässig, d.h., es wird ausrichten, wozu Gott es geoffenbart hat, »bis an der Welt Ende«.

Zum ersten Teil

[1] Zum Folgenden vgl. G.D.Barry, *The Inspiration and Authority of Scripture: A Study in the Literature of the First Five Centuries*, New York 1919; G.Gloege, »Zur Geschichte des Schriftverständnisses« (1967), *Das Neue Testament als Kanon*, hrsg. von E.Käsemann, Göttingen 1970, S. 13–18; J.Beumer, »Die Inspiration der Heiligen Schrift«, *Handbuch der Dogmengeschichte*, hrsg. von M.Schmaus u.a., Band I/3b, Freiburg 1968, S. 9–31; P.Stockmeier, »Offenbarung in der frühchristlichen Kirche«, ebd., Band I/1a, 1971, S. 27–87; M.Seybold, »Die Offenbarungsthematik in der Spätpatristik und Frühscholastik«, ebd., S. 88–115; C.H.Pinnock, *Biblical Revelation: The Foundation of Christian Theology*, Chicago [2]1972, S. 149–151; R.D.Preus, »The View of the Bible Held by the Church: The Early Church Through Luther«, *Inerrancy*, hrsg. von N.L.Geisler, Grand Rapids 1980, S. 358–365; J.H.Gerstner, »The Church's Doctrine of Biblical Inspiration«, *The Foundation of Biblical Authority*, hrsg. von J.M.Boice, Grand Rapids 1978, S. 26–32; G.W.Bromiley, »The Church Fathers and Holy Scripture«, *Scripture and Truth*, hrsg. von D.A.Carson et al., Grand Rapids 1983, S. 199–220.

[2] 1. Clem. 8,1; 45,2 *(dia pneumatos hagiou)*.

[3] 1. Clem. 13,2; 16,2.15; 22.1.

[4] 1. Clem. 16,15; 19,1; 21,2; 34,3.8; 36,4.5; 53,1; 62,3.

[5] 1. Clem. 13,3; 45,2; 53,1 *(tas hieras graphas)*; 56,3 *(ho hagios logos)*.

[6] 1. Clem. 45,2 *(tas alētheis graphas)*.

[7] 2. Phil. 7,1 *(hos an methodeuē ta logia tou kyriou . . . houtos prōtotokos esti tou satana)*.

[8] Epist. 6,14; 9,1; 12,2; etc.

[9] A.Adam, *Lehrbuch der Dogmengeschichte*, Band 1, Gütersloh [2]1970, S. 139.

[10] *Dial.* 119.

[11] *Apol.* 1,36.

[12] *Contra Graecos* 8.

[13] *Leg. pro Christ.* 9.

[14] *Ad Autol.* 2,9.10.

[15] Vgl. die Aussagen von Irenäus, *Adv. haereses* 4,26,2 und von Tertullian, *De praescript.* 21.

[16] Vgl. von Campenhausen, *Griechische Kirchenväter*, Stuttgart [4]1967, S. 29.

[17] *Adv. haereses* 2,28,2 *(Scripturae perfectae sunt, quippe a Verbo Dei et Spiritu eius dictae)*. Es ist zu beachten, daß E.Klebba in seiner Übersetzung in der *Bibliothek der Kirchenväter* (Irenäus, 1. Band, S.178) »*dictae*« mit »gesprochen« übersetzt.

[18] *De Antichristo* 2.

[19] *Apol.* 18,2 *(viros . . . emissit spiritu divino inundatos)*.

[20] *De anima* 1 *(unde et ignorare tutissimum est. praestat per deum nescire, quia non revelaverit, quam per hominem scire, quia ipse praesumpserit).*

[21] *Protrept.* 9,82,1.

[22] *De Prin* 4.1.6–7, 4.2.2.; *Comm. Rom* 2,6; Contra Celsum 7.3.

[23] Vgl. dazu M.W.Holmes, »Origen and the Inerrancy of Scripture«, *Journal of the Evangelical Theological Society* 24 (1981) 221–231, bes. S. 224–229 (vgl. *Philocalia* 2.4; 6.1–2; *Comm. Joh.* 6.34 zur Irrtumslosigkeit; dagegen siehe *De Prin* 4.2.9.; 4.3.4.; *Comm. Joh.* 10.7).

[24] *Hom. in Joh.* 1.1.

[25] *Hom. in Gen.* 2.21.

[26] *In Ps.* 4,11.

[27] *Comm. Is.* 29,9ff.; *Ep.* 70,7.

[28] *Ep.* 65,7; *De Ps.* 88.

[29] *Ep.* 82,7.

[30] *Cont. Faus.* 15,1; *Cont.Adim.* 16,3; *Adv. Marc.* 4,22. Zu Augustins Schriftverständnis siehe C.J.Costello, *St. Augustine's Doctrine on the Inspiration and Canonicity of Scripture*, Washington 1930; A.D.R.Polman, *The Word of God According to St. Augustine*, Grand Rapids 1961; H.Sasse, »Zur Inspirationslehre Augustins« (1953), *Sacra Scriptura: Studien zur Lehre von der Heiligen Schrift*, hrsg. von F.W.Hopf, Erlangen 1981, S. 245–264; J.H.Gerstner, »The Church's Doctrine«, S. 29–32.

[31] Augustinus verwendet konsequent den Ablativ für das Wirken des Geistes und die Präposition *»per«* für das Wirken der menschlichen Schreiber. Vgl. R.D.Preus, »View«, S. 361–365, 478 mit Verweis auf A.D.R.Polman, aaO, S. 51.

[32] Vgl. W. von Loewenich, *Augustin: Leben und Werk*, München 1965, S. 167.

[33] *Epist.* 82,7,3.

[34] Siehe auch die Aussage in *Epist.* 82,1,3: »Nur aus den Büchern der Heiligen Schrift, die als kanonische anerkannt sind, habe ich gelernt, eine solche Ehrfurcht zu erweisen, daß ich felsenfest glaube, daß keinem ihrer Autoren beim Schreiben ein Irrtum unterlaufen ist *(ut nullum eorum autorum scribendo errasse aliquid firmissime credam).*« Wenn man etwas finde, das der Wahrheit widerspreche, sei nicht daran zu zweifeln, »daß entweder die Abschrift fehlerhaft ist, oder daß der Übersetzer den Gedanken des Originals nicht genau ausgedrückt hat oder daß ich die Sache nicht verstanden habe.« Und so kann er sagen: *»Variae sed non contrariae; diversae sed non adversae«* (Abwechslungen, aber keine Widersprüche; Verschiedenheiten, aber keine Gegensätze).

[35] Vgl. *De consensu* 1,35,54: »Da jene das schrieben, was er (Christus) zeigte und sprach, darf man nicht sagen, daß er selbst nicht geschrieben habe. Denn seine Glieder haben das niedergeschrieben, was sie von dem diktierenden Haupt *(dictante capite)* erfuhren. Was er nämlich von seinen Taten und Worten von uns gelesen wissen wollte, das befahl er jenen, seinen Händen *(manibus)*, zu schreiben.«

[36] Vgl. H.Sasse, aaO, S. 252–253, der meint, Augustinus habe keinen ein-

heitlichen Inspirationsbegriff; seine Inspirationslehre sei beherrscht von der Spannung zwischen dem »*dictare*« und dem »*suggerere*«. Es ist jedoch mehr als unwahrscheinlich, daß der große Systematiker Augustinus diese Spannung nicht bemerkt, zumindest reflektiert und sicherlich erklärt hätte. Da dies nicht der Fall ist und da Augustinus »*dictare*« und »*suggerere*« innerhalb derselben Schrift für denselben Vorgang gebraucht, wird man zu dem Schluß gezwungen, daß für Augustinus »*dictare*« und »*suggerere*« gleichbedeutend sind und – dies macht besonders *De consensu* deutlich – »*dictare*« im Sinne von »*suggerere*« zu verstehen ist.

[37] Vgl. A.D.R.Polman, aaO, S. 44–46; R.D.Preus, »View«, S. 364f. Der *Thesaurus Linguae Latinae*, 1910, Bd. 5, S. 1009–1013 definiert »dicto/dictare« wie folgt: A. quae reddantur; B. quae excipiantur: 1. notario praedicere scribenda, 2. litteris mandare, componere, scribere, edere; C. quae peragantur: praecipere, suadere, suggerere. Das *Oxford Latin Dictionary*, hrsg. von P.G.W.Glare, 1982, S. 538 definiert: 1. To say habitually or repeatedly, to recite; 2. to indicate (matter to be written down), to compose or draw up, to dictate (words).

[38] Vgl. A.Adam, *Lehrbuch*, Bd. 1, S. 215. Über Afrahat siehe allgemein G.G.Blum, Art. »Afrahat«, *Theologische Realenzyklopädie*, Bd. 1, 1977, S. 625–635.

[39] R.D.Preus, aaO, S. 366.

[40] Für das Folgende vgl. F. Kropatschek, *Das Schriftprinzip der lutherischen Kirche, Bd. 1: Die Vorgeschichte. Das Erbe des Mittelalters*, Leipzig 1904; G.Gloege, »Geschichte«, S. 18–23; U.Horst, »Das Offenbarungsverständnis in der Hochscholastik«, *Handbuch der Dogmengeschichte*, Bd. I/1a, S. 116–143; J.Beumer, »Inspiration«, ebd., Bd. I/3b, S. 32–43; R.D.Preus, ebd., S. 368–370; R.Kirste, *Das Zeugnis des Geistes und das Zeugnis der Schrift: Das testimonium spiritus sancti internum als hermeneutisch-polemischer Zentralbegriff bei Johann Gerhard in der Auseinandersetzung mit Robert Bellarmins Schriftverständnis*, Göttinger Theologische Arbeiten Bd. 6; Göttingen 1976, S. 99–103.

[41] Vgl. A.Adam, aaO, Bd. 2, [2]1972, S. 107; allgemein U.Horst, aaO, S. 128–138; J.Beumer, aaO, S. 37–39.

[42] Vgl. R.Kirste, aaO, S. 102: »Die Schriftlehre hat letztlich ihre Begründung in der Heilsnotwendigkeit der Offenbarung«.

[43] Q. 1,8. Vgl. oben S. 13, mit Anm. 33,34.

[44] *In Iob* 13, lect. 1. Vgl. auch *Summa*, q.32,a4.

[45] F.Kropatschek, aaO, S. 423ff.

[46] Vgl. A.Adam, aaO, S. 119; allgemein U.Horst, aaO, S. 138–143.

[47] Zitiert nach R.Seeberg, *Lehrbuch der Dogmengeschichte*, Leipzig [3]1917, S. 614.

[48] Vgl. R.Seeberg, ebd., S. 614 mit Anm. 1.

[49] Vgl. R.Kirste, aaO, S. 103–105. In Session IV heißt es: »Die hl. Synode hält sich vor Augen, daß in der Kirche das Evangelium rein bewahrt wird, daß es schon durch die Propheten verheißen, in Jesus Christus öffentlich bekannt wurde und schließlich durch Apostelauftrag weiterver-

breitet wurde. Geschriebene Bücher und ungeschriebenen Traditionen *(in libris scriptis et sine scripto traditionibus)* enthalten diese Wahrheit. Gott als Autor diktierte durch die hl. Autoren *(spiritu sancto dictante);* so entstanden die Bücher des Alten und Neuen Testaments. Darüberhinaus diktierte Christus sozusagen mündlich in die Hände der Kirche« (Denz. 1501, nach R.Kirste, aaO, S. 104). Vgl. allgemein H.Waldenfels, »Die Lehre von der Offenbarung in der tridentinischen Ära«, *Handbuch der Dogmengeschichte,* Bd. I/1b, 1977, S. 5–55 (über das Tridentinum S. 20–26); O.Loretz, *Das Ende der Inspirations-Theologie, Bd.1: Untersuchungen zur Entwicklung der traditionellen theologischen Lehre über die Inspiration der Heiligen Schrift,* Stuttgart 1974, S. 20–28.

[50] Über R.Bellarmin siehe R.Kirste, aaO, S. 98f., 106–138 (mit Belegen).

[51] Bellarmin, *Disputationes,* I,1,3,3,174a–b.

[52] *Disputationes,* II,4,2,12,262b.

[53] Ebd., I,1,1,2,69a; II,4,2,12,262f.; IX,327a.

[54] Ebd., II,4,2,12,262f/262a/263a.

[55] Vgl. R.Kirste, aaO, S. 121–125 für Einzelheiten. Er sagt mit Bezug auf I,1,3,9,187a: »Wie man es auch wendet, die Schrift hat ihre Funktion als erster *judex controversiarum* ziemlich eingebüßt« (S. 123).

[56] Vgl. O.Scheel, *Luthers Stellung zur Heiligen Schrift,* Tübingen 1902; K.Thimme, *Luthers Stellung zur Heiligen Schrift,* Gütersloh 1903; P.Schempp, *Luthers Stellung zur Heiligen Schrift,* Forschungen zur Geschichte und Lehre des Protestantismus Bd. 2/3, München 1929; W.Bodamer, »Luthers Stellung zur Lehre von der Verbalinspiration«, *Theologische Quartalschrift,* 1936, S. 240ff.; G.Ebeling, *Evangelische Evangelienauslegung: Eine Untersuchung zu Luthers Hermeneutik,* Forschungen zur Geschichte und Lehre des Protestantismus Bd. 10/1, München 1942 (= Darmstadt 1962); M.Reu, *Luther and the Scriptures,* Columbus 1944 (= Springfield 1960); H.Sasse, »Was sagt uns Luther über die Irrtumslosigkeit der Heiligen Schrift?« (1950), *Sacra Scriptura,* 1981, S. 291–320; H.Østergaard-Nielsen, *Scriptura sacra et viva vox,* Forschungen zur Geschichte und Lehre des Protestantismus Bd. 10/10, München 1957; W.M.Oesch, »Luther zur Heiligen Schrift, zu ihrer Inspiration und zu ihrer Auslegung«, *Lutherische Rundschau* 1 (1965); F.Beisser, *Claritas scripturae sacrae bei Martin Luther,* Forschungen zur Kirchen- und Dogmengeschichte Bd. 18, Göttingen 1966; H.Sasse, »Luther und das Wort Gottes« (1967), aaO, S. 321–351; A.S.Wood, *Captive to the Word: Martin Luther, Doctor of Sacred Scripture,* Exeter 1969; G.Gloege, »Geschichte«, S. 23–30; E.F.A.Klug, *From Luther to Chemnitz: On Scripture and the Word,* Kampen 1971; J.W.Montgomery, »Lessons from Luther on the Inerrancy of the Holy Writ«, *God's Inerrant Word,* hrsg. von J.W.Montgomery, Minneapolis 1974, S. 63–94; R.Kirste, aaO, S. 44–47; R.D.Preus, »View«, S. 372–380. Vgl. jetzt auch W.Führer, *Das Wort Gottes in Luthers Theologie,* Göttinger Theologische Arbeiten 30, Göttingen 1984 (erschien zu spät, um eingesehen zu werden).

[57] Vgl. Luthers Bemerkung zu dem Anakoluth in Gal 2,6ff.: »Das mus man

spiritu sancto zu gut halten in Paulo, Si non rhetoricam, quia loquitur ardore, et qui ardet loquendo non potest simul tenere regulas grammaticas« (WA 40,I,70). Vgl. auch WA 40,III,254: »Denn nicht nur die Vokabeln, sondern auch die Diktion ist göttlich *(non solum enim vocabula, sed et phrasis est divina).*«

58 Vgl. R.H.Grützmacher, *Wort und Geist: Eine historische und dogmatische Untersuchung zum Gnadenmittel des Wortes*, Leipzig 1902, S. 23ff.; F.Beisser, aaO, S. 32f., 126; W.M.Oesch, aaO, S. 117. Ebenfalls E.F.A.Klug, aaO, S. 28, der nachweist, daß die Gleichsetzung von Wort Gottes und Heiliger Schrift der ständige modus operandi für Luther war.

59 Vgl. WA 8,584 und WA 44,18.91.327.532. Nach R.Seeberg, aaO, S. 338 können entsprechende Zitate »mit leichter Mühe« gehäuft werden. Vgl. auch R.D.Preus, aaO, S. 376–378.

60 Vgl. W.Bodamer, aaO, S. 240ff.; M.Reu, aaO, passim; A.S.Wood, aaO. S. 135–147; E.F.A.Klug, aaO, S. 105–114; W.M.Oesch, aaO, S. 14; J.W.Montgomery, aaO, S. 65–69; R.D.Preus, aaO, S. 378–380; W.R.Godrey, »Biblical Autority in the Sixteenth and Seventeenth Centuries: A Question of Transition«, *Scripture and Truth*, hrsg. von D.A.Carson, 1983, S. 227–230. Dies wird auch von Theologen wie P.Althaus und A. von Harnack zugestanden (und Luther zum Vorwurf gemacht!), vgl. J.W.Montgomery, aaO, S. 92. H.Sasse, »Was sagt uns Luther«, S. 291, meint zu Recht: »Die Irrtumslosigkeit der Bibel war für das 16. Jahrhundert noch kein Problem. Sie wurde als selbstverständliche Folge der Inspiration und als undiskutierbare Voraussetzung der Autorität der Schrift betrachtet.«

61 Vgl. WA 26,439: »Erstlich, das man ynn Gottes wercken und worten sol vernunfft und alle Klugheit gefangen geben wie St. Paulus leret 2 Corint 10.« Wenn z.B. die Geschichte von Elisa und den bösen Buben, die vom Bären gefressen werden, in einer Legende stände, würde man ein solches Geschehen für absurd erklären; es ist jedoch etwas ganz anderes, wenn sie durch eine solche Schriftautorität verbürgt ist (WA 4,639).

62 WA 40,I 173f. Luther sagt, potentielle Fehler seien vom Geist Gottes korrigiert worden (WA 40,I,195f.).

63 In der Schrift *De servo arbitrio* (1525), WA 18,600–787. Für das Folgende siehe F.Beisser, aaO, S. 75ff.; E.Wolf, »Über die ›Klarheit der Heiligen Schrift‹ nach Luthers ›De servo arbitrio‹«, *Theologische Literaturzeitung* 92 (1967) 721ff.; H.Bornkamm, *Martin Luther in der Mitte seines Lebens*, Göttingen 1979, S. 375ff.

64 Vgl. WA 18,608.655.658f.

65 WA 18,653: »*Quod apud philosophos absurdum et impossibile factu videretur*«.

66 G.Huntemann, *Die verratene Reformation*, Bremen 1983, S. 45. Zum *sola-scriptura*-Prinzip siehe auch J.I.Packer, »›Sola Scriptura‹ in History and Today«, *God's Inerrant Word*, hrsg von J.W.Montgomery, Minneapolis 1974, S. 43–62.

67 Vgl. seine Aussage im *Sendbrief vom Dolmetschen* (1930): »Ah es ist dol-

metzschen ja nicht eines iglichen Kunst, wie die tollen Heiligen meinen. Es gehoeret dazu ein recht, frum, trew, vleissig, forchtsam, Christlich, geleret, erfarn, geuebet hertz. Darumb halt ich, das kein falscher Christ noch rottengeist trewlich dolmetzschen koenne« (WA 30,II,640). Siehe auch B.Stolt, »Luthers Übersetzungstheorie und Übersetzungspraxis«, *Leben und Werk Martin Luthers von 1526 bis 1546*, hrsg. von H.Junghans, Bd. 1, Göttingen 1983, S. 241–248.

[68] Vgl. WA 10,III,260. Siehe K.Heim, *Das Gewißheitsproblem in der systematischen Theologie bis zu Schleiermacher*, Leipzig 1911, S. 257f.

[69] Zum Beispiel G.Gloege, »Geschichte«, S. 25–30 (Luther habe den mittelalterlichen, abstrakt-formalen, theoretisch-doktrinären Biblizismus überwunden und sei der Begründer einer christozentrischen Bibelkritik«; auch J.Rogers, »The Church Doctrine of Biblical Authority«, *Biblical Authority*, hrsg. von J.Rogers, Waco ³1978, S. 24f.; P.Stuhlmacher, *Vom Verstehen des Neuen Testaments: Eine Hermeneutik*, Göttingen 1979, S. 95–97.

[70] So ist auch das Prinzip »was Christum treibet« kein bibelkritisches Prinzip. Luther war völlig davon überzeugt, daß die ganze Schrift überall nur von Christus handelt. H.Bornkamm hat das durch seine Studie *Luther und das Alte Testament*, Tübingen 1948, bestätigt. Wenn nun Luther Christus überall in der Schrift sah, ist es schlichtweg falsch zu sagen, er halte nur die christologischen Teile für verbindlich und unfehlbar (vgl. J.W.Montgomery, aaO, S. 67).

[71] Vgl. G.Ebeling, Art. »Luther. Theologie«, *Religion in Geschichte und Gegenwart*, 3. Auflage, Bd. 4, Sp. 508; O.Scheel, aaO, S. 53.

[72] So sagt er zu den zwei Berichten einer Tempelreinigung durch Jesus, daß die Evangelisten keinen Wert auf eine historische Reihenfolge legten, und daß die Möglichkeit besteht, daß die zwei Berichte zwei verschiedene Ereignisse betreffen (WA 46,727). An anderen Stellen rechnet er mit Textverderbnissen, Fehler in der Übersetzung, u.ä. Vgl. insgesamt E.F.A.Klug, aaO, S. 109f., der schlußfolgert: »Luther resolutely refused to budge one inch from the holy awe he felt before the Holy Spirit's handiwork in Scripture« (S. 110). Vgl. auch H.Sasse, »Was sagt uns Luther«, S. 314: »Der Satz von der absoluten Irrtumslosigkeit der Heiligen Schrift auch in Dingen, die den Glauben nicht berühren, scheint an Luther einen eindrucksvollen und autoritativen Vertreter zu haben. Es ist nicht schwer nachzuweisen, daß er sich auch für die Richtigkeit der historischen Angaben der Bibel auf die unbedingte Glaubwürdigkeit der Heiligen Schrift als des wahrhaftigen, unfehlbaren Gotteswortes berufen hat.«

[73] Vgl. K.Kantzer, »Calvin and the Holy Scripture«, *Inspiration and Interpretation*, hrsg. von J.Walvoord, Grand Rapids 1957, S. 115–155; J.I.Packer, »Calvin's View of Scripture«, *God's Inerrant Word*, 1974, S. 95–114; I.S.Palmer, »The Authority and Doctrine of Scripture in the Thought of John Calvin«, *Evangelical Quarterly* 54, 1977; R.C.Sproul, »The Internal Testimony of the Holy Spirit«, *Inerrancy*, hrsg. von N.L.Geisler, 1980, S.

337–354, bes. S. 338–349; J.H.Gerstner, »The View of the Bible held by the Church: Calvin and the Westminster Divines«, ebd., S. 385–410; R.Nicole, »John Calvin and Inerrancy«, *Journal of the Evangelical Theological Society* 25 (1982) 425–442 (mit bibliographischem Anhang); W.R.Godfrey, aaO, S. 230–234.

[74] *Institutio* I,7,1 *(e caelo fluxisse acsi vivae ipsae Dei voces illic exaudirentur).*

[75] Ebd., I,7,4 *(authorem eius esse Deum).*

[76] *CR* 52, 383.

[77] Vgl. J.I.Packer, aaO, S. 102–105.

[78] *Institutio* I,7,5; VII,1.

[79] Ebd., I,7,4; VII,1.

[80] Vgl. ebd., VII,1; *CR* 52,383.

[81] *Institutio* IV,8,9.

[82] Ebd., IV,11,1; *CR* 52,383.

[83] Siehe auch *Institutio* I,6,3; IV,8,8f.; VII, 1,4f.; XI,1.

[84] Vgl. K.Kantzer, aaO, S. 140; J.I.Packer, aaO, S. 103f.

[85] *Institutio* I,8,1 *(sub contemptibili verborum humilitate).*

[86] Vgl. Calvins Kommentar zu Joh 3,12.

[87] Vgl. *Institutio* I,6,2. Dieser Sachverhalt wird von K.Barth, *Kirchliche Dogmatik*, I/2, S. 578 richtig erkannt.

[88] Vgl. *Gen.* I,58; *Harmonie* I, 38–39.

[89] Vgl. O.Weber, Art. »Inspiration der Heiligen Schrift. Dogmengeschichtlich«, *Religion in Geschichte und Gegenwart*, Bd. 3, Sp. 777; ausführlich R.C. Sproul, aaO, S. 338–344.

[90] *Institutio* I,7,4; I,9,2.

[91] Z.B. W.Krusche, *Das Wirken des Heiligen Geistes nach Calvin*, Göttingen 1957, S. 161–184 (stand nicht zur Verfügung); J.B.Rogers, K.McKim, *The Autority and Interpretation of the Bible*, San Francisco 1979, S. 89–116.

[92] Für Einzelheiten vgl. J.I.Packer, aaO, S. 105–107; J.H.Gerstner, aaO, S. 37–40; ders., »View«, S. 391ff.

[93] Vgl. E.Schlink, *Theologie der lutherischen Bekenntnisschriften*, München 1940, S. 24ff.

[94] Vgl. J.Müller, Hrsg., *Die symbolischen Bücher der evangelisch-lutherischen Kirche*, Stuttgart [12]1928, S. 517f., vgl. S. 568f.

[95] Vgl. P.Jacobs, in R.H.Grützmacher, *Textbuch zur deutschen systematischen Theologie in ihrer Geschichte vom 16. bis 20. Jahrhundert*, Gütersloh [4]1961, S. 2f.

[96] Für die folgenden Zitate siehe H.Steubing, Hrsg., *Bekenntnisse der Kirche: Bekenntnistexte aus zwanzig Jahrhunderten*, Wuppertal 1970, S. 119–237.

[97] Vgl. A.Adam, *Lehrbuch*, Bd. 2, S. 339f.

[98] Vgl. J.Baur, *Die Vernunft zwischen Ontologie und Evangelium: Eine Untersuchung zur Theologie J.A.Quenstedts*, Gütersloh 1962, S. 7. Was den Pietismus betrifft, siehe A.Tholuck, *Der Geist der lutherischen Theologen Wittenbergs im Verlaufe des 17. Jahrhunderts*, Hamburg 1852; ders., *Das kirchliche Leben des 17. Jahrhunderts*, 1861.

[99] Vgl. B.Hägglund, *Die Heilige Schrift und ihre Deutung in der Theologie J.Gerhards,* Lund 1951, S. 5; R.D.Preus, *The Inspiration of Scripture: A Study of the Theology of the 17th Century Lutheran Dogmaticians,* London [2]1957; S.IX; ders., *The Theology of Post-Reformation Lutheranism,* St. Louis 1970, S. 340; J.Baur, aaO, S. 7,12; E.F.Klug, *From Luther to Chemnitz,* 1971, S. 219; R.Kirste, *Zeugnis,* 1976, S. 13.

[100] Vgl. J.T.Mueller, »Luther and the Bible«, *Inspiration and Interpretation,* hrsg. von J.Walvoord, S. 96; C.H.Pinnock, *Revelation,* S. 156; E.F.Klug, aaO, S. 154; auch R.Kirste, aaO, S. 44–47.

[101] Für das Folgende siehe besonders P.Petersen, *Geschichte der aristotelischen Philosophie im protestantischen Deutschland,* Leipzig 1921 (= Stuttgart 1964); R.Kirste, aaO, S. 17–28.

[102] Chemnitz, *Loci theologici,* Frankfurt/Wittenberg 1591 (1653), part tertia, S. 215f.: »*Theses de verbo Dei seu Scriptura sacra*«. Chemnitz bekräftigt: Gott hat dem gefallenen Menschen durch sein eigenes Wort seinen Willen kundgetan (These 3). Gott hat selbst gesprochen, weil er nicht wollte, daß seine Kinder sich auf Visionen oder Erscheinungen noch auf Einbildung oder menschliche Tradition stützten (These 4). Die inspirierte Schrift ist das Wort Gottes, durch Zeugen aufgrund göttlicher Autorität und unzweifelhafter Zeugnisse bestätigt (These 5). Die Schreiber haben nicht notwendigerweise immer alles wörtlich wiedergegeben (z.B. lange Reden, Predigten), sondern haben oft »eine kurze und ausreichende Zusammenfassung« gegeben, wobei Gott allerdings auch hier der Autor ist (These 6). Chemnitz betont dann die Vollkommenheit *(perfectio),* die Allgenugsamkeit *(sufficientia)* und die Klarheit *(claritas)* der Heiligen Schrift (Thesen 14–17). Er schließt mit dem Satz: »So verwahren wir uns von ganzem Herzen gegen die Lästerungen der Päpstlichen, die laut schreien, daß die Heilige Schrift unvollkommen, ungenügend, doppeldeutig und dunkel sei« (These 19).

[103] Vgl. besonders R.D.Preus, *Study,* [2]1957. Zu J.Gerhard vgl. R.Kirste, *Zeugnis,* 1976, S. 55–97.

[104] Der Vorwurf, die lutherische Orthodoxie verehre die Bibel als »papierenen Papst« ist deshalb völlig unzutreffend. Schon allein die angewandte aristotelische Wissenschaftslehre und Ontologie schließt eine Verwechslung oder Vermischung der »Göttlichkeit Gottes« mit dem Wesen (!) der Schrift aus.

[105] Vgl. Gerhard, *Loci,* II, Prooemium § 19.

[106] Vgl. B.Hägglund, *Heilige Schrift,* S. 136ff.; R.Kirste, aaO, S. 58f. Gerhard setzt damit einen eindeutigen Maßstab: »*Scriptura est principium summum, immediatum, necessarium et unica credendi causa atque regula*« (*Loci,* I, 28a,§ 41).

[107] Vgl. Calov, *Scripta Philosophica,* Lübeck 1651, S. 465, der auf Aristoteles verweist: »*Principium est, quod est origo processionis*«.

[108] So unterscheidet Gerhard in seiner Polemik gegen die katholische Lehre, welche ungeschriebene Tradition, Konzilsbeschlüsse und Dekrete der Heiligen Schrift beifügen, zwischen »*principiata*« und »*principia*«: »Die

Glaubensartikel sind *principiata*, nämlich aus der Schrift abgeleitete Schlußfolgerungen. Deshalb sind nicht sie, sondern die Schrift selbst der einzige und sachgemäße Grund der Theologie« (*Loci*, II, Prooemium § 19).

[109] Gerhard, ebd., II,1,1,§ 7: »*Inter verbum Dei et scripturam sacram, materialiter acceptam, non esse reale aliquod discrimen*«. Es werden auch Ausdrükke wie »*vox Dei*«, »*ipsissimum Dei verbum*«, und »*epistola coelestis*« gebraucht.

[110] Dargestellt nach J.Gerhard. Vgl. R.Kirste, aaO, S. 61ff.

[111] Lat. *amanuenses, tabelliones, notarii, actuarii*. Vgl. Gerhard, *Loci*, II, 1,2. § 18; Calov, *Systema*, I,4,556; Quenstedt, *Theologia*, I,4,2,Th.3.

[112] R.Kirste, aaO, S. 67.

[113] C.Martini definiert: »*Forma est, quae dat esse rei*«. Vgl. B.Hägglund, aaO, S. 36.

[114] Vgl. Gerhard, *Loci*, II, 1,1,§ 5.

[115] Vgl. Calov, *Systema Locorum Theologicorum*, Wittenberg 1655ff., I,4,707.

[116] Hollaz, *Examen*, S. 106 führt dazu aus: Die Sonne ist Licht in sich selbst und das Maß des Lichtes, auch wenn ein Blinder sie nicht sehen kann; genauso ist die Heilige Schrift göttlich und Maßstab (Autorität), auch wenn keiner da ist, der sie hört oder liest.

[117] Zum Verhältnis von Wort und Geist und zum hier relevanten Rahtmannschen Streit vgl. Lau, Art. »Rahtmann«, *Religion in Geschichte und Gegenwart*, Bd. 5, Sp. 770; R.H.Grützmacher, *Wort und Geist*, 1902, S. 220ff.; R.Kirste, S. 67ff., 75ff., 85ff.

[118] Vgl. Hollaz, *Examen*, Prol. III,Q 33,51; Gerhard, *Loci*, I, 367ff.; vgl. R.Kirste, aaO, S. 63; H.G.Pöhlmann, aaO, S. 58f.

[119] Man unterscheidet also zwischen der »Wahrheit des Zitats« *(veritas citationis)* und der »Wahrheit der zitierten Sache« *(veritas rei citatae)*.

[120] Quenstedt, *Theologia*, I,4,2,q.5,b.2: »*Peculiarem motum, instinctu, afflatum, impulsum et dictamen Spiritus S. ad hoc et non aliud scribendam.*«

[121] Vgl. Quenstedt, ebd., I,4,2,q.2,font.7: »Diese dargebotene äußerliche Gelegenheit hebt den innerlichen Befehl zum Schreiben und die göttliche Inspiration nicht auf, sondern erhält diese eher aufrecht.«

[122] Vgl. Quenstedt, ebd., I,4,2,Th.3.

[123] Vgl. Quenstedt, ebd., I,4,2,q.2.

[124] Calov, *Biblia Novi Testamenti Illustrata*, Dresden 1719, II, 1037.

[125] Quenstedt, *Theologia*, I,4,2,q.5,Th.: »Omnia et singula sunt verissima, quaecumque in illa traduntur, sive dogmatica illa sint, sive moralia, sive Historica, Chronologia, Topographica, Onomastica, nullaque ignorantia, incogitantia aut oblivio, nullus memoriae lapsus Spiritus S. amanuensibus, in consignandis S. Literis, tribui potestant debet.«

[126] Calov, *Systema*, I,4,607,q.10.

[127] Vgl. Calov, ebd., I,4,551.

[128] Vgl. Quenstedt, ebd., I,4,2,q.5,b.

[129] Vgl. Calov, ebd., I,4,552.

[130] Vgl. Quenstedt, ebd., I,4,2,q.4,Th.

[131] Vgl. Quenstedt, ebd., I,4,2,q.5; Calov, ebd., I,4,561ff.; Hollaz, *Examen theologicum acroamaticum*, Ed. 1750, S. 92.

[132] Vgl. Quenstedt, ebd., I,4,2,157: »*Littera sine sensu non est verbum Dei vere et proprie.*«

[133] Vgl. Quenstedt, ebd., I,4,2,q.5,Th.: »*Scriptura Canonica Originalis est infallibilis veritatis omnisque erroris expers.*«

[134] Vgl. Hollaz, ebd., S. 149; Quenstedt, ebd., I,4,2,q.18,ek.1.

[135] Vgl. Quenstedt, ebd., I,4,2,q.19; Hollaz, ebd., S. 149.

[136] Vgl. R.D.Preus, *Study*, S. 81ff.

[137] Quenstedt, ebd., I,4,2,q.2,4; vgl. ebd., I,4,1,Th.7.

[138] Vgl. Quenstedt, ebd., I,4,2,q.4.

[139] Gegen G.Hornig, *Die Anfänge der historisch-kritischen Theologie*, Göttingen 1961, S. 41, 44 und andere.

[140] Vgl. S. 13 (mit Anm. 37), 23.

[141] Vgl. Hollaz, *Examen*, S. 83: »*a dictante Spiritu Sancto conceptus rerum scribendarum suggeruntur*«; auch Quenstedt, ebd., I,4,2,q.2. Vgl. R.D.Preus, aaO, S. 72f.

[142] Vgl. H.Echternach, *Theozentrische Existenz: Theologie in der Krise der humanistischen Wissenschaft*, Witten 1965, S. 106 mit Anm. 63.

[143] Quenstedt, ebd., I,4,2,q.5 font.5.

[144] Vgl. Gerhard, *Loci*, II,1,265ff.; Calov, *Systema*, I,4,728.

[145] Vgl. H.Cremer, Art.»Inspiration«, *Real-Encyklopädie*, Bd. 6, 1880, S. 755; O.Ritschl, *Dogmengeschichte des Protestantismus*, Leipzig 1908, Bd. 1, S.171.

[146] Vgl. B.Hägglund, *Heilige Schrift*, S.86.

[147] Vgl. R.D.Preus, aaO, S.144.

[148] Man wußte nicht, daß die hebräische Schreibmethode kein alphabetisches System, sondern ein Konsonantensyllabar ist, in welchem die Vokale nicht durch spezifische Symbole zum Ausdruck gebracht werden müssen. Vgl. B.Hägglund, aaO, S.123; R.D.Preus, aaO, S.145f. So kam kein Dogmatiker auf den Gedanken, die Prämisse der Jesuiten, ein unvokalisierter Text könne keine klare Bedeutung haben, in Frage zu stellen.

[149] Vgl. R.D.Preus, aaO, S.201f., gegen J.A.Dorner, *Geschichte der protestantischen Theologie*, München 1867, S.554.

[150] Diese Korrelation wird sehr stark ins Zentrum gerückt von A.Sierszyn, *Das Wort Gottes: Theologische Bemerkungen zu seinem rechten Verständnis*, Bäretswil ²1974.

[151] Vgl. Quenstedt, *Theologia*, II,121,132.

[152] Vgl. Gerhard, *Loci*, VII,81,84,95; Calov, *Systema*, X,348; Hollaz, *Examen*, S.48.

[153] So schreibt J.Baur, *Vernunft*, 1962, S.181: »Die Endgestalt der orthodoxen Sätze erschien als das Ergebnis eines intensiven Ringens zwischen Ansatz und Ausdrucksmittel, zwischen Evangelium und Ontologie.«

[154] Vgl. W.L.Lumpkin, *Baptist Confessions of Faith*, Valley Forge, Pa, 1959.

[155] Vgl. L.R.Bush/T.J.Nettles, *Baptists and the Bible: The Baptist Doctrines of Biblical Inspiration and Religious Authority in Historical Perspective*, Chi-

cago ²1980; W.E.Nix, »The Doctrine of Inspiration since the Reformation«, *Journal of the Evangelical Theological Society* 25 (1982) 444–447. Zu dem rigorosen Schriftprinzip der Täufer zur Zeit der Reformation siehe H.Reventlow, *Bibelautorität und Geist der Moderne: Die Bedeutung des Bibelverständnisses für die geistesgeschichtliche und politische Entwicklung in England von der Reformation bis zur Aufklärung*, Forschungen zur Kirchen- und Dogmengeschichte Bd. 30, Göttingen 1980, S.99 mit Anm. 50.

[156] Vgl. Bush/Nettles, aaO, S.50–57 für eine gründliche Analyse.

[157] Vgl. ebd., S.61–72.

[158] »The New Hampshire Declaration of Faith«. Eine deutsche Übersetzung findet sich bei H.Steubing, Hrsg., *Bekenntnisse*, S.276–280.

[159] Vgl. Bush/Nettles, aaO, S.388–392.

[160] *Sword and Trowel*, April 1887, S.170; vgl. Bush/Nettles, aaO, S.247.

[161] *Sword and Trowel*, October 1889, S.551; vgl. Buch/Nettles, aaO, S.251.

[162] Die gründlichste neuere Darstellung stammt von P.Collinson, *The Elizabethan Puritan Movement*, London 1967; vgl. auch H.Reventlow, aaO, S.161–312.

[163] Vgl. H.D.McDonald, *Ideas of Revelation: An Historical Study A.D.1700–1860*, London 1959, S.196; W.R.Godrey, aaO, S.235f.

[164] Vgl. die ausführliche Darstellung bei H.Reventlow, aaO, S.186–312.

[165] Siehe auch A.Dulles, *Was ist Offenbarung?*, Freiburg 1970, S.62.

[166] John Owen, *Of the Divine Originall, Authority, self-evidencing Light, and Power of the Scriptures*, Oxford 1659. Owen wird von H.Reventlow nicht behandelt.

[167] Vgl. J.Owen, aaO, S.26: »Not only the Doctrine they taught, was the Word of truth, but the Words wereby they taught it, were Words of truth from God himselfe.«

[168] Vgl. ebd., S.9f.: »Thus the Word that came unto them, was a Book which they took in, and gave out without any alteration of one tittle or syllable . . . the Word is come forth unto us from God, without the least mixture or intervenience of any medium obnoxious to fallibility«.

[169] Ebd., S.68ff.

[170] Die deutsche Übersetzung findet sich in H.Steubing, Hrsg., aaO, S.207–237; der englische Text in J.H.Leith, Hrsg., *Creeds of the Churches*, Atlanta 1973, S.192–230.

[171] Vgl. J.H.Gerstner, »The Church's Doctrine«, S.42–45; ders., »View«, S.396–400.

[172] Vgl. H.D.McDonald, aaO, S.212.

[173] Zu Bengels Schriftverständnis vgl. E.Ludwig, *Schriftverständnis und Schriftauslegung bei Johann Albrecht Bengel*, Stuttgart 1952; H.Reiss, *Das Verständnis der Bibel bei Johann Albrecht Bengel*, Diss. Münster 1952 (maschinenschriftlich, konnte nicht eingesehen werden); M.Brecht, »Johann Albrecht Bengels Theologie der Schrift«, *Zeitschrift für Theologie und Kirche* 64 (1967) 99–120. Brecht kritisiert die praktisch-exegetischen Auswirkungen von Bengels Hochschätzung der Schrift als Gottes Wort:

dies sei ein Kurzschluß, ein Doketismus, der die notwendige »innere Kritik der Schrift« ausschließe und zu falscher Exegese führe (aaO, S.118f.).

[174] Bengel, *Cyclus*, Ulm 1745, S.112 (zitiert bei E.Ludwig, aaO, S.28). Vgl. *Gnonom Novi Testamenti*, Praefatio § 1: *»Paracletus per apostolos est locutus«*.

[175] *Gnomon*, zu Matth 16,13.

[176] *Cyclus*, S.109. Zu Bengels chronologisch-apokalyptischen Arbeiten vgl. M.Brecht, aaO, S.102–116.

[177] Vgl. *Gnomon* zu Röm 1,2: *»Attamen literis ad posteritatem ita multum tribuitur, ac si nulla vox fuisset.«*

[178] *Gnomon* zu Röm 1,2: *»Quod prophetae Dei dixerunt, Deus dixit«*.

[179] *Gnomon* zu Joh 3,12; vgl. E.Ludwig, aaO, S.32. Nicht gesehen von M.Brecht, aaO, S.118f.

[180] Vgl. E.Ludwig, ebd., S.28f.,88,126; G.Maier, *Heiliger Geist und Schriftauslegung*, Wuppertal 1983, S.10f. Vgl. Bengel, *Erklärte Offenbarung Johannis*, Frankfurt 1740, S.154f.

[181] *Gnomon* zu 2.Petr 1,21: *»Passive, non active . . . nulla sua vi, non suo labore.«*

[182] Vgl. *Gnomon* zu 2.Kor 3,3.

[183] Bengel, *Weltalter*, Esslingen 1746, S.49.

[184] So konnte Bengel sich auch wissenschaftlich um den reinen Urtext bemühen. Er war der erste Deutsche, der auf dem Gebiet der neutestamentlichen Textkritik »mit Ehre« gearbeitet habe (so das Urteil von E.Nestle, zitiert bei E.Ludwig, aaO, S.18). Einem angefochtenen Studenten gab er einmal den Rat: »Wenn die heiligen Schriften, die so oft durch mangelhafte Menschenhände gingen, ohne allen Mangel wären, so wäre das Wunder so groß, daß der Glaube daran nicht mehr Glaube wäre. Im Gegenteil wundert mich das, daß nicht viel mehr verschiedene Lesarten entstanden sind und daß die vorhandenen unseren Glaubensgrund nicht im Geringsten verrücken« (zitiert in *Correspondenzblatt*, 1833, S.526f.; vgl. *Lutherische Rundschau* 3, 1964, S.126f.).

[185] Vgl. H.Echternach, *Theozentrische Existenz*, Witten 1965, S.107f.; ders., »Was heißt Inspiration?«, *Theologische Beiträge* 9 (1978) 121f.; vgl. allgemein H.Linder, »Johann Georg Hamann über Bibel und Offenbarung«, *Theologische Beiträge* 5 (1975) 198–206 (mit Belegen).

[186] J.Wesley, *The Works of John Wesley*, London 1872 (Neudruck, Grand Rapids), Bd. 8, S.45f.; Bd. 10, S.80. Zitiert bei Nix, »Doctrine«, S.451.

[187] *Works*, Bd. 5, S.193: »»All Scripture is given by inspiration of God‹, consequently all Scripture ist infallibly true.«

[188] Vgl. H.D.McDonald, *Ideas of Revelation*, S.258; G.A.Turner, »Wesley as an Interpreter of Scripture«, *Inspiration and Interpretation*, hrsg. von J.F.Walvoord, 1957, S.161.

[189] J.C.Ryle, *The Christian Leaders of the Last Century*, 1873, S.26 (zitiert bei H.D.McDonald, aaO, S.212).

[190] Vgl. Nix, aaO, S.452.

[191] G.Hornig, *Die Anfänge der historisch-kritischen Theologie: Johann Salomo Semlers Schriftverständnis und seine Stellung zu Luther*, Forschungen zur Systematischen Theologie und Religionsphilosophie Bd. 8, Göttingen 1961 nennt J.S.Semler. H.J.Kraus, *Geschichte der istorisch-kritischen Erforschung des Alten Testaments von der Reformation bis zur Gegenwart*, Neukirchen-Vluyn ²1969, S.70 verweist auf Richard Simon.

[192] H.Reventlow, *Bibelautorität*, 1980, S.15–60 und passim.

[193] Vgl. H.A.E.van Gelder, *The Two Reformations in the 16th Century*, 1964, S.8–12.

[194] H.Reventlow, aaO, S.12f.

[195] Vgl. H.Reventlow, ebd., S.16–55 (siehe auch S.68–89 zu Erasmus).

[196] Vgl. H.Reventlow, ebd., S.161–671 (bes. S.313–671).

[197] Vgl. John Locke, *Essay Concerning Human Understanding*, IV, 18,5: »And therefore no proposition can be received for divine revelation or obtain the assent due to all such, if it be contradictory to our clear intuitive knowledge.« Locke formuliert seinen erkenntnistheoretischen Grundsatz folgendermaßen: »Whether it be a divine revelation or no, reason must judge, which can never permit the mind to reject a greater evidence to embrace what is less evident nor allow it to entertain probability in opposition to knowledge and certainty« (ebd., IV,18,10).

[198] So gibt Shaftesbury den Versuch, die dem Menschen aus der Natur evidente Ethik in der Bibel nachzuweisen, auf. Vgl. H.Reventlow, aaO, S.520.

[199] Vgl. H.Reventlow, ebd., S.673f.

[200] Vgl. die gründliche Analyse der Beziehung zwischen Bibelkritik und Deismus in England von H.Reventlow, ebd., S.470–671.

[201] K.Scholder, *Ursprünge und Probleme der Bibelkritik im 17. Jahrhundert: Ein Beitrag zur Entstehung der historisch-kritischen Theologie*, Forschungen zur Geschichte und Lehre des Protestantismus Bd. 10/33, München 1966, S.34–55. Scholder verweist auf die vielsagende Tatsache, daß zwischen 1595 und 1797 mehr als 700 Dissertationen zur Bekämpfung sozinianischer Thesen im Druck erschienen (ebd., S.34).

[202] Vgl. K.Scholder, ebd., S.56–78.

[203] So schreibt Kepler: »Aber schon die Hl. Schriften reden über gewöhnliche Dinge (worüber die Menschen zu belehren nicht ihre Bestimmung ist) mit den Menschen auf menschliche Weise, damit sie von den Menschen verstanden werden; sie benutzen das, was bei den Menschen unbezweifelt ist, um andere höhere und göttliche Dinge mitzuteilen« (*Opera Omnia*, IV, S.153, zitiert bei K.Scholder, abd., S.68).

[204] Vgl. K.Scholder, ebd., S.131–170. Zur Bedeutung von Descartes für die Philosophie vgl. K.Wuchterl, *Methoden der Gegenwartsphilosophie*, UTB 646, Stuttgart 1977, S.320–323.

[205] K.Scholder, aaO, S.149 (Hervorhebung von mir).

[206] K.Barth, *Die protestantische Theologie im 19. Jahrhundert*, (Zürich 1946) Hamburg 1975, S.28.

[207] Vgl. K.Barth, ebd., S.68ff.

[208] Vgl. G.Hornig, *Anfänge*, S.56–115.

[209] J.S.Semler, *Abhandlung von freier Untersuchung des Canon*, Halle 1771ff., I, S.47f. Noch deutlicher: »Die vorigen definitiones, scriptura sacra est verbum dei, muß man also fahren lassen als untauglich zu einer guten Lehrart« (II, S.598). Vgl. auch I, S.48,75,131; II, S.267f.; IV,S.422.

[210] Er sagt auch ganz deutlich, daß die neue Verhältnisbestimmung von Heiliger Schrift und Wort Gottes so lautet: *Scriptura sacra continet verbum Dei (Canon*, I, S.48,131).

[211] Vgl. G.Hornig, aaO, S.87. Das zweite Argument wird neuerdings von J.Barr in die Diskussion eingebracht, ohne allerdings in diesem Zusammenhang auf Semler zu verweisen (J.Barr, *Holy Scripture: Canon, Authority, Criticism*, Oxford 1983, S.1–22).

[212] Vgl. G.Hornig, aaO, S.65–73 (mit Verweis auf Semler, *Canon*, IV, S.256).

[213] Semler, *Canon*, IV, S.261; vgl. III, S.342: »Das Äußerliche einer Schrift aber kann gar keine Göttlichkeit in sich fassen«.

[214] Vgl. G.Hornig, aaO, S.75,100f.

[215] Vgl. G.Hornig, ebd., S.76–78 (mit Verweis auf Semler, *Canon*, II, S.45, 100, 274ff.).

[216] J.G.Herder, *Sämtliche Werke. Zur Religion und Theologie*, Tübingen ²1808ff., IX,3,S.329ff.

[217] Herder, ebd., XII, S. 106.

[218] Herder, ebd., IX,1,S.4. Auch bei ihm findet man den ungerechtfertigten Vorwurf der mechanistischen Diktatinspiration: »Der vom Geist Getriebene soll eine Orgelpfeife gewesen seyn, durch welche der Wind blies; eine hohle Maschine, der alle eigen Gedanken entnommen waren« (ebd.).

[219] Auf Lessings Seite sind folgende Schriften zu erwähnen: *Über den Beweis des Geistes und der Kraft*, 1777; *Das Testament Johannis*, 1777; *Eine Duplik*, 1778; *Eine Parabel*, 1778; *Axiomata*, 1778; *Anti-Göze*, 1778. Vgl. den Abdruck in P.Lorentz, Hrsg., *Philosophische Bibliothek*, Bd. 119, Leipzig 1909.

[220] Lessing, *Beweis*, S.94.

[221] Lessing, ebd., S.96; in diesem Zusammenhang steht der berühmte Satz über den »garstigen, breiten Graben, über den ich nicht kommen kann«.

[222] Vgl. Lessing, *Axiomata*, VIII–X, S.144–150.

[223] Lessing, *Erziehung des Menschengeschlechtes*, § 2,4 (ebd., S.224ff.).

[224] Dies wird sehr deutlich hervorgehoben von G.Huntemann, *Provozierte Theologie in technischer Welt*, Wuppertal 1968, S.71f.; ders., *Der verlorene Maßstab*, Bad Liebenzell 1983, S.14–20. Wichtig sind hier Kants *Kritik der praktischen Vernunft* (1788) und *Die Religion innerhalb der Grenzen der bloßen Vernunft* (1793).

[225] Vgl. K.Barth, *Protestantische Theologie*, S.236. Siehe auch W.D.Beck, »Agnosticism: Kant«, *Biblical Errancy: An Analysis of its Philosophical Roots*, hrsg. von N.L.Geisler, Grand Rapids 1981, S.53–78, bes. S.62–72 über die Möglichkeit von Offenbarung bei Kant.

[226] Kant, *Streit der Fakultäten*, 1798, S.78 (Hervorhebungen jeweils von mir).

[227] Kant, ebd., S.111.

[228] Kant, *Religion*, S.158.

[229] K.Barth, aaO, S.252.

[230] J.F.Röhr, *Grund- und Glaubenssätze der evangelisch-protestantischen Kirche*, Neustadt [2]1834, S.54 (vgl. R.H.Grützmacher, *Textbuch*, S.41f.).

[231] J.F.Röhr, ebd., S.163.

[232] J.A.L.Wegscheider, *Institutiones theologiae christianae dogmaticae*, Halle 1815 ([8]1844!), Praefatio VI.

[233] Vgl. J.A.L.Wegscheider, ebd., § 9; auch § 26, § 42.

[234] G.Chr.Storr, *Doctrinae christianae pars theoretica e sacris literis repetita*, Stuttgart 1793, § 9–11.

[235] Vgl. H.Hohlwein, Art. »Rationalismus und Supranaturalismus«, *Religion in Geschichte und Gegenwart*, Bd. 5, Sp. 791ff.; W.Gass, *Geschichte der protestantischen Dogmatik in ihrem Zusammenhang mit der Theologie überhaupt*, Berlin 1854ff., S.IV,142.

[236] K.Barth, *Protestantische Theologie*, S.360–400.

[237] Vgl. K.Barth, ebd., S.393.

[238] Vgl. J.Baillie, *The Idea of Revelation in Recent Thought*, New York 1956, S.12; A.Dulles, aaO, S.72; W.J.Abraham, *Divine Revelation and the Limits of Historical Criticism*, Oxford 1982, S.111.

[239] F.Schleiermacher, *Der christliche Glaube nach den Grundsätzen der evangelischen Kirche*, [2]1830f., § 130,2.

[240] Ebd., § 116,3; 121,2. Vgl. H.Cremer, Art. »Inspiration«, *Real-Encyklopädie* 6 (1880) 756; P.Dausch, *Die Schriftinspiration: Eine biblisch-geschichtliche Studie*, Freiburg 1891, S. 129.

[241] F.Schleiermacher, aaO, § 132.

[242] F.Schleiermacher, *Hermeneutik*, neu hrsg. von H.Kimmerle, Heidelberg [2]1974, S. 80.

[243] K.Barth, aaO, S. 400 urteilt in diesem Sinne über Schleiermachers Christologie.

[244] Vgl. die Bibliographie in P.Gennrich, *Der Kampf um die Schrift in der deutsch-evangelischen Kirche des 19. Jahrhunderts*, Berlin 1898.

[245] L.Gaussen, *Théopneustie ou pleine inspiration des Saintes Ecritures*, Genf 1840 ([2]1842).

[246] Ebd., S. 9,16. Er sagt: »C'est Dieu parlant dans l'homme, Dieu parlant par l'homme, Dieu parlant comme l'homme, Dieu parlant pour l'homme« (S. 13).

[247] A.G.Rudelbach, »Die Lehre von der Inspiration der heiligen Schrift«, *Zeitschrift für die Gesamte Theologie und Kirche* 1-2 (1840), 4 (1841), 2 (1842).

[248] Vgl. L.Bublitz, *J.T. Beck und seine Schriftlehre*, Freie Evangelisch-Theologische Akademie, Basel 1976.

[249] J.T.Beck, *Vorlesungen über Christliche Glaubenslehre*, hrsg. von J. Lindenmeyer, Gütersloh 1886, S. 497.

[250] J.T.Beck, *Einleitung in das System der christlichen Lehre*, Stuttgart 1838 ([2]1870), S. 232 mit Anm. 2.

251 Ebd., S. 229. Vgl. auch H.-J. Kraus, *Geschichte der historisch-kritischen Erforschung des Alten Testaments*, Neukirchen-Vluyn, [2]1969, S. 210f.

252 F.A. Philippi, *Kirchliche Glaubenslehre, Bd. I: Grundgedanken*, Stuttgart 1854, S. 152f.

253 Ebd., S. 182f.

254 W. Rohnert, *Die Inspiration der heiligen Schrift und ihre Bestreiter*, Leipzig 1889.

255 W. Kölling, *Die Lehre von der Theopneustie*, Breslau 1891.

256 Vgl. W. Windelbrand, *Lehrbuch der Geschichte der Philosophie*, neu hrsg. von H. Heimsoeth, Tübingen [17]1980, S. 554.

257 Vgl. G. Huntemann, *Maßstab*, 1983, S. 53f.

258 A. Ritschl, *Die christliche Lehre von der Rechtfertigung und Versöhnung*, Bd. II, (1874) [3]1889, S. 9ff.

259 Vgl. G. von Rohden, »Von dem gegenwärtigen Stande der Schriftfrage«, *Christliche Welt* 1 (1895) 3.

260 W. Volck, *Inwieweit ist der hl. Schrift Irrtumslosigkeit zuzuschreiben?*, Vortrag, Dorpat 1884 ([2]1885); E. Mühlau, *Besitzen wir den ursprünglichen Text der hl. Schrift?*, Vortrag, Dorpat 1884.

261 Th. Harnack, *Über den Kanon und die Inspiration der biblischen Schrift: Ein Wort zum Frieden*, Dorpat 1885.

262 W. Herrmann,·*Die Bedeutung der Inspirationslehre für die evangelische Kirche*, Halle 1882, S. 20ff. Vgl. P. Gennrich, aaO, S. 88.

263 A. Tholuck, »Die Inspirationslehre«, *Deutsche Zeitschrift für christliche Wissenschaft und christliches Leben*, 1850, Nr. 16-18, 42-44.

264 Ebd., Nr. 44, S. 346. Er scheint von der Textkritik ziemlich beeindruckt gewesen zu sein; wiederholt verweist er auf die »zirka 50 000 Varianten« (Nr. 42, S. 330; Nr. 44, S. 347).

265 A. Tholuck, Art. »Inspiration«, *Real-Encyklopädie* 6 (1856) 69ff.

266 R. Stier, »Über Inspiration«, *Deutsche Zeitschrift für christliche Wissenschaft* 1851, S. 169ff.; J. Lange, *Philosophische Dogmatik*, 1849, S. 535ff.; E. Riehm, »Über den gottmenschlichen Charakter der Heiligen Schrift«, *Studien und Kritiken* 2 (1895) 304ff.

267 R. Rothe, »Offenbarung und Heilige Schrift«, *Studien und Kritiken* 1860-1861, in Buchform erschienen unter dem Titel *Zur Dogmatik*, Gotha, 1863 ([2]1869).

268 R. Rothe, *Zur Dogmatik*, S. 229.

269 Ebd., S. 67f.

270 Ebd., S. 122, 164, 294.

271 Ebd., S. 123, 289ff.

272 J.Chr.K. von Hofmann, *Der Schriftbeweis: Ein theologischer Versuch*, Nördlingen (1852ff.) [2]1857, S. 676f.

273 F.A. Nitzsch, *Lehrbuch der evangelischen Dogmatik*, Tübingen 1892 ([3]1912), S. 263f.

274 H. Cremer, Art. »Inspiration«, *Real-Encyklopädie* 6 (1880) 746, 761.

275 H.R. Frank, *System der christlichen Wahrheit*, (1878) [3]1894, II, S. 442.

[276] A. Dieckhoff, *Die evangelisch-lutherische Lehre von der heiligen Schrift*, 1858; ders., *Das gepredigte Wort und die heilige Schrift*, 1886; ders., *Das Wort Gottes*, 1888.

[277] A. Dieckhoff, *Über die Inspiration und die Irrtumslosigkeit der heiligen Schrift*, Leipzig 1891.

[278] So z.B. Superintendent Holtzheuer, »Die hl. Schrift enthält nicht bloß das Wort Gottes, sondern sie ist das Wort Gottes. Vortrag«, *Evangelische Kirchenzeitung* 1890, Nr. 41-42; Pastor Schulze, »Die Herrlichkeit der hl. Schrift als Offenbarung Gottes. Vortrag«, *Evangelische Kirchenzeitung* 1891, Nr. 43ff.

[279] So z.B. Generalleutnant von Hertzberg, *Wie dünket euch um die Schrift? Ein apologetisches Laienwort*, Frankfurt a.O. 1892; Limbach, *Gotteswort, nicht Menschenwort: Ein Protest aus der Mitte der christlichen Gemeinde gegen den modernen kritischen Unfug*, Reutlingen ²1896. Vgl. P. Gennrich, aaO, S. 104 Anm. 3 für weitere »Laienworte«.

[280] R. Kinzler, *Über Recht und Unrecht der Bibelkritik: Zur Verständigung mit ängstlichen Verehrern der Bibel*, Basel 1894.

[281] Ebd., S. 37, 25ff., 14ff. Er gebraucht ebenfalls den Begriff der »Gottmenschlichkeit« der Bibel (S. 28, 46).

[282] Vgl. den Bericht in *Bibel und Gemeinde* 74 (1974) 4f. Zu den ersten Mitgliedern des Vereins gehörten auch Kölling, v.Lerber, v.Hertzberg. Ab Ostern 1901 erschien die Monatszeitschrift *Nach dem Gesetz und Zeugnis*, die sich vor allem mit Themen wie Inspiration, Offenbarung, Echtheitsfragen, Bibel-Babel-Streit, Literarkritik u.a. beschäftigte. Sie erscheint heute unter dem Namen *Bibel und Gemeinde*.

[283] M. Kähler, *Unser Streit um die Bibel*, Leipzig 1895. Er meint, die Stunde sei gekommen, in der man warnend auf die Unzuverlässigkeit dieser »altehrwürdigen Bürgschaft« für das Ansehen der Bibel hinweisen müsse (S. 41f.).

[284] Ebd., S. 28ff., 32f., 36.

[285] Ebd., S. 65.

[286] A. Schlatter, »Die Kirche und die negative Kritik«, *Evangelische Kirchenzeitung* 1890, Nr. 25-26, bes. S. 471; ders., *Das christliche Dogma*, Stuttgart ²1923 (³1977), S. 372f.

[287] A. Schlatter, aaO, S. 375-378. Vgl. H. Hempelmann, *Grundfragen der Schriftauslegung*, Wuppertal 1983, S. 25-31.

[288] Ähnliche Auffassungen vertraten E. Haupt, *Die Bedeutung der hl. Schrift für den evangelischen Christen*, Leipzig 1891; M. Nathusius, *Die Inspiration der Heiligen Schrift*, Stuttgart 1895; G. Burckhardt, *Ein Weg aus der Wirrsal des Kampfes*, Leipzig 1897.

[289] D. Kirn, »Die Autorität der Heiligen Schrift für das christliche Leben und Erkennen«, *Christliche Welt* 1897, S. 355ff.

[290] R. Seeberg, *Offenbarung und Inspiration*, Berlin 1908, S. 3: »In den letzten Jahrzehnten ist eine altersgraue Mauer gefallen, die Jahrhunderte die Stadt der evangelischen Christenheit umschlossen und beschützt hatte. Man hatte zunächst einen schadhaften Stein um den anderen aus ihr

herausgenommen, andere Steine waren dabei mit herausgefallen, schließlich stürzten weitere Partien ein, die Hoffnung auf Restauration erwies sich als undurchführbar. Man beschloß die Mauer abzutragen, seufzend arbeiteten die einen daran, fröhlich die anderen. – Die Mauer, an die ich denke, war die Verbalinspiration der Bibel . . . Wie über Nacht ist sie verschwunden. Kein namhafter Theologe tritt noch für sie ein, sie wird in den Schulen nicht mehr gelehrt, und auch die streng am alten Glauben festhaltenden Gemeindeglieder fangen an, sich ihrer zu entwöhnen.«

[291] Ebd., S. 34. Seeberg konstatiert für die biblischen Schreiber eine »psychische Prädisposition« und eine »Erregung der Seele durch die Kraft des Objektes« (S. 48).

[292] K. Girgensohn, *Die Inspiration der Heiligen Schrift*, Dresden [2]1926 (zuerst veröffentlicht in drei Nummern der *Pastoralblätter*, 1924–1925).

[293] Ebd., S. 54–60. Vgl. ders., *Grundriß der Dogmatik*, Leipzig/Erlangen, 1924, S. 63–65.

[294] Vgl. besonders J.T. Burtchaell, *Catholic Theories of Biblical Inspiration since 1810: A Review and Critique*, Cambridge 1969, S. 8–229 (zum 19. Jahrhundert) für eine Darstellung der verschiedenen Meinungen; siehe auch O. Loretz, *Ende*, I, S. 56–142, der eine repräsentative Auswahl von katholischen Theologen und Exegeten referiert (Dokumente in II, S. 42–282).

[295] Für das Folgende vgl. J. Beumer, *Die katholische Inspirationslehre zwischen Vatikanum I und II*, Stuttgart 1966, S. 11–55; ders., »Die Inspiration der Heiligen Schrift«, *Handbuch der Dogmengeschichte*, I/3b, Freiburg 1968, S. 61–64, 67–74; O. Loretz, aaO, I, S. 62–70, 143–154. Zur Offenbarungsthematik im Katholizismus vgl. L. Scheffczyk, »Die theologische Erneuerung im 19. Jahrhundert«, *Handbuch der Dogmengeschichte*, I/1b, 1977, S. 79–99; H. Waldenfels, »Die lehramtliche Reaktion des 1. Vatikanischen Konzils«, ebd., S. 99–107.

[296] Denzinger-Schönmetzer, *Enchiridion Symbolorum*, Barcelona [33]1965, 3006.

[297] Denz., 3280–3294; *Enchiridion Biblicum* (E.B.), Rom [4]1961, 81–134.

[298] *E.B.*, 124.

[299] *E.B.*, 137–148.

[300] Gegen M.-J. Lagrange und F. von Hummelauer u.a.

[301] *E.B.*, 257–267.

[302] Ebd., 440–495; *Denz.*, 3650–3654.

[303] Vgl. die Sammlung von Aufsätzen Warfields über Offenbarung und Inspiration, B.B. Warfield, *The Inspiration and Authority of the Bible*, hrsg. von G. Craig, Grand Rapids 1948 ([6]1970). Vgl. insgesamt J.H. Gerstner, »Warfield's Case for Biblical Inerrancy«, *God's Inerrant Word*, Minneapolis 1974, S. 115–142; H. Krabbendam, »B.B. Warfield versus G.C. Berkouwer on Scripture«, *Inerrancy*, Grand Rapids 1980, S. 413–446; J.D. Woodbridge, R.H. Balmer, »The Princetonians and Biblical Authority«, *Scripture and Truth*, hrsg. von D.A. Carson, 1983, S. 251–279.

[304] Vgl. J. Baur, *Vernunft*, S. 177.

[305] Vgl. *Religion in Geschichte und Gegenwart*, Bd. 2, Sp. 11/8; N.F. Furniss, *The Fundamentalist Controversy 1918–1931*, New Haven 1954, S. 13.

[306] Der Gebrauch dieses Wortes in diesem Sinn geht mindestens bis 1909 zurück (vgl. J.I. Packer, *»Fundamentalism« and the Word of God*, London/ Grand Rapids 1958, [11]1974, S. 28). Ab 1910 erschien die Schriftenreihe *The Fundamentals: A Testimony to the Truth*, in der Konservative wie Warfield, Orr, Anderson, Moule, Torrey u.a. schrieben.

[307] Viele Konservative sahen es deshalb nicht gerne, wenn man sie als »Fundamentalisten« bezeichnete. Vgl. J.I. Packer, aaO, S. 36.

[308] Vgl. J.C. Rylaarsdam, »The Problem of Faith and History in Biblical Interpretation«, *Journal of Biblical Literature* 77 (1958) 27ff.; A.C. Thiselton, *The Two Horizons: New Testament Hermeneutics and Philosophical Description with Special Reference to Heidegger, Bultmann, Gadamer, and Wittgenstein*, Exeter 1980, S. 228.

[309] R. Bultmann, *Der Begriff der Offenbarung im Neuen Testament*, Tübingen 1929, S. 12.

[310] Ebd., S. 29. Mit dieser Betonung der Zusammengehörigkeit von Heilsfaktum und subjektivem Betroffenwerden gibt Bultmann eine grundsätzliche Begründung der Entmythologisierung und der existentiellen Interpretation; vgl. F. Konrad, *Das Offenbarungsverständnis der evangelischen Theologie*, Beiträge zur ökumenischen Theologie Bd. 6, München 1971, S. 48.

[311] R. Bultmann, aaO, S. 38

[312] Ebd., S. 40f., 45.

[313] E. Brunner, *Unser Glaube: Eine christliche Unterweisung*, Zürich 1935 ([14]1981). Vgl. P.K. Jewett, »Emil Brunner's Doctrine of Scripture«, *Inspiration and Interpretation*, 1957, S. 210–238.

[314] Vgl. E. Brunner, *Offenbarung und Vernunft: Die Lehre von der christlichen Glaubenserkenntnis*, Zürich 1941 ([2]1961), S. 118f., 127, 270ff.

[315] E. Brunner, *Philosophie und Offenbarung*, Tübingen 1925, S. 51. Die Antithese zwischen persönlicher Offenbarung und objektiver Information und Kommunikation ist falsch. Vgl. zu Brunner in diesem Zusammenhang J.I. Packer, »The Adequacy of Human Language«, *Inerrancy*, 1980, S. 205.

[316] E. Brunner, *Offenbarung*, S. 272.

[317] Ebd., S. 276.

[318] Vgl. E. Brunner, *Glaube*, S.15.

[319] E. Brunner, *Offenbarung*, S. 272.

[320] Für eine gute Analyse von der Rolle des Heiligen Geistes im Rahmen des »*testimonium spiritus sancti internum*« vgl. R.C. Sproul, »The Internal Testimony of the Holy Spirit«, *Inerrancy*, S. 349–351.

[321] Vgl. dazu J.K.S. Reid, *The Authority of Scripture*, London 1957, S. 194–221; K. Runia, *Karl Barth's Doctrine of Holy Scripture*, Grand Rapids 1962; G.H. Clark, *Karl Barth's Theological Method*, Philadelphia 1963, S. 185–225; C. Brown, *Karl Barth and the Christian Message*, London/

Chicago 1967, S. 35–67, 143–147; J.I. Packer, »Encountering Present–Day Views of Scripture«, *The Foundation of Biblical Authority*, hrsg. von J.M. Boice, Grand Rapids 1978, S. 70–73.

322 K. Barth, *Kirchliche Dogmatik* (KD), Zürich 1938ff., I,2, S. 512.

323 *KD* I.1, S. 116 (Hervorhebung von mir).

324 *KD* I,1, S. 116, 120 (»*Deus dixit – Paulus dixit*« heißt: Gott sprach – Paulus sprach).

325 *KD* I,1, S. 171. Barth verweist in diesem Zusammenhang darauf hin, daß auch die biblischen Wunder diese »Mauer der Welthaftigkeit« nicht sprengen.

326 *KD* I,1, S. 172.

327 *KD* I,1, S. 174.

328 *KD* I,2, S. 549.

329 *KD* I,2, S. 562, 587. Barth versucht, diese Feststellung der Fehlbarkeit der Schrift durch Hinweise auf das Welt- und Menschenbild (!) der Bibel, auf ihr Geschichtsverständnis und auf ihren teilweise auch theologisch anfechtbaren Gehalt (!) zu beweisen (vgl. *KD* I,2, S. 564ff.).

330 *KD* I,2, S. 568, und *Der Römerbrief*, 1922 (Zürich ¹¹1976), S.V,X; auch *KD* I,2, S. 547.

331 Vgl. K. Runia, aaO, S. 24.

332 Barth lehnt eine direkte Identität von dem »Menschenwort der heiligen Schrift und dem Worte Gottes« ausdrücklich ab; vgl. *KD* I,2, S. 553f. Barth schreibt: »Der Satz ›Die Bibel ist Gottes Wort‹ ist ein Glaubensbekenntnis, ein Satz des im biblischen Menschenwort Gott selbst reden hörenden Glaubens . . . Die Bibel *wird* also Gottes Wort in diesem Ereignis und auf ihr *Sein* in diesem *Werden* bezieht sich das Wörtlein ›ist‹ in dem Satz, daß die Bibel Gottes Wort ist« (*KD* I,1, S. 112f.).

333 Vgl. *KD* I,2, S. 590.

334 Vgl. *KD* I,2, S. 548. Hier kritisiert Barth den alten Liberalismus des 19. Jahrhunderts.

335 Vgl. *KD* I,2, S. 586; I,1, S. 171.

336 *KD* I,2, S. 560.

337 *KD* I,2, S. 563.

338 *KD* I,2, S. 607.

339 Man vergleiche nur Jesu Verheißungen an seine Jünger in Lk 10,16: »Wer euch hört, hört mich«; Mt 10,40: »Wer euch aufnimmt, nimmt mich auf« (vgl. Joh 13,20); und Joh 20,21: »Wie der Vater mich ausgesandt hat, sende ich auch euch.«

340 Vgl. J.I. Packer, »›Sola Scriptura‹ in History and Today«, *God's Inerrant Word*, 1974, S. 57. Packer verweist in diesem Zusammenhang auf Barths ungenügenden Geschichtsbegriff (vgl. S. 62).

341 Vgl. J.I. Packer, »Encountering Present-Day Views of Scripture«, S. 73.

342 Vgl. K. Runia, aaO, S. 49ff. An dieser Stelle machte Paul Althaus bekanntlich Barth den Vorwurf des Christomonismus.

343 Vgl. J.M. Frame, »God and Biblical Language«, *God's Inerrant Word*, S. 174f., gefolgt von J.I. Packer, »The Adequacy of Human Language«, *Inerrancy*, S. 215.

[344] Vgl. G.R. Lewis, »The Human Authorship of Inspired Scripture«, *Inerrancy*, S. 247.

[345] So C.H. Pinnock, *Biblical Revelation*, Chicago ²1972, S. 176.

[346] Vgl. R.C. Sproul, »The Case for Inerrancy: A Methodological Analysis«, *God's Inerrant Word*, S. 256.

[347] Vgl. H. Echternach, *Theozentrische Existenz*, S. 107.

[348] Vgl. K. Runia, aaO, S. 124ff.

[349] Kritische Fragen in diesem Sinne stellt K. Runia, aaO, S. 174f.

[350] Die entscheidenden Verlautbarungen des ÖRK sind zusammengefaßt bei E. Flesseman-van Leer, *The Bible: Its Authority and Interpretation in the Ecumenical Movement*, Faith and Order Paper No. 99, ÖRK Genf 1980. Es fällt auf, daß die deutsche evangelikale Kritik – hier ist in erster Linie der Tübinger Missionswissenschaftler P. Beyerhaus zu nennen – keine eingehende oder auch nur befriedigende Analyse der Schrifthaltung des ÖRK geliefert hat; man behandelt wichtige christologische, soteriologische, anthropologische und missiologische Fragen, läßt aber den doch alles entscheidenden bibliologischen Ansatz in der Kritik außer acht. An diesem Punkt ist noch einiges nachzuholen. Auch A.P. Johnston, *World Evangelism and the Word of God*, Minneapolis 1974, »behandelt« die »ecumenical theology of Scripture« nur in etwas über zwei Seiten (S. 255–257). Die neueste ausführliche Untersuchung ist die von P.G.Schrotenboer, »The Bible in the World Council of Churches«, *Calvin Theological Journal* 12 (1977) 144–163; vgl. auch A.Dulles, »Scripture: Recent Protestant and Catholic Views«, *Theology Today* 37 (1980) 7–26 (=*The Authoritative Word*; hrsg. von D.K.McKim, Grand Rapids 1983, S. 239–261, bes. S. 245–251).

[351] »Guiding Principles for the Interpretation of the Bible«, angenommen auf der ökumenischen Studienkonferenz im Wadham College in Oxford, 1949. Zuerst veröffentlicht in *Ecumenical Review* 2 (1950) 81–86, jetzt in E.Flesseman-van Leer, aaO, S. 13–17.

[352] »Scripture, Tradition and Traditions«, *The Fourth World Conference on Faith and Order: Montreal 1963*, Faith and Order Paper No. 42, hrsg. von P.C.Rodger, L.Vischer, London 1964, S. 50–60; jetzt in E.Flesseman-van Leer, aaO, S. 18–29.

[353] Vgl. R.Gnuse, »Authority of the Scriptures: Quest for a Norm«, *Biblical Theology Bulletin* 13 (1983) 59–66.

[354] Erkannt von E.Flesseman-van Leer, aaO, S. 3.
Ein wichtiger Satz lautet: »A mere reiteration of the words of Holy Scripture would be a betrayal of the Gospel« (Paragraph 50).

[355] »The Significance of the Hermeneutical Problem for the Ecumenical Movement«, zuerst veröffentlicht in *New Directions in Faith and Order: Bristol 1967*, Faith and Order Paper No. 50, Genf 1968, S. 32–41; jetzt in E.Flesseman-van Leer, aaO, S. 31–41.

[356] Man beachte einige Überschriften im ersten (»II. Unity and Diversity«) und im zweiten (»III. Diversity in the Bible and the Ecumenical Movement«) Teil.

357 »The Authority of the Bible«, *Faith and Order: Louvain 1971*, Faith and Order Paper No. 59, Genf 1971, S. 9–23; jetzt in E.Flesseman-van Leer, aaO, S. 43–57.

358 II.3: »Authority . . . can only be claimed for the Bible because by its witness it makes possible the knowledge of God and his authority. Therefore it only has derived authority« (ebd., S. 47).

359 So richtig und deutlich interpretiert von E.Flesseman-van Leer, ebd., S. 6.

360 III.10: »The dividing line between canonical and non-canonical writings is not a hard and fast one. It is much more a matter of a fluid boundary« (ebd., S. 52).

361 III.2: »The events as such have no revelatory significance at all but are, so to speak, dumb and in need of interpretation if God's voice is to be heard in them. In a sense, therefore, the interpretation is the event« (ebd., S. 48). III.4: »The temporal proximity and firsthand character of the Bible cannot be decisive for its authority« (ebd., S. 49). Man stellt fest, daß es gefährlich und oft unmöglich ist, hinter die in der Bibel immer vorliegende »Interpretation« zu den Ereignissen durchzustoßen (III.1).

362 IV.3: Inspiration ist »the outcome of the experience in which the message of the Bible proves itself authoritative. The assertion that this biblical testimony is inspired remains an utterance of faith. To assume inspiration in advance would lead to a legalistic view of Scripture« (ebd., S. 54).

363 *Denz.*, 3825–3831 (Auszug); *E.B.*, 538–569.

364 »Gleichwie das wesenhafte Wort Gottes den Menschen in allem ähnlich geworden ist ›außer der Sünde‹, so sind auch die göttlichen Worte, in menschlicher Sprache ausgedrückt, vollständig der menschlichen Rede ähnlich geworden mit Ausnahme des Irrtums . . . Sofern man also die Rede- und Schreibarten der Alten kennt und sie exakt einschätzt, lassen sich manche Einwände widerlegen, die gegen die Wahrhaftigkeit und geschichtliche Treue der Heiligen Bücher gemacht werden, und zugleich wird ein solches Bemühen dazu verhelfen, daß der Sinn des Heiligen Schriftstellers klarer zum Vorschein kommt« (*E.B.*, 559f.). Vgl. J.Beumer, *Inspirationslehre*, S. 69 Anm. 22, für eine Auflistung der zahlreichen Kommentare zu »*Divino afflante*«.

365 Siehe die entsprechende Analyse von Th.A.Hoffman, »Inspiration, Normativeness, Canonicity, and the Unique Sacred Character of the Bible«, *Catholic Biblical Quarterly* 44 (1982) 447f. (mit diesbezüglichen Zitaten von K.Rahner und J.L.McKenzie).

366 K.Rahner, »Über die Schriftinspiration«, *Zeitschrift für katholische Theologie* 78 (1956) 137–168 (=*Über die Schriftinspiration*, Quaestiones disputatae Bd. 1, Freiburg 1958, ⁴1965). Vgl. dazu J.T.Burtchaell, *Theories*, S. 252–256; O.Loretz, *Ende*, I, S. 155–162.

367 Vgl. J.T.Burtchaell, aaO, S. 256; J.Beumer, »Inspiration«, S. 74; O.Loretz, aaO, S. 161, A.Dulles, aaO, S. 243–245.

368 P.Benoit, »Les analogies de l'inspiration«, *Sacra Pagina*, Gembloux 1959, S. 86–99; ders., *Aspects of Biblical Inspiration*, Chicago 1965 (weitere Ar-

tikel und Bücher Benoits zur Inspirationsfrage sind aufgeführt bei J.T.Burtchaell, aaO, S. 308); J.L.McKenzie, »The Social Character of Inspiration«, *Catholic Biblical Quaterly* 24 (1962) 115–124; D.J.McCarthy, »Personality, Society, and Inspiration«, *Theological Studies* 24 (1963) 553–576.

[369] L.Alonso Schökel, *Sprache Gottes und der Menschen: Literarische und sprachpsychologische Beobachtungen zur Heiligen Schrift*, Düsseldorf 1968 (übersetzt von *The Inspired Word*, New York 1965).

[370] Ebd., S. 103–118.

[371] Ebd., S. 213–228.

[372] So O.Loretz, *Die Wahrheit der Bibel*, Freiburg 1964; auch P.Benoit. Vgl. J.Schildenberger, »Inspiration und Irrtumslosigkeit der Heiligen Schrift«, *Fragen der Theologie heute*, Einsiedeln 1957, S. 114–116.

[373] *Das Zweite Vatikanische Konzil. Teil II: Vatikanum II. Dogmatische Konstitution: Dei Verbum*, Freiburg 1967, S. 497–583. Die Konstitution ist zusammen mit der Diskussion über den Wortlaut von der ersten Vorlage an bis zum verabschiedeten Dekret abgedruckt in O.Loretz, *Ende*, II, S. 282–321. Zur Interpretation vgl. J.Beumer, *Inspirationslehre*, S. 83–98; ders., »Inspiration«, S. 77–81 (mit Literaturangaben); O.Loretz, aaO, I, S. 166–169.

[374] Vgl. J.Beumer, *Inspirationslehre*, S. 87f., 99, etwas vorsichtiger in »Inspiration«, S. 78, 80; A.Grillmeier, »Die Wahrheit der Heiligen Schrift und ihre Erschließung: Zum dritten Kapitel der Dogmatischen Konstitution ›Dei Verbum‹ des Vaticanum II«, *Theologie und Philosophie* 41 (1966) 180.

[375] Vgl. N.Lohfink, »Die Wahrheit der Bibel und die Geschichtlichkeit der Evangelien«, *Orientierung* 29 (1965) 255; J.Beumer, »Inspiration«, S. 77.

[376] O.Loretz, aaO, I, S. 169; W.M.Abbott, *The Documents of Vatican II*, New York 1966, S. 119 (zitiert von J.W.Montgomery, »The Approach of New Shape Roman Catholicism to Scriptural Inerrancy: A Case Study«, *God's Inerrant Word*, S. 269f.); A.Dulles, aaO, S. 246f.

[377] So stand im ersten Entwurf der scharf formulierte Satz: »Die göttliche Inspiration ist aus sich unverträglich und unvereinbar mit jeglichem Irrtum in religiösen wie profanen Dingen, und das so notwendig, wie Gott, die höchste Wahrheit, keinen Irrtum verursachen kann« (*Schemata constitutionum et decretorum de quivus disceptabitur in Concilii sessionibus*, Vatikanstadt 1962, S. 13), in O.Loretz, aaO, II, S. 286. Siehe die ausführliche Darstellung bei J.Beumer, »Inspiration«, S. 80.

[378] Vgl. J.Scullion, *The Theology of Inspiration*, Notre Dame 1970; J.H.Crehan, »Inspiration«, *A Catholic Dictionary of Theology*, Edinburgh 1971, III, S. 127–133; J.T.Burtchaell, *Theories*, 1969; B.Vawter, *Biblical Inspiration*, 1972.

[379] O.Loretz, *Das Ende der Inspirations-Theologie: Chancen eines Neubeginns*, I, Stuttgart 1974, S. 171, 173.

[380] Ebd., I, S. 175. Es ist in diesem Zusammenhang auch nur konsequent, wenn Loretz vorschlägt, aufgrund des großen sprachlichen und kulturel-

len Unterschieds, der uns von den biblischen Zeiten trenne, »auf die zum größten Teil für die Allgemeinheit ›unverständlichen‹ Schriften« ganz zu verzichten (ebd., S. 183).

381 Ebd., I, S. 186.

382 Th.A.Hoffman, »Inspiration, Normativeness, Canonicity, and the Unique Sacred Character of the Bible«, *Catholic Biblical Quaterly* 44 (1982) 447–469.

383 Ebd., S. 446f.

384 Ebd., S. 467.

385 Diese Situation wird ausdrücklich so beschrieben von P.J.Achtemeier, *The Inspiration of Scripture: Problems and Proposals*, Philadelphia 1980, S. 14, 99, der selbst nicht zu den Konservativen zählt (vgl. ebd., S. 17). Siehe auch J.Barr, *The Bible in the Modern World*, London 1973.

386 Vgl. A.Richardson, »The Rise of Modern Biblical Scholarship and Recent Discussion of the Authority of the Bible«, *The Cambridge History of the Bible*, III, 1963, S. 316f.: »Most theologians today seem to agree that the non-biblical category of ›inspiration‹ is not adequate to the elucidation of the doctrine of biblical revelation. Whether in its conservative form of ›inspired words‹ or in its liberal form of ›inspired men‹, it cannot adequately express the full biblical truth of God's self-communication to mankind«. Siehe auch C.F.D.Moule, *The Holy Spirit*, Grand Rapids 1975, S. 66–69; R.Jensen, »The Problem(s) of Scriptural Authority«, *Interpretation* 31 (1977) 244f.

387 Vgl. N.L.Geisler, W.E.Nix, *A General Introduction to the Bible*, Chicago ³1969, S. 46; C.F.Henry, *Frontiers of Modern Theology: A Critique of Current Theological Trends*, Chicago 1964 (⁴1972), S. 127.

388 »The Bible alone, and the Bible in its entirety, is the Word of God written and is therefore inerrant in the autographs«. Zitiert in M.J.Erickson, »Biblical Inerrancy: The Last Twenty-Five Years«, *Journal of the Evangelical Theological Society* 25 (1982) 387.

389 B.B.Warfield, *The Inspiration and Authority of the Bible*, hrsg. von S.G.Craig, Chicago 1948 (⁶1970!); E.J.Young, *Thy Word is Truth: Some Thoughts on the Biblical Doctrine of Inspiration*, Grand Rapids 1957 (⁸1974); J.I.Packer, »*Fundamentalism*« and the Word of God: Some Evangelical Principles, London/Grand Rapids 1958 (³1958, ⁸1967, ¹¹1974!). Vgl. auch R.L.Harris, *Inspiration and Canonicity of the Bible: An Historical and Exegetical Study*, Grand Rapids 1957/1969 (⁹1976); C.F.H.Henry, Hrsg., *Revelation and the Bible*, Grand Rapids, 1958; N.R.Stonehouse, P. Woolley, Hrsg., *The Infallible Word*, Philadelphia ³1967.

390 Vgl. die Schlußfolgerungen bei J.I.Packer, aaO, S. 169f.

391 C.H.Pinnock, *Biblical Revelation – The Foundation of Christian Theology*, Chicago 1971 (²1972); ders., *A Defense of Biblical Infallibility*, Philadelphia 1973.

392 Das *Ligonier Statement* ist abgedruckt in J.W.Montgomery, Hrsg., *God's Inerrant Word: An International Symposium on the Trustworthiness of Scripture*, Minneapolis 1974, S. 7, dem Sammelband der in Ligonier ge-

haltenen Referate. Das Statement ist unterschrieben von J.M.Frame, J.H.Gerstner, P.R.Jones, J.W.Montgomery, J.I.Packer, C.H.Pinnock, R.C.Sproul. Die einzelnen Beiträge können hier nicht eingehend vorgestellt werden.

[393] F.A.Schaeffer, *No Final Conflict*, London 1975, S. 11, 46.

[394] S.T.Davis, *The Debate About the Bible: Inerrancy Versus Infallibility*, Philadelphia 1977.

[395] Ebd., S. 51ff., 61ff., 77ff., 95ff., 114ff.

[396] Ebd., S. 71f., 75, 76, 76f., 116, 120.

[397] Vgl. ebd., S. 62: Irrtumslosigkeit impliziere eine Diktattheorie. Die biblische Irrtumslosigkeit wird außerdem von den meisten nicht mit den (*rein* apriorisch-deduktiven) Argumenten begründet, die Davis anführt; vgl. N.L.Geislers Buchbesprechung in *ICBI Update* 9, Spring 1981, S. 1f.

[398] H.Lindsell, *The Battle for the Bible*, Grand Rapids 1976 (3. Auflage Juni 1976!). Vgl. auch sein zweites Buch *The Bible in the Balance*, Grand Rapids 1979.

[399] J.B.Rogers, Hrsg., *Biblical Authority*, Waco 1977 ([3]1978). Die Beiträge stammen von P.Rees, J.Rogers, C.Pinnock (!), B.Mickelsen, B.Ramm, E.Palmer und D.Hubbard.

[400] J.B.Rogers, »The Church Doctrine of Biblical Authority«, ebd., S. 17–46. Zu den philosophischen Voraussetzungen Rogers' im Blick auf diesen Artikel siehe N.L.Geisler, »Philosophical Presuppositions of Biblical Errancy«, *Inerrancy*, 1980, S. 308–311.

[401] D.A.Hubbard, »The Current Tensions: Is There a Way Out?«, *Biblical Authority*, S. 151–181.

[402] Zum »*executive council*« gehörten u.a. G.L.Archer, J.M.Boice, N.L.Geisler, J.I.Packer, R.D.Preus, F.A.Schaeffer, R.C.Sproul.

[403] Vgl. »The International Council on Biblical Inerrancy«, *The Foundation of Biblical Authority*, hrsg. von J.M.Boice, Grand Rapids 1978, S. 9–12. Dieser Aufsatzband ist die erste offizielle Veröffentlichung des ICBI. Regelmäßige Informationen werden veröffentlicht in *ICBI Update*, Oakland, Californien.

[404] Die auf dem Kongress gehaltenen Hauptreferate wurden veröffentlicht von N.L.Geisler, Hrsg., *Inerrancy*, Grand Rapids 1980. Es sei hier angemerkt, daß ich als Student der Freien Evangelisch-Theologischen Akademie Basel als einziger deutscher Delegierter an dem Kongress teilnahm.

[405] »The Chicago Statement on Biblical Inerrancy«, *Inerrancy*, S. 493–502. Die von mir erstellte Übersetzung der »Chicago-Erklärung« wurde zuerst in *Bibel und Gemeinde* 79 (1979) 6–16 veröffentlicht. Einen Kommentar schrieb R.C.Sproul, *Explaining Inerrancy: A Commentary*, ICBI Foundation Series 2, Oakland 1980. Vgl. auch J.M.Boice, *Does Inerrancy Matter?*, ICBI Foundation Series 1, Oakland 1979.

[406] J.B.Rogers, D.K.McKim, *The Authority and Interpretation of the Bible: An Historical Approach*, New York 1979.

[407] Vgl. ebd., S. 11, 20, 303, 337, 391.

[408] Vgl. ebd., S. 175, 179, 292, 398, 431–435.

[409] Vgl. ebd., S. 384. Rogers folgt ausdrücklich G.C.Berkouwer, der seine Schrifthaltung nach einem Studium der Konzeption Karl Barths entsprechend änderte (ebd., S. 426f., 432). Für eine Kritik des Buches von Rogers und McKim vgl. N.L.Geisler, *ICBI Update 6*, Summer 1980, S. 1, 4; ders., »Epilogue«, *Biblical Inerrancy*, hrsg. von N.L.Geisler, 1981, S. 234–236; J.D.Woodbridge, *Biblical Authority: A Critique of the Rogers and McKim Proposal*, Grand Rapids 1982. Zu G.C.Berkouwer siehe C.Van Til, *In Defense of Biblical Christianity*, Bd.1, Ripon 1967, S. 133–156; C.Bogue, *A Hole in the Dike*, Cherry Hill 1977; H.Krabbendam, »B.B.Warfield Versus G.C.Berkouwer«, *Inerrancy*, S. 413–446; G.R.Lewis, »The Human Authorship of Inspired Scripture«, ebd., S.235–240; N.L.Geisler, »Epilogue«, S. 231–234. Zur Haltung von Rogers und McKim vgl. auch den jüngst herausgegebenen Sammelband *The Authoritative Word: Essays on the Nature of Scripture*, hrsg. von D.K.McKim, Grand Rapids 1983.

[410] Im März 1982 fand in San Diego der »Congress on the Bible« statt, der vom ICBI für Pastoren und Laien organisiert wurde. Im November 1982 fand der zweite Kongress des ICBI über Hermeneutik statt, auf dem das »Chicago Statement on Biblical Hermeneutics« formuliert wurde. Was das in diesem Sinn veröffentlichte Schrifttum betrifft, vgl. seit 1979: J.M.Boice, *Does Inerrancy Matter?*, Oakland 1979; N.L.Geisler, Hrsg., *Inerrancy*, Grand Rapids 1980; S.L.Johnson, *The Old Testament in the New: An Argument for Biblical Inspiration*, Grand Rapids 1980; R.Nicole, J.R.Michaels, Hrsg., *Inerrancy and Common Sense*, Grand Rapids 1980; R.C.Sproul, *Explaining Inerrancy: A Commentary*, Oakland 1980; G.L.Archer, *Encyclopedia of Bible Difficulties*, Grand Rapids 1982; D.A.Carson, J.D.Woodbridge, Hrsg., *Scripture and Truth*, Grand Rapids 1983; N.L.Geisler, Hrsg., *Biblical Errancy: An Analysis of its Philosophical Roots*, Grand Rapids 1981. Zur evangelikalen Diskussion in Nordamerika siehe auch R.K.Johnston, *Evangelicals at an Impasse: Biblical Authority in Practice*, Atlanta 1979.

[411] P.J.Achtemeier, *The Inspiration of Scripture: Problems and Proposals*, Philadelphia 1980, S. 41ff. (liberaler Ansatz), 50ff. (konservativer Ansatz). Es ist auffallend, daß Achtemeier nur die Hermeneutik, nicht aber das eigentliche Schrift- und Inspirationsverständnis der Konservativen angreift. Achtemeiers Stil ist übrigens auch im Blick auf die Konservativen wohltuend verständnisvoll.

[412] Zum induktiven Ansatz vgl. ebd., S. 104, 135. Die Frage nach der Sicherheit der wissenschaftlichen »Ergebnisse« kommt nie ins Blickfeld. Zum Wesen der Inspiration siehe ebd., S. 105–136 (Inspiration ist »the process out of which our Scriptures grew«, S. 134).

[413] Ebd., S. 124–126, 137–141, 159f. Eine ausführliche Kritik von Achtemeiers Thesen kann hier nicht erfolgen.

[414] D.L.Bartlett, *The Shape of Scriptural Authority*, Philadelphia 1983, S. 5. Er lehnt die Behauptung der Irrtumslosigkeit der Bibel ab, weil sie unbi-

blisch sei und ausschließlich von der einen Gattung des prophetischen Orakels abgeleitet werde (S. 3f.). Unentschuldbar ist, daß Bartlett (immer noch) die Irrtumslosigkeit auf der Annahme eines göttlichen Diktats gegründet sieht und sich nicht mit der evangelikalen Argumentation auseinandersetzt (er zitiert z.B. Warfield nach Sekundärliteratur). Zentrale Stellen wie Mt 5,18; 19,4–5; 24,35; Mk 7,13; Lk 16,17; Joh 10,24–25; 2.Tim 3,16; 2. Petr 1,20–21 werden von Bartlett nicht einmal erwähnt.

[415] Das prophetische Wort verbürgt sich oft selbst »insofern« es für sich in Anspruch nehmen kann, ein wahres, entscheidendes und relevantes Wort zu sein, und ist autoritativ, »wenn« es mir, heute, in meinem Leben und Verhalten Orientierung gibt (S. 35). Das narrative Wort leitet seine Autorität von seiner Fähigkeit ab, den Hörer und dessen Meinungen zu verändern, was vor allem dann der Fall ist, »wenn« es etwas von der in ihm zum Ausdruck kommenden Realität weitervermittelt (S. 71, 74, 78). Verschiedene Christen werden hier sicher verschiedene Entscheidungen treffen, was für den Glauben wichtig ist (die Rede vom leeren Grab muß z.B. nicht wesentlich sein, S. 59). Das weisheitliche Wort ist »Teil des Materials für unsere Reflexion« (S. 106) und als solches nicht direkt normativ (S. 106–109). Das bezeugende Wort bekommt seine Autorität von der Tatsache, daß die Leser bis heute seine Vertrauenswürdigkeit bezeugen (S. 126). Die Bibel ist für Bartlett letzten Endes nichts anderes als ein religiöser Klassiker, wie z.B. Shakespeares Stück Hamlet (vgl. S. 35–38, 66f., 72–74), und lediglich aufgrund ihrer kirchlichen Kanonisierung »mehr« als diese (S. 38, 131ff.).

[416] Ebd., S. 151.

[417] Vgl. A.Richardson, »The Rise of Modern Biblical Scholarship«, S. 316f. (zitiert in Anm. 386). Siehe auch die minimale Behandlung der Inspirationsthematik in dem im angelsächsischen Raum weit verbreiteten Standardwerk der Dogmatik von J.Macquarrie, *Principles of Christian Theology*, London 1966.

[418] Diese Kritik stammt von dem Jesuiten Th.A.Hoffman, »Inspiration«, S. 449 Anm. 13.

[419] C.H.Dodd, *The Authority of the Bible*, London (1929) 1960, S. 264, 248–250.

[420] Ebd., S. 255. Dies ist offensichtlich nur dann der Fall, wenn die »progressive Offenbarung« das Offenbarte korrigiert oder außer Kraft setzt. Im übrigen ist es ein gewaltiger Unterschied, ob man bei Gott oder beim Menschen ansetzt!

[421] Ebd., S. 41. Dodd wirft den Vertretern der Verbalinspiration zu Unrecht vor, das Diktiertsein der Bibel zu behaupten.

[422] Ebd., S. 26f., 269–271.

[423] J.Barr, *The Bible in the Modern World*, London 1973; ders., *Fundamentalism*, London 1977 (²1981, deutsch *Fundamentalismus*, München 1981); ders., *Holy Scripture: Canon, Authority, Criticism*, The Sprunt Lectures 1982, Oxford/Philadelphia 1983; ders., *Escaping from Fundamentalism*, London 1984. Für eine Darstellung des Inspirationsverständnisses von

Barr siehe auch W.J.Abraham, *The Divine Inspiration of Holy Scripture*, Oxford 1981, S. 51–55 (er stützt sich vor allem auf Barrs Buch von 1973). Im Blick auf die letzte Beobachtung siehe Barrs Aussage: »I believe that many of the troubles of modern Christianity are self-inflicted burdens which would be lightened if the message of the Bible were more highly regarded. I have no faith in the vision of a Christianity which would emancipate itself more completely from biblical influence and go forward bravely, rejoicing in its own contemporary modernity« (*Bible*, S. 112).

424 J.Barr, *Bible*, S. 17f.; ders., *Fundamentalism*, S. 226–229, 288; ders.,*Escaping*, S. 125.

425 Vgl. J.Barr, *Scripture*, S. 27f.; ders., *Bible*,S. 132; ders., *Fundamentalism*, S. 294. Barr führt konsequent aus, daß die Frage nach dem Ursprung der Bibel »katholisch« beantwortet werden muß: sie ist das Produkt kirchlicher Tradition (*Scripture*, S. 29). Er vergißt leider anzumerken, daß auch die katholische Kirche, zumindest bis in die jüngste Vergangenheit, von dem göttlichen Ursprung der Bibel ausgeht.

426 Vgl. J.Barr, *Fundamentalism*, S. 288; ders., *Escaping*, S. 127f.

427 Vgl. J.Barr, *Bible*, S. 17; ders., *Fundamentalism*, S. 289; ders., *Escaping*, S. 129f.

428 J.Barr, *Bible*, S. 17.

429 Vgl. J.Barr, ebd., S. 17, 131f.; ders., *Fundamentalism*, S. 288, 294f., 299. Es ist erstaunlich ehrlich, wenn Barr in diesem Zusammenhang schreibt: »I confess I do not understand this well« (*Bible*, S. 131)!

430 Vgl. J.Barr, *Bible*, S. 17f.; ders., *Fundamentalism*, S. 299; ders., *Escaping*, S. 128.

431 J.Barr, *Fundamentalism* S. 295.

432 Vgl. J.Barr, *Scripture*, S. 47f. Trotz des Untertitels dieses 1983 erschienenen Buches und trotz der Überschrift des zweiten Kapitels (»Biblical authority and biblical criticism in the conflict of church traditions«, S. 23–48) definiert und begründet Barr an keiner Stelle ausführlich die »Autorität« der Bibel. Dies ist anscheinend im »Konflikt der Kirchentraditionen« unmöglich geworden. Die angeführten vagen Äußerungen stehen unbegründet am Ende des Kapitels. Wenn Barr schreibt, daß er die protestantische Überzeugung von der Normativität der Bibel im Blick auf andere (!) Traditionen festhalten will, und dies mit dem Hinweis darauf begründet, daß diese anderen Traditionen exegetisch und somit von der biblischen Tradition abhängig wurden, setzt er voraus, daß die letztgenannte Entwicklung richtig ist. Dieses neue Buch von Barr ist voll von unbegründeten Annahmen (vgl. S. 12f., 22, 31, 41f., 44f., 64, 112) und inneren Widersprüche (vgl. S. 12f., 67/ 113), die hier nicht analysiert werden können. – In seinem jüngsten Buch betont Barr wiederholt, daß er eine begründete und maßgebende Auffassung von Inspiration und Autorität der Bibel *nicht geben will* (*Escaping*, S. 125, 178). Wenn er dies mit dem angeblich »seelsorgerlichen« Charakter des Buches verteidigt (ebd., S. VII), so müssen wir darauf hinweisen, daß ein Seelsorger sich im Blick auf fundamentale Fragen gerade nicht darauf beschränken darf, dem Ratsuchenden bloße Möglichkeiten verschiedener

theologischer Positionen vorzulegen, sondern verpflichtet ist, seine eigene Meinung begründet darzulegen. Sonst kann seine Unentschiedenheit allzu leicht als fromme, aber letztlich leere Ausrede mißverstanden werden.

[433] J.I.Packer ist Engländer und unterrichtet seit einigen Jahren in Nordamerika. Seine Bücher und Artikel haben sowohl in Großbritannien als auch in Nordamerika einen großen Einfluß unter den Evangelikalen gehabt. Vgl. J.I.Packer, »*Fundamentalism*« *and the Word of God*, [11]1974; ders., »Encountering Present-Day Views of Scripture«, *Foundation*, 1978, S. 61–82; ders., *God Has Spoken*, London 1979; ders., »The Adequacy of Human Language«, *Inerrancy*, 1980, S. 196–226; ders., Art. »Inspiration«, *The Illustrated Bible Dictionary*, hrsg. von J.D.Douglas, D.Wood u.a., London 1980, II, S. 693–695; ders., *Beyond the Battle for the Bible*, Westchester 1980; ders., *Under God's Word*, London 1980.

[434] Vgl. P.Lowman, »What Scripture Says, God Says«, *Christian Brethren Review* 31–32 (1982) 11–28. Die »*Fellowship of Evangelical Churches*« revidierte auf ihrer Generalversammlung im April 1980 ihr Glaubensbekenntnis, um die Irrtumslosigkeit der Schrift deutlicher zum Ausdruck zu bringen.

[435] Vgl. D.Winter, *But This I Can Believe*, London 1980, passim; J.K.Howard, »Biblical Inerrancy: An Alternative View«, *Christian Brethren Review* 31–32 (1982) 29–33; J.D.G.Dunn, »The Authority of Scripture According to Scripture«, *Churchman* 96 (1982) 104–123, 201–225. Dunns scharfer Angriff gegen die konservativ-evangelikale Haltung soll hier kurz analysiert werden. (1) Mehrere Vorwürfe und Anschuldigungen Dunns sind eindeutig falsch: Die protestantische Orthodoxie vertrat keine mechanische Diktattheorie (S. 105); die konservativ-evangelikale Haltung ist nicht einfach »Princeton-Theologie« à la Warfield (S. 115, 221), sondern die klassische historische Position; der ICBI leitet die Irrtumslosigkeit nicht ausschließlich logisch-deduktiv von dem Charakter Gottes ab (S. 111, 225); der konservativen Haltung (und dem ICBI) kann nicht automatisch pharisäische Gesetzlichkeit, Bibliolatrie oder katastrophale Folgen für die Seelsorge vorgeworfen werden (S. 116–118, 215); die konservative Haltung ist nicht von Angst und Furcht beherrscht und motiviert, es könnte doch ein Irrtum in der Bibel gefunden werden (S. 117f.). (2) Dunn spricht ganz unbefangen von der »Inspiration« der Bibel, die grundlegend sei (S. 104, 106, 215, 217 u.ö.), ohne diese je zu definieren. Auch in seinem Buch *Jesus and the Spirit*, London [2]1978, in dem er die »charismatische« Erfahrung Jesu und der frühen Gemeinde untersucht, spricht er ständig von »Inspiration«, definiert diese aber nirgends eindeutig: Inspiration kann anscheinend korporativ (ebd. S. 50f., 154) und/oder individuell (ebd., S. 61f., 281) verstanden werden; die »Empfindung der Inspiration« ist das Vertrauen, daß Gott durch einen spricht (ebd., S. 212). In seinem Buch *Unity and Diversity in the New Testament*, London 1977, S. 386 schreibt Dunn denn auch, daß die Schriften des NT nicht »mehr« inspiriert seien als andere christliche Schriften, ja daß manche Schriften von Luther und Wesley durchaus

mehr inspiriert seien als z.B. der 2. Petrusbrief! Dunn hat, das wird deutlich, den klassischen Inspirationsbegriff aufgegeben. (3) Dunns Beschreibung der Haltung Jesu zum AT ist falsch: Jesus war niemals der Meinung, daß das AT historisch-relativ und an vielen Stellen nicht länger Gottes Wort sei (S. 203–207); auf seine Exegese kann hier nicht im einzelnen eingegangen werden. (4) Dunn kann nicht ganz ausschließen, daß die Irrtumslosigkeit der Schrift (besonders des AT) aus bestimmten Schriftstellen (des NT) abgeleitet werden kann (S. 107–110, vgl. 118!). (5) Er kann nicht widerlegen, daß Gottes Charakter und Gottes Absicht im Blick auf das Verfaßtwerden der Bibel historische Fehler u.ä. ausschließt (S. 111). (6) Dunn kann (und will!) keine objektive Autorität der Heiligen Schrift begründen. Die biblische Autorität hängt für Dunn nicht von rationalen Argumenten ab, sondern ist in der »Macht« der Bibel begründet, den Hörer zu ergreifen (S. 114). Da sowohl der Text als auch der Interpret relativ ist (S. 220), kann es keine Autorität im eigentlichen Sinn mehr geben, sondern nur noch existentialistische oder charismatische (vgl. S. 220 die Berufung auf den Geist) Subjektivität. (7) Dunn kann nicht sagen, was nun eigentliches Wort Gottes ist: es ist nicht mit dem Wort der Bibel gleichzusetzen (S. 115), es liegt nicht objektiv vor und ist auch nicht immer durch Exegese zu ermitteln (S. 220); wenn und wo es in der Bibel vorliegt, ist es historisch bedingt und daher relativ und nicht automatisch autoritativ (S. 212, 217). (8) Dunns Ansatz ist deshalb unreformatorisch und unevangelisch zu nennen: Er hat das »sola scriptura« eindeutig preisgegeben und die Grenze zwischen der Schrift (als Offenbarung) einerseits und menschlicher Vernunft und Tradition andererseits bewußt verwischt (S. 220f.!). Dunn kann nicht verhindern, daß bei ihm der Mensch wieder entscheidet, was Gott sagt.

[436] W.J.Abraham, *The Divine Inspiration of Holy Scripture*, Oxford 1981, S. 1–13, 109–118 und passim.

[437] Vgl. ebd., S. 37, 56f., 58ff., 67ff. Im Blick auf Abrahams grundsätzliche Trennung von Inspiration und Offenbarung siehe sein neues Buch *Divine Revelation and the Limits of Historical Criticism*, Oxford 1982, S. 4f., 8–24.

[438] W.J.Abraham, *Inspiration*, S. 63–72. Die begriffliche Bestimmung von Inspiration durch den englischen statt durch den griechischen Gebrauch wird zu recht kritisiert von I.H.Marshall, *Biblical Inspiration*, London 1982, S. 40.

[439] Vgl. W.J.Abraham, ebd., S. 74, 76–90.

[440] Vgl. ebd., S. 118. Als Kritik ist u.a. folgendes anzumelden: (1) Abraham ist inkonsequent, wenn er behauptet, die Unfehlbarkeit Gottes garantiere die Wahrheit, nicht jedoch die Unfehlbarkeit der Bibel. (2) Falsch ist seine Annahme, die Irrtumslosigkeit der Schrift sei identisch mit einer Diktattheorie (S. 28f., 34–37, 71), und die konservativ-evangelikale Position sei eine von Warfield eingeführte Neuerung (S. 15, 29, 109 u.ö.). (3) Seine Darstellung der konservativen Hermeneutik (S. 21f.) ist auch grundsätzlich falsch. (4) Abraham scheint von der »Objektivität« des

»neutralen« Historikers auszugehen, dessen axiomatische Voraussetzungen er weder identifiziert noch diskutiert (S. 25f., 56, 91ff.). (5) Schließlich ist es unverzeihlich, weil methodisch unzureichend, wenn Abraham die konservativ-evangelikale Linie vor allem in ihren Vertretern Warfield und Gaussen analysiert (Packer und Pinnock werden nur kurz erwähnt), aber die von J.W.Montgomery, J.M.Boice und N.L.Geisler herausgegebenen Sammelbände sowie das »Chicago Statement« überhaupt nicht berücksichtigt.

441 Vgl. I.H.Marshall, aaO, S. 49–73. Der Vorwurf, manche Konservative verträten die Diktatinspiration (S. 32, 44), ist nicht gerechtfertigt.

442 Vgl. ebd., S. 40–44. Marshall geht zwar vom Selbstzeugnis der Bibel über ihren Ursprung aus (S. 19–30), kommt dann aber nicht zu einer Formulierung des Wesens der göttlichen Offenbarung, das für den Charakter der Inspiration bestimmend ist. Es wird nicht ganz deutlich, welchen Ansatz Marshall hat: ob er bei dem Selbstzeugnis der Bibel über ihre Herkunft und den Charakter des sich offenbarenden Gottes ansetzt oder bei den äußeren Phänomenen der Schrift. Ersteres ist sicher seine Absicht (wobei dann deutlich gesagt werden müßte, daß das »konkursive« Wirken des Geistes trotz der Menschlichkeit der Verfasser eine absolute Irrtumslosigkeit nicht unmöglich macht, sondern gerade garantiert). Manchmal hat es allerdings den Anschein, als bestimmten die »Ergebnisse eines ehrlichen, unvoreingenommenen Studiums« der Bibel (S. 90f.) den Charakter der vertretenen Inspirationslehre (ebd.). Die Frage ist, was unsere menschliche »Ehrlichkeit« und »Unvoreingenommenheit«, mit der wir die Bibel lesen, bestimmt. Für Barr ergibt sich ganz »unvoreingenommen«, daß die Bibel ein ausschließlich menschliches Produkt ist! Für eine ausführliche Rezension von Marshalls Buch aus konservativ-evangelikaler Sicht vgl. D.A.Carson, in *Journal of the Evangelical Theological Society* 26 (1983) 354–367.

443 Vgl. R.T.France, »Evangelical Disagreements About the Bible«, *Churchman* 96 (1982) 226–240.

444 Vgl. die Bemerkung von P.Stuhlmacher, *Vom Verstehen des Neuen Testaments: Eine Hermeneutik*, Göttingen 1979, S. 50: »Die Inspiration droht gegenwärtig unter dem Diktat einseitiger historischer Kritik und dogmengeschichtlicher sowie hermeneutischer Unkenntnis zu verkommen oder ganz in Vergessenheit zu geraten.«

445 P.Althaus, *Die christliche Wahrheit*, Gütersloh 1947, S. 216.

446 W.Trillhaas, *Dogmatik*, Berlin 1962 (³1972), S. 79.

447 P.Stuhlmacher, aaO, S. 108f.; auch S. 49f. Vgl. seine entsprechenden Äußerungen zur Chicago-Erklärung in P.Stuhlmacher, »Zum Thema ›Hermeneutik‹«, *Communio Viatorum* 23 (1980) 179–184, bes. 179f.

448 Vgl. G.Ebeling, *Dogmatik des christlichen Glaubens*, Tübingen 1979 (²1982), I, S. 35; II, S. 67f.

449 Bei H.H.Schrey, »Die Autorität der Heiligen Schrift«, *Evangelische Kommentare* 1970, Heft 6, S. 419.

450 W.Joest, *Fundamentaltheologie: Theologische Grundlagen- und Methoden-*

probleme, Theologische Wissenschaft Bd. 11, Stuttgart ²1981, S. 169.

[451] O.Weber, *Grundlagen der Dogmatik*, Neukirchen-Vluyn 1955 (⁶1983), I, S. 252–273 (Zitat aus S. 259); vgl. auch S. 25f.

[452] Vgl. H.Sasse, *Sacra Scriptura: Studien zur Lehre von der Heiligen Schrift*, posthum hrsg. von F.W.Hopf, Erlangen 1981 (siehe besonders die Beiträge »Inspiration und Irrtumslosigkeit der Heiligen Schrift« (1960), S. 275–289, und »Studien zur Lehre von der Heiligen Schrift« [aus dem Nachlaß], S. 9–199.)

[453] So H.G.Pöhlmann, *Abriß der Dogmatik*, Gütersloh (1973) ³1980, S. 63.

[454] Abgedruckt in *Weg und Zeugnis: Bekennende Gemeinschaften im gegenwärtigen Kirchenkampf 1965–1980*, hrsg. von R.Bäumer, P.Beyerhaus, F.Grünzweig, Bad Liebenzell/Bielefeld 1980, S. 127–129.

[455] Vgl. ebd., S. 130–132 (aus H.Jochums, *Angriff auf die Kirche*, Wuppertal, ³1968).

[456] Vgl. ebd., S. 136f. (aus H.Haarbeck, A.Pagel, *Eine offene Tür*, Denkendorf, 1963).

[457] G.Bergmann, *Alarm um die Bibel*, Gladbeck 1963 (⁵1974), S. 88–107.

[458] Vgl. *Weg und Zeugnis*, S. 138–143 (aus H.Jochums, Hrsg., *Bekenntnis: Gottes Wort bleibt Gottes Wort*, Aktuelle Fragen Bd. 10, Wuppertal 1964, ²1964, S. 7–13; im gleichen Sinn auch die kurzen Beiträge von H.Jochums und anderen, S. 29–99).

[459] Vgl. ebd., S. 146–155 (Thesen 13–16).

[460] Vgl. ebd., S. 156–158 (Paragraph 6).

[461] Vgl. ebd., S. 159–162 (S. 162).

[462] Vgl. ebd., S. 168–170 (Paragraph 1; aus R.Bäumer, Hrsg., *Kein anderes Evangelium*, Lüdenscheid 1969).

[463] Vgl. ebd., S. 112f. (aus P.Hartig, Hrsg., *Offenbarung-Schrift-Kirche*, Dokumentarband der Deutsch-Skandinavischen Theologentagung zu Sittensen, Wuppertal/Bremen, 1968).

[464] R.Pache, *Inspiration und Autorität der Bibel*, Wuppertal 1968, mit über 300 Seiten (französisch *L'inspiration et l'autorité de la Bible*, Saint-Légier sur Vevey 1967). K.Girgensohns Schrift, auf die hier Bezug genommen wird, geht auf das Jahr 1924/1925 zurück.

[465] W.Künneth, *Fundamente des Glaubens: Biblische Lehre im Horizont des Zeitgeistes*, Wuppertal 1975 (²1975), S. 50–104, über die Schrift eigentlich nur S. 95–97 (Zitat auf S. 97).

[466] H.Echternach, *Theozentrische Existenz*, Witten 1965, S. 101–110; ders., »Was heißt Inspiration?«, *Theologische Beiträge* 9 (1978) S. 110–128.

[467] Vgl. U.Laepple, »Was heißt ›evangelikale Theologie‹? Chancen und Gefahren eines Aufbruchs«, *Theologische Beiträge* 8 (1977) S. 221 mit Anm. 49; vgl. auch E.Schrupp, »Wesen und Wollen der Evangelikalen und ihrer Allianz«, ebd., S. 276f.

[468] Vgl. den Bericht von H.Burkhardt in *Theologische Beiträge* 9 (1978) S. 129–132.

[469] Anstöße von H.Frey, *Die Krise der Theologie*, Wuppertal ²1972 und dem Geistlichen Rüstzentrum Krelingen unter S.Findeisen. Ähnlich wohl

auch A.Sierzyn, *Das Wort Gottes,* Bäretswil 1971 (²1974); ders., *Die Bibel im Griff? Historisch-kritische Denkweise und biblische Theologie,* Wuppertal 1978, vgl. besonders S. 39f.

470 Vgl. den Bericht von H.Burkhardt, aaO, S. 130; und G.Maier, *Das Ende der historisch-kritischen Methode,* Wuppertal 1974 (²1975), S. 57–74; ders., *Heiliger Geist und Schriftauslegung,* Wuppertal 1983, S. 9–19 (bes. S. 13, 16f.). Ähnlich wohl R.Riesner, H.Burkhardt, Art. »Bibel. III.Autorität«, *Evangelisches Gemeindelexikon,* hrsg. von E.Geldbach u.a., Wuppertal 1978, S. 69–72, die eine »modifizierte Verbalinspirationslehre« (S. 70) vertreten.

471 Vgl. G.Huntemann, *Aktionsbrief* Nr. 8, Bremen 1978, und jetzt in *Die verratene Reformation,* Bremen 1983, S. 43–71, 97f. (Thesen 7–8). Dasselbe Anliegen wird vertreten von der Freien Evangelisch-Theologischen Akademie in Basel und der Freien Theologischen Akademie in Gießen.

472 A.Dulles, »Scripture: Recent Protestant and Catholic Views«, *Theology Today* 37 (1980) 7–26 (=The Authoritative Word, hrsg. von D.K.McKim, 1983, S. 239–261), bes. S. 245, 250f., 261.

Zum zweiten Teil:

1 Vgl. W.Joest, *Fundamentaltheologie,* S. 50.

2 Ebd., S. 50–59 (Thesen, § 2), 167f. (These 1, § 7). Die Frage nach der Funktion der Bibel gehört für Joest deshalb nicht zur »Grundlagenproblematik«, sondern zur »Methodenproblematik«.

3 Ebd., S. 167 (These 1.1.).

4 Joest erkennt die Zirkelhaftigkeit und die drohende Subjektivität seines Ansatzes (S. 50, These 0.5.). Es gelingt ihm nicht, willkürliche Subjektivität bei der formalen Angabe dessen, was »Ereignis Jesus« bedeutet, auszuschließen. Er muß einräumen, daß das Kriterium »Jesus Christus als Evangelium« von seinen Voraussetzungen her »nicht zeitlos invariant« formuliert werden kann (S. 205, These 4.2.f.).

5 Vgl. ebd., S. 69–72 (Thesen zu § 3).

6 Vgl. ebd., S. 167f. (Thesen 1.; 1.4.).

7 So traditionell die katholische Theologie, heute aber immer stärker und ausdrücklich auch protestantische Theologen; vgl. J.Barr, *The Bible in the Modern World,* 1973, S. 23ff.; W.Joest, aaO, S. 205f. (These 4.3.).

8 Vgl. J.I.Packer, *Fundamentalism,* S. 48; C.H.Pinnock, *Revelation,* S. 45, 122–124; G.Maier, *Ende,* S. 18f.; G.Huntemann, *Reformation,* S. 53f.

9 Vgl. G.Huntemann, »Die Unfehlbarkeit des Gotteswortes und die Unmöglichkeit der historischen Kritik: Thesen«, Vortrag auf dem Konvent der Konferenz bekennender Gemeinschaften, 24. Februar 1978, Frankfurt (These 4); auch H.Hempelmann, *Kritischer Rationalismus und Theologie als Wissenschaft: Zur Frage nach dem Wirklichkeitsbezug des christlichen Glaubens,* Wuppertal 1980, S. 30–78, 233–264 passim; ders., »Heilsgeschichte am Ende? – Von der Möglichkeit heilsgeschichtlicher

Theologie im Rahmen der philosophisch-wissenschaftlichen Denkvoraussetzungen der Gegenwart«, *Epochen der Heilsgeschichte: Beiträge zur Förderung heilsgeschichtlicher Theologie*, hrsg. von H.Stadelmann, Wuppertal 1984, S. 49–51.

[10] Vgl. E.Rudolf, »Die atheistische Struktur der neuzeitlichen Subjektivität«, *Neue Zeitschrift für systematische Theologie und Religionsphilosophie* 21 (1979) 119–138.

[11] W.Joest, aaO, S. 51 (These 1); zur Begründung vgl. ebd., S. 51f., (Thesen 1.1. bis 1.4.).

[12] H.-G.Gadamer, *Wahrheit und Methode: Grundzüge einer philosophischen Hermeneutik*, Tübingen ⁴1975, S. 263f.

[13] Vgl. G.Maier, in »Zum Thema: Biblische Hermeneutik. Tübinger Studenten im Gespräch mit G.Maier und P.Stuhlmacher«, *Theologische Beiträge* 9 (1978) S. 229.

[14] Vgl. exemplarisch D.M.Beegle, *Scripture, Tradition and Infallibility*, Grand Rapids 1973, S. 16f., 175–224. S.T.Davis, *Debate*, 1977, S. 63 will auch grundsätzlich induktiv vorgehen bei seinem Versuch, eine Lehre vom Wesen der Schrift zu formulieren; er läßt deshalb auch ausdrücklich (und notwendigerweise) die Möglichkeit offen, daß die Bibel nicht nur in historischen, sondern auch in den Glauben betreffenden Fragen falsche Aussagen macht. Davis sagt allerdings an keiner Stelle, welche Bewertungsmaßstäbe er anlegt und was die Kriterien für »wahr« und »falsch« sind.

[15] K.Wuchterl, *Methoden der Gegenwartsphilosophie*, Bern/Stuttgart 1977, S. 34–39.

[16] W.Stegmüller, »Das Problem der Induktion: Humes Herausforderung und moderne Antworten«, *Neue Aspekte der Wissenschaftstheorie*, hrsg. von H.Lenk, Karlsruhe 1970, S. 12ff.; vgl. K.Wuchterl, aaO, S. 38f.

[17] Eine solche Methodologie fordern grundsätzlich auch die Evangelikalen A.F.Holmes, »Ordinary Language Analysis and Theological Method«, *Bulletin of the Evangelical Theological Society* 11 (1968) 131–138; J.W.Montgomery, »The Theologians Craft: A Discussion of Theory Formulation and Theory Testing in Theology«, *The Suicide of Christian Theology*, Minneapolis 1970, S. 267–313; ähnlich R.C.Sproul, »The Case for Inerrancy: A Methodological Analysis«, *God's Inerrant Word*, hrsg. von J.W.Montgomery, 1974, S. 248–260; H.Hempelmann, *Rationalismus*, S. 265–297; P.D.Feinberg, »The Meaning of Inerrancy«, *Inerrancy*, hrsg. von N.L.Geisler, 1980, S. 272–276. Im Blick auf die Lehre vom Wesen der Heiligen Schrift geht C.H.Pinnock, *Revelation*, ähnlich vor; seine methodologische Position ist aufgrund von widersprüchlichen Äußerungen allerdings nicht ganz leicht zu fassen: vgl. S. 16 (induktiver Ansatz), S. 21, 38–44 (Kritik des deduktiven Ansatzes), S. 44–52 (induktiver Ansatz), S. 190 (für deduktiven/induktiven Ansatz). Vgl. auch J.I.Packer, aaO, S. 74f. Vgl. die Diskussion in W.Joest, aaO, S. 212–238, wobei es sehr interessant ist, zu beobachten, wie sich die Preisgabe der objektiven Offenbarungsautorität der Schrift bei ihm auswirkt.

[18] Vgl. die Charakterisierung dieser Ansätze bei R.C.Sproul, aaO, S. 242–248.

[19] So G.Maier, *Ende*, S. 62.

[20] Vgl. G.Bergmann, *Alarm*, S. 88ff.; W.J.Abraham, *Inspiration*, S. 93; J.Barr, *Escaping*, S. 124f.

[21] Vgl. I.H.Marshall, *Inspiration*, S. 19.

[22] So B.B.Warfield, *Inspiration*, S. 119f.; C.H.Pinnock, aaO, S. 54.

[23] Der rein christologische Ansatz von C.H.Pinnock, aaO, S. 62ff. erscheint uns ungenügend: das AT erhält seine Offenbarungsqualität nicht erst von Jesus Christus her, sondern besitzt sie qua seiner Herkunft. Deshalb ist auch das AT auf sein Selbstzeugnis im Blick auf seine Herkunft und sein Wesen zu untersuchen.

[24] Vgl. L.Berkhof, *Systematic Theology*, Edinburgh [8]1976, S. 52–81; W.Künneth, *Fundamente des Glaubens*, Wuppertal [2]1975, S. 68–76; W.Dyrness, *Themes in Old Testament Theology*, Exeter 1979, S. 25–60; D.Guthrie, *New Testament Theology*, Leicester 1981, S. 75–114; O.Weber, *Grundlagen der Dogmatik*, Neukirchen [6]1983, S. 439–509. Wir folgen im Wesentlichen der Einteilung von W.Künneth.

[25] Vgl. H.H.Schmid, Art. »*amar*«, *Theologisches Handwörterbuch zum Alten Testament* (THAT), hrsg. von E.Jenni, München/Zürich 1971, I, 214. Was die Wurzel *dbr* betrifft, ist Gott/Jahwe fast 400 mal Subjekt zu *dbr* (piel) »reden«. Das Substantiv *dabar* »Wort« steht über 300 mal als auf Gott bezogen. Und die stehende Wendung *debar Jhwh* »Wort Jahwes« erscheint 242 mal im AT. Vgl. G.Gerlemann, Art. »*dabar*«, *THAT* II, 439f.

[26] W.Kühnet, aaO, S. 71.

[26a] H.J.Stoebe, Art. »*nḥm*«, *THAT* II (1976) 65.

[27] Vgl. W.A.Grudem, »Scripture's Self-Attestation and the Problem of Formulating a Doctrine of Scripture«, *Scripture and Truth*, hrsg. von D.A.Carson, Grand Rapids 1983, S. 27–35.

[28] Es ist unbegründet, wenn E.Schweizer, *ThWNT* 6 (1959) 452 mit Bezug auf Ex. 34,27–28 schreibt, Gott habe den Dekalog »diktiert«: von einem Diktat Gottes ist im Text direkt nicht die Rede.

[29] Vgl. O.Procksch, in *ThWNT* 4 (1942) 97–99.

[30] Für das Folgende vgl. J.Beumer, »Die Inspiration der Heiligen Schrift«, *Handbuch*, 1968, S. 3; P.D.Feinberg, »The Meaning of Inerrancy«, *Inerrancy*, hrsg. von N.L.Geisler, 1980, S. 283; W.A.Grudem, aaO, S. 20–25.

[31] Der Versuch von R.Albertz, C.Westermann, Art. »*ruah*«, *THAT* II, 1976, 746–748, »Geist« und »Offenbarung« für die Schriftprophetie zu trennen und die entsprechenden Stellen als traditionell bestimmt oder als Glossen wegzuinterpretieren, überzeugt nicht.

[32] Vgl. C.J.Labuschagne, Art. »*peh*«, *THAT* II, 1976, 410.

[33] Vgl. die Auslegung von P.C.Craigie, *The Book of Deuteronomy*, Grand Rapids [2]1979, S. 262–264.

[34] Vgl. G.Gerlemann, Art. »*dabar*«, *THAT* I, 1971, 439; siehe auch O.Procksch, aaO, S. 92–97.

[35] Vgl. J.Marböck, *Weisheit im Wandel: Untersuchungen zur Weisheitstheo-*

logie bei Ben Sira, Bonn 1971, S. 89; J.G.Snaith, *Ecclesiasticus or the Wisdom of Jesus Son of Sirach*, Cambridge 1974, S. 191f. Zum AT-Kanon vgl. jetzt grundsätzlich die hervorragende Studie von R. Beckwith, *The Old Testament Canon of the New Testament Church and its Background in Early Judaism*, London 1985, 528 pp., der den Abschluß des AT-Kanon spätestens im 2. Jh. v.Chr. (mit Ausschluß der Apokryphen) eindrücklich nachweist.

[36] C.Westermann, *Theologie des Alten Testaments in Grundzügen*, Göttingen 1978, S. 11–21, bes. S. 11,18.

[37] Vgl. dazu J.Barr, *The Semantics of Biblical Literature*, (Oxford 1961) London 1983, S. 129–140 und passim.

[38] Zum Folgenden vgl. besonders B.B.Warfield, *Inspiration*, S. 133–135; E.Schweizer, Art. »*pneustos*«, ThWNT 6 (1959) 452f.; J.Beumer, aaO, S. 6f.; R.Pache, *Inspiration*, S. 38–41; C.H.Pinnock, aaO, S. 55f.; T.P.McGonigal, »›Every Scripture is Inspired‹: An Exegesis of 2 Timothy 3,16–17«, *Studia Biblica et Theologica* 8 (1978) 53–64; C.Spicq, *Notes de léxicographie Néo-Testamentaire*, Göttingen 1978, I, S. 372–374; H.W.House, »Biblical Inspiration in 2 Timothy 3,16«, *Bibliotheca Sacra* 137 (1980) 54–63; E.A.Blum, »The Apostles' View of Scripture«, *Inerrancy*, hrsg. von N.L.Geisler, 1980, S. 44–48; P.D.Feinberg, »meaning«, ebd., S. 277–280; W.J.Abraham, *Inspiration*, S. 92–94; I.H.Marshall, *Inspiration*, S. 25f.; J.D.G.Dunn, »Authority«, *Churchman* 96 (1982) 108, 119; J.Barr, *Escaping*, S. 1–5.

[39] Die paulinische Verfasserschaft der sog. Pastoralbriefe (1/2 Tim, Tit) wird heute größtenteil bestritten; vgl. W.G.Kümmel, *Einleitung in das Neue Testament*, Heidelberg [18]1973, S. 323–341. Eine ganze Reihe von (nicht nur evangelikalen) Forschern hält jedoch immer noch eine unmittelbare oder mittelbare paulinische Verfasserschaft für wahrscheinlicher (vgl. ebd., S. 327 Anm. 10: J.Jeremias, A.Schlatter, C.Spicq, L.Goppelt u.a.).

[40] Vgl. A.Sand, Art. »*hieros*«, *Exegetisches Wörterbuch zum Neuen Testament* (EWNT), hrsg. von H.Balz, G.Schneider, Stuttgart, 2, 1981, 432.

[41] Vgl. Blass/Debrunner/Rehkopf, *Grammatik des neutestamentlichen Griechisch* (BDR), Göttingen [15]1979, § 257.4, wo die Wendung als *terminus technicus* für das AT bezeichnet wird.

[42] Vgl. allgemein H.Hübner, Art. »*graphē*«, EWNT 1 (1980) 629.

[43] Vgl. C.F.D.Moule, *An Idiom Book of New Testament Greek*, Cambridge 1953, S. 95, gefolgt von E.A.Blum, aaO, S. 45f., 451. Vgl. auch M.Zerwick, *Biblical Greek*, Rom 1963 (=1979), § 189 (S. 61).

[44] Plutarch 2.904F; Vettius Valens 330,19; Pseudo-Phokylides 129; Oracula Sibyllina 5,308.406; Testament Abrahams 20. Vgl. H.G.Liddell, R.Scott, *A Greek-English Lexicon*, Oxford 1968 (=1982), S. 791; W.Bauer, *Griechisch-Deutsches Wörterbuch*, Berlin/New York [5]1971, 704; C.Spicq, aaO, S. 372 mit Anm. 2.

[45] So C.Spicq, aaO, S. 372.

[46] Vgl. BDR § 117.4 und die Mehrzahl der Exegeten.

[47] Vgl. ausführlich B.B.Warfield, aaO, S. 245–296.

[48] So W.J.Abraham, aaO, S. 92–94; J.D.G.Dunn, aaO, S. 108; J.Barr, aaO, S. 3–5. Es ist schlechte und völlig unbegründete Exegese, wenn Abraham den Sinn von 2 Tim 3,16 so erklärt, daß die »Schrift« hier als Buch göttlicher Gnade und nicht so sehr als Buch göttlicher Wahrheiten verstanden werden will (aaO, S. 94). Auch die Interpretation von Dunn, von ihm als »die natürlichste« bezeichnet, ist vollkommen unbegründet was den Text betrifft: 2 Tim 3,16 stützt eben *nicht* die Unterscheidung von geistlich-ethischem und von historischem Gehalt der Schrift.

[49] Vgl. G.Maier, *Ende*, S. 10f.; auch W.Joest, aaO, S. 204–206.

[50] Vgl. H.Kleinknecht, Art. *»pneuma«*, ThWNT 6 (1959) 343–350; E.Schweizer, Art. *»theopneustos«*, ThWNT 6 (1959) 452f., und im Anschluß an diese die Mehrzahl der Exegeten (z.B. C.Spicq, aaO, S. 373f.).

[51] Wichtige Argumente liefert E.Schweizer selbst, ebd., S. 452f.

[52] Vgl. auch H.Kleinknecht, aaO, S. 343 mit Anm. 49.

[53] Vgl. die entsprechenden Ausführungen von Plutarch, De Pythiae Oraculis 4–24 (II, 396–406).

[54] Zu Philo vgl. H.A.Wolfson, *Philo*, Cambridge/London (1947) [5]1982, II, S. 24–26. Philo konzentriert sich vor allem auf die prophetische Inspiration. Er sieht einen Gegensatz zwischen dem prophetischen Geist und dem *nous* (RerDivHer 265), der m.E., was die Inspiration der Schrift betrifft, nicht gerechtfertigt ist.

[55] Dazu vgl. H.L.Strack, P.Billerbeck, *Kommentar zum Neuen Testament aus Talmud und Midrasch*, München [6]1975, IV/1, S. 435–451.

[56] Die petrinische Abfassung von 2 Petr wird heute meistens bestritten (vgl. W.G.Kümmel, aaO, S. 379–382), kann aber mit evangelikalen und einigen katholischen Exegeten verteidigt werden (S. 382 mit Anm. 6).

[57] So M.Green, *The Second Epistle General of Peter*, London 1968, S. 91, gefolgt von E.A.Blum, aaO, S. 49.

[58] Vgl. K.Weiss, Art. *»pherō«*, ThWNT 9 (1973) 58f.

[59] Vgl. C.H.Pinnock, *Revelation*, S. 57; ähnlich auch J.Beumer, aaO, S. 7.

[60] Das NT zeugt von der Existenz einer Sammlung alttestamentlicher Schriften, die mit dem heutigen Kanon des AT mehr oder weniger übereinstimmt. Es ist die Rede von dem »Gesetz Moses und den Propheten und den Psalmen« (Lk 24,44), von dem »Gesetz und den Propheten« (Mt 7,12; Apg 24,14), von den »Schriften« (*hai graphai*: Mt 21,42; 22,29; 26,54; Lk 24,27.32.45; Joh 5,39; Apg 17,2.11; 18,24.28; Röm 15,4; 16,26; 1 Kor 15,3.4; 2 Petr 3,16), von »der Schrift« (*hē graphē*: Joh 10,35; 17,12; 19,28; 20,9; 2 Petr 1,20), und von »heiligen Schriften« (Röm 1,2; 2 Tim 3,15). Vgl. R. Beckwith, *Old Testament Canon*, 1985, S. 91f., 105–115, 126f., 247.

[61] Vgl. J.Beumer, aaO, S. 4f. Zum Thema der Verwendung des AT im NT vgl. generell S.L.Johnson, *The Old Testament in the New: An Argument for Biblical Inspiration*, Grand Rapids 1980.

[62] Vgl. W.A.Grudem, »Scripture's Self-Attestation«, S. 41–44.

[63] Vgl. U.Wilkens, *Der Brief an die Römer*, EKK VI/1, Köln/Neukirchen-Vluyn 1978, S. 149.

[64] Vgl. H.Hübner, Art. »graphē«, *EWNT* 1 (1980) 631.

[65] Vgl. D.Hay, *Interpreter's Dictionary of the Bible*, Suppl.Vol. 1976, S. 443; J.D.G.Dunn, aaO, S. 207.

[66] Vgl. I.H.Marshall, *Inspiration*, S. 23f.; auch A.C.Thiselton, *The Two Horizons: New Testament Hermeneutics and Philosophical Description*, Exeter 1980, S. 434–436.

[67] Vgl. J.I.Packer, *Fundamantalism*, S. 54–62; R.T.France, *Jesus and the Old Testament: His Application of Old Testament Passages to Himself and His Mission*, London 1971; C.H.Pinnock, »The Inspiration of Scripture and the Authority of Jesus Christ«, *God's Inerrant Word*, hrsg. von J.W.Montgomery, S. 201–218; J.W.Wenham, *Christ and the Bible*, London 1972; ders., »Christ's View of Scripture«, *Inerrancy*, hrsg. von N.L.Geisler, S. 3–36.

[68] Vgl. J.K.S.Reid, *The Authority of Scripture*, London 1957, S. 260ff.; J.Barr, aaO, S. 9ff.

[69] Für Einzelheiten vgl. J.W.Wenham, »Christ's View of Scripture«, S. 23–29.

[70] Vgl. W.J.Abraham, aaO, S. 97f.

[71] Vgl. J.D.G.Dunn, aaO, S. 203–207.

[72] Vgl. J.W.Wenham, aaO, S. 23–30, der die von Dunn angeführten Stellen überzeugend anders deutet.

[73] J.Beumer, aaO, S. 6 weist darauf hin, daß das Verb *legein* »sagen« in der profanen Gräzität immer nur vom mündlichen Ausdruck der Gedanken gebraucht wird, nie vom schriftlichen. Die Schrift wird mit der Wendung »die Schrift sagt« personifiziert und mit Gott identifiziert. Vgl. generell U.Wilckens, *Römer*, VI/2, 1980, S. 200 Anm. 881; H.Hübner, Art. »legō«, *EWNT* 2 (1981) 856. H.Schlier, *Der Römerbrief*, HThK VI, Freiburg ²1979, S. 296 schreibt: »Hē graphē, das ist Gott nach seiner Schrift«.

[74] Vgl. auch B.B.Warfield, aaO, S. 299–348; W.A.Grudem, aaO, S. 37–39. Man spürt die Verlegenheit, wenn W.J.Abraham, aaO, S. 105f. im Blick auf diese Stellen meint, sie brächten die traditionelle jüdische Hochachtung gegenüber dem Inhalt der Schrift zum Ausdruck und unterstützten die Ansicht, daß der Inhalt der Schrift von Gott gesprochen, daß also die Schrift das Wort Gottes sei, daß diese Stellen aber nicht von der Inspiriertheit irrtumsloser Autographen handelten und wir deshalb aus ihnen nicht mehr entnehmen sollten als jene traditionelle Hochschätzung. Erstens hat niemand behauptet, daß diese Stellen direkt (!) etwas über Irrtumslosigkeit und Autographen aussagen; zweitens ist das *Reden* Gottes gerade im Blick auf diese Stellen nicht zu trennen von dem *geschriebenen* Wort der Schrift; und drittens geht es bei der Bekräftigung der Inspiration und Irrtumslosigkeit der Schrift um nicht mehr, aber auch um nichts weniger, als um die Bestätigung des Wort-Gottes-Charakters der Schrift.

[75] Vgl. dazu R.Nicole, »New Testament Use of the Old Testament«, *Revelation and the Bible*, hrsg. von C.F.H.Henry, Grand Rapids 1958, S. 139; W.A.Grudem, aaO, S. 40f.; M.Silva, »The New Testament Use of the Old

Testament: Text Form and Authority«, *Scripture and Truth*, hrsg. von D.A.Carson, 1983, S. 147–165; G.L.Archer, G.Chirichigno, *Old Testament Quotations in the New Testament*, Chicago 1983. Auf die Form der Zitierung alttestamentlicher Stellen im NT kann hier nicht im einzelnen eingegangen werden. Die obigen Beispiele zeigen jedenfalls, daß die Schlußfolgerung von J.D.G.Dunn, aaO, S. 210: »The NT writers were not concerned with the iota and dot level of a text«, *so* nicht zutrifft.

[76] Vgl. J.I.Packer, aaO, S. 62–64; C.H.Pinnock, aaO, S. 63f.; G.Maier, *Heiliger Geist*, S. 12f.; E.A.Blum, aaO, S. 51–53; I.H.Marshall, aaO, S. 28–30; W.A.Grudem, aaO, S. 45–49.

[77] Wenn »Schrift« sich nur auf das erste Zitat (aus dem AT) bezieht, müßte man die rhetorische Figur des Zeugma annehmen (vgl. BDR § 479.2, wo 1 Tim 5,18 aber nicht genannt ist).

[78] Vgl. D.Lührmann, *Das Offenbarungsverständnis bei Paulus und in den paulinischen Gemeinden*, WMANT 16, Neukirchen-Vluyn 1965, S. 123; W.Schmithals, *Der Römerbrief als historisches Problem*, StNT 9, Gütersloh 1975, S. 121f.; E.Käsemann, *An die Römer*, Tübingen ⁴1980, S. 410; U.Wilkens, *Römer*, VI/3, 1982, S. 150; zögernd H.Schlier, aaO, S. 454.

[79] Vgl. L.Morris, *I Believe in Revelation*, London ²1977, S. 63–65.

[80] Vgl. C.Westermann, *Genesis*, BK I/1, Neukirchen-Vluyn 1974, S. 203–214 (Exkurs zur Auslegungsgeschichte); vgl. O.Weber, aaO, S. 615–639; H.G.Pöhlmann, *Abriß der Dogmatik*, S. 164–167.

[81] Dieses Ergebnis der Analyse Westermanns (aaO, S. 217) dürfte zutreffend sein.

[82] Gegen C.Westermann, aaO, S. 217. Vgl. W.Gitt, *Das biblische Zeugnis der Schöpfung*, Wissen und Leben Bd. 4, Neuhausen-Stuttgart 1983, S. 170f.; B.J.Nicholls, »Towards a Theology of Gospel and Culture«, *Gospel and Culture*, hrsg. von J.R.W.Stott, R.T.Coote, Pasadena 1979, S. 69–82, bes. S. 76–79. Die Heilige Schrift kennt keine Trennung von Sein und Wert!

[83] *Chicago-Erklärung*, Erklärender Kommentar, abgedruckt in *Bibel und Gemeinde* 79 (1979) 11. Vgl. Chicago-Statement, Exposition, in R.C.Sproul, *Explaining Inerrancy: A Commentary*, Oakland 1980, S. 47.

[84] Von einer Rattenähnlichkeit des Menschen spricht A.Welleck, *Psychologie*, UTB 5, München ³1971, S. 163.

[85] So G.Huntemann in seiner 1. These seines Vortrags »Die Unfehlbarkeit des Gotteswortes« (siehe oben, Anm. 9).

[86] Richtig gesehen von W.J.Abraham, *Revelation*, 1982, S. 21f.; vgl. auch L.Morris, aaO, S. 27, 42, 46; W.Künneth, aaO, S. 55f.; G.Huntemann, *Reformation*, S. 43f.

[87] Vgl. W.J.Abraham, aaO, S. 22, dessen Vergleich mit der Telepathie, deren okkulter Hintergrund abgegrenzt und genauer definiert werden müßte.

[88] Vgl. J.I.Packer, »The Adequacy of Human Language«, *Inerrancy*, hrsg. von N.L.Geisler, 1980, S. 197–226; siehe auch J.M.Frame, »God and Biblical Language: Transcendence and Immanence«, *God's Inerrant Word*,

hrsg. von J.W.Montgomery 1974, S. 159–177.

[89] Vgl. J.I.Packer, aaO, S. 208–210.

[90] Vgl. ebd., S. 214.

[91] J.Beumer, aaO, S. 2.

[92] Vgl. R.C.Sproul, *Explaining Inerrancy*, S. 13f. Artikel IV der *Chicago-Erklärung* lautet: »Wir bejahen, daß Gott, der den Menschen nach seinem Bilde schuf, die Sprache als Mittel der Offenbarung gebraucht hat. Wir verwerfen die Ansicht, daß die menschliche Sprache durch unsere Kreatürlichkeit so beschränkt sei, daß sie nicht mehr als Träger göttlicher Offenbarung genüge. Wir verwerfen weiter die Ansicht, daß die Verderbtheit der menschlichen Kultur und Sprache durch die Sünde Gottes Werk der Inspiration vereitelt habe«.

[93] Vgl. J.I.Packer, aaO, S. 214f.

[94] Zum biblischen Wahrheitsbegriff vgl. G.Quell, G.Kittel, R.Bultmann, Art. »alētheia«, *ThWNT* 1 (1933) 233–251; H.R.Müller-Schwefe, Hrsg., Was ist Wahrheit?, Göttingen 1965; H.Blocher, »The Biblical Concept of Truth«, *Themelios* 6 (1969) 47–61; H.Wildberger, Art. »aman«, *THAT* 1 (1971) 177–209; A.Jepsen, Art. »aman«, *ThWAT* 1 (1973) 313–348; H.-G.Link, Art. »Wahrheit«, *Theologisches Begriffslexikon zum Neuen Testament*, hrsg. von L.Coenen, Wuppertal ⁴1977, 2, S. 1343–1355; N.L.Geisler, »The Concept of Truth in the Inerrancy Debate«, *Bibliotheca Sacra* 137 (1980) 327–339; I.H.Marshall, *Inspiration*, S. 53–61; A.C.Thiselton, aaO, S. 411–415; R.Nicole, »The Biblical Concept of Truth«, *Scripture and Truth*, hrsg. von D.A.Carson, 1983, S. 287–298.

[95] Zum Beispiel P.J.Achtemeier, *Inspiration*, S. 148.

[96] Vgl. J.Barr, *The Semantics of Biblical Language*, Oxford 1961 (London 1983), S. 187–200 und passim.

[97] Vgl. A.C.Thiselton, aaO, S. 414.

[98] Wir folgen hier vor allem der Klassifikation von A.C.Thiselton und R.Nicole.

[99] Aristoteles, *De Interpretatione* IX, 19a, 33; vgl. auch ebd., IV, 17a, 4; *Methaphysik*, 1011b,26ff.

[100] Vgl. R.Nicole, aaO, S. 296.

[101] H.Echternach, *Existenz*, S. 109 beschreibt Wahrheit als ontologischen Begriff, der einen werthaften Seinsverhalt ausdrückt: Wahrheit ist das Richtige, das auf den Menschen werthaft und beanspruchend zukommt und ihn in das hinter der Richtigkeit verborgene, wahre Sein einbezieht. Richtigkeit ist ein »logischer« Begriff und beschreibt die objektive Seite der Wahrheit: sie ist die Voraussetzung ihres Wahrwerdens. Für die Definition von Wahrheit im Sinne von sachlicher Angemessenheit und formaler Richtigkeit ist heute vor allem der Logiker A.Tarski wichtig (vgl. A.Tarski, »Der Wahrheitsbegriff in den formalisierten Sprachen«, *Studia philosophica*, 1, 1936; ders., *Die semantische Konzeption der Wahrheit und die Grundlagen der Semantik*, 1944).

[102] Vgl. I.H.Marshall, aaO, S. 54.

[103] Vgl. R.C.Sproul, aaO, S. 29–31 (zu Artikel XIII der *Chicago-Erklärung*,

deren Verwerfung lautet: »Wir verwerfen die Ansicht, daß es angemessen sei, die Schrift nach Maßstäben von Wahrheit und Irrtum zu bewerten, die ihrem Gebrauch und ihrem Zweck fremd sind. Wir verwerfen ferner die Ansicht, daß die Irrtumslosigkeit von biblischen Phänomenen wie dem Fehlen moderner technischer Präzision, Unregelmäßigkeiten in der Grammatik oder der Orthographie, beobachtungsgemäßer Beschreibungen der Natur, Wiedergabe von Unwahrheiten, Verwendung von Übertreibungen und runden Zahlen, thematischer Anordnung des Stoffes, unterschiedlicher Auswahl des Materials in Parallelberichten oder der Verwendung von freien Zitaten annulliert würde«.

[104] Vgl. I.H.Marshall, aaO, S. 58.

[105] H.Wildberger, *THAT* 1 (1971) 204.

[106] E.Troeltsch, »Über historische und dogmatische Methode in der Theologie« (1898), *Gesammelte Schriften*, II, Aalen 1981, S. 729–753. Zu Troeltsch vgl. jetzt auch W.J.Abraham, *Revelation*, 1982, S. 100–113.

[107] W.Joest, *Fundamentaltheologie*, S. 48.

[108] Für Einzelheiten vgl. H.Hempelmann, »Heilsgeschichte am Ende?«, S. 46–48.

[109] Für diesen und den folgenden Gedanken siehe A.Sierszyn, *Die Bibel im Griff? Historisch-kritische Denkweise und biblische Theologie*, Wuppertal 1978, S. 60–68; G.Maier, *Ende*, S. 18; G.Huntemann, *Reformation*, S. 53f.

[110] Vgl. H.Hempelmann, aaO, S. 54. Zum Begriff der Heilsgeschichte vgl. W.Künneth, »Mitte und Struktur biblischer Heilsgeschichte«, *Epochen der Heilsgeschichte*, hrsg. von H.Stadelmann, 1984, S. 30–38.

[111] Vgl. G.Maier, »Geleitwort«, ebd., S. 9f.

[112] Vgl. *Chicago-Erklärung*, Artikel V: »Wir bejahen, daß Gottes Offenbarung in der Heiligen Schrift progressiv war. Wir verwerfen die Ansicht, daß spätere Offenbarung, welche frühere Offenbarung erfüllen kann, diese jemals korrigiere oder ihr widerspräche. Wir verwerfen ferner die Ansicht, daß seit dem Abschluß des neutestamentlichen Kanon je normative Offenbarung gegeben worden wäre.« Vgl. dazu auch den Kommentar von R.C.Sproul, aaO, S. 14f.

[113] Zur Einheit und Vielfaltigkeit der Schrift vgl. den hervorragenden Artikel von D.A.Carson, »Unity and Diversity in the New Testament: The Possibility of Systematic Theology«, *Scripture and Truth*, hrsg. von D.A.Carson, 1983, S. 65–95.

[114] Vgl. G.Maier, *Heiliger Geist*, 1983, S. 13, 16, 18.

[115] Vgl. C.H.Pinnock, *Revelation*, S. 29–34; L.Morris, *Revelation*, S. 43f., 113–118; I.H.Marshall, aaO, S. 14.

[116] Vgl. J.Beumer, aaO, S. 2; C.H.Pinnock, aaO, S. 36.

[117] Dazu J.J.Bimson, *Redating the Exodus and Conquest*, Sheffield 1978 (1981). Vgl. auch R.Riesner, »Die Mauern von Jericho«, *Theologische Beiträge* 14 (1983) 79–87, bes. S. 83ff.

[118] Vgl. die instruktiven Ausführungen von D.J.Wiseman, K.A.Kitchen, A.R.Millard, Art. »Writing«, *The Illustrated Bible Dictionary*, London 1980, 3, S. 1657–1671.

119 Vgl. K.A.Kitchen, T.C.Mitchell, Art, »Chronology (OT)«, ebd., 1, S. 269–271; auch K.A.Kitchen, *Alter Orient und Altes Testament*, Wuppertal 1965, S. 19–23.

120 Zu Ebla vgl. P.Matthiae, *Ebla: An Empire Re-discovered*, London 1980; A. Archi, »The Epigraphic Evidence from Ebla and the Old Testament«, *Biblica* 60 (1979) 556–566; D.J.Wiseman, Art. »Ebla«, *Illustrated Bible Dictionary*, 1, S. 405–407; A.R.Millard, »Archaeology and Ancient Israel«, *Faith and Thought* 108 (1981) 53–62, bes. S. 53ff.

121 Vgl. G.Maier, *Ende*, S. 58f.

122 Zu den folgenden Ausführungen vgl. C.H.Pinnock, aaO, S. 165–170.

123 Vgl. I.H.Marshall, aaO, S. 14.

124 So vollkommen ehrlich W.J.Abraham, *Revelation*, S. 17.

125 So W.Joest, aaO, S. 51, 167f.

126 Vgl. C.H.Pinnock, aaO, S. 104.

127 Bei W.Joest führt diese Relativierung ganz konsequent zu einer Verbannung der Bibel aus der »Grundlagenproblematik« des christlichen Glaubens in die sekundäre »Methodenproblematik« (vgl. aaO, S. 52, These 1.4.1.: »Die Bedeutung des Bibelkanons ist eine die Begegnung mit dem Grund des Glaubens *vermittelnde* . . . , nicht jedoch eine den Glauben *begründende*. Darum gehört ihre positive fundamentaltheologische Erörterung nicht in die Grundlagenproblematik, sondern in die Methodenproblematik der Theologie«.

128 Vgl. G.Maier, aaO, S. 18.

129 Vgl. G.Huntemann, aaO, S. 53f.

130 Vgl. H.Echternach, aaO, S. 106–108; C.H.Pinnock, aaO, S. 92, 162, 176; G.Maier, aaO, S. 69; A.Sierszyn, *Wort Gottes*, S. 17, 21f.; P.D.Feinberg, »The Meaning of Inerrancy«, S. 282.

131 Vgl. B.B.Warfield, *Inspiration*, S. 162f.; J.I.Packer, *Fundamentalism*, S. 82; I.H.Marshall, aaO, S. 44f.

132 Wie P.Tillich, *Systematische Theologie*, ³1958, S. 138f., es tut.

133 Vgl. J.I.Packer, aaO, S. 83; C.H.Pinnock, S. 162, 176.

134 Vgl. G.Maier, aaO, S. 69; A.Sierszyn, aaO, S. 21; auch P.E.Hughes, »The Truth of Scripture and the Problem of Historical Relativity«, *Scripture and Truth*, 1983, S. 191f.

135 Darauf hat H.Echternach, »Inspiration«, *Theologische Beiträge* 9 (1978) 110 hingewiesen, dessen Ansatz bei der »allgemeinen«, d.h. dichterischen und künstlerischen »Inspiration« (ebd., S. 114–116) obigen Anliegen zu widersprechen scheint.

136 So jüngst I.H.Marshall, aaO, S. 46.

137 Vgl. C.H.Pinnock, aaO, S. 66; J.I.Packer, aaO, S. 4, 7, 77; ders., »The Adequacy of Human Language«, *Inerrancy*, 1980, S. 199; R.C.Sproul, *Explaining Inerrancy*, S. 18f.; G.Maier, *Heiliger Geist*, S. 13f. Artikel VII der *Chicago-Erklärung* lautet: »Wir bejahen, daß die Inspiration das Werk Gottes war, in dem er uns über seinen Geist, durch menschliche Schreiber, sein Wort gab. Die Schrift ist göttlichen Ursprungs. Der Modus der göttlichen Inspiration bleibt für uns größtenteils ein Geheimnis. Wir verwer-

fen die Ansicht, daß die Inspiration auf menschliche Einsicht oder auf gehobene Bewußtseinszustände irgendwelcher Art reduziert werden könne«. In der »Kurzen Erklärung« desselben Dokuments heißt es: »Gott, der selbst die Wahrheit ist und nur Wahrheit spricht, hat die Heilige Schrift inspiriert, um sich so der verlorenen Menschheit durch Jesus Christus zu offenbaren, der Schöpfer und Herr, Erlöser und Richter ist. Die Heilige Schrift ist Gottes Zeugnis von sich selbst.«

138 Vgl. J.I.Packer, »The Adequacy of Human Language«, S. 198.

139 Vgl. P.J.Achtemeier, *Inspiration*, 1980, S. 99–104; D.L.Bartlett, *Scope*, 1983, S. 11–42; J.Barr, *Escaping*, 1984, S. 20–32. Das erste Argument stammt von Achtemeier, die anderen vor allem von Barr.

140 Auf Einzelheiten kann hier selbstverständlich nicht eingegangen werden. Vgl. generell R.K.Harrison, *Introduction to the Old Testament*, London 1970; D.Guthrie, *New Testament Introduction*, London ³1975, und einschlägige evangelikale Kommentare zu den einzelnen biblischen Büchern.

141 Vgl. dazu L.Perlitt, »Mose als Prophet«, *Evangelische Theologie* 31 (1971) 588–608.

142 Vgl. dazu J.A.Fitzmyer, »David, ›Being Therefore a Prophet . . .‹«, *Catholic Biblical Quarterly* 34 (1972) 332–339.

143 Vgl. G.Liedke, C.Petersen, Art. *»tōrā«*, THAT 2 (1976) 1042f. (mit Lit.)

144 Vgl. J.Jeremias, Art. *»nabi«*, THAT 2 (1976) 21.

145 J.Barr, aaO, S. 27.

146 Die Beweise, die Barr anführt – Am 7,8; 8,2/9,14–15 (Gericht über Israel); Hes 26,9–14/29,18–20 (Gericht über Tyrus); Jer 22,19; 36,30/2 Kön 24,6 (Tod Jojakims) – sind nicht stichhaltig. Die Amosstellen beziehen sich auf die Verbannung bzw. endzeitliche Sammlung Israels. Die Hesekielperikopen lassen sich geschichtlich sehr wohl einordnen und verifizieren (vgl. G.L.Archer, *Encyclopedia of Bible Difficulties*, Grand Rapids 1982, S. 276f.), und die Aussagen Jeremias können ebenfalls ohne weiteres »harmonisch« verstanden werden (vgl. J.A.Thompson, *The Book of Jeremiah*, Grand Rapids ²1981, S. 480).

147 Vgl. D.L.Bartlett, aaO, S. 18–20.

148 Die orthodoxe Terminologie wird von H.Echternach, »Inspiration«, S. 117–120 als hilfreich aufgenommen. Wir beziehen uns im Folgenden auf ihn.

149 Vgl. W.J.Abraham, *Inspiration*, S.3f., 28, 34, 36, 70ff., 115; D.L.Bartlett, aaO, S. 3f.; J.Barr, aaO, S. 154; leider auch I.H.Marshall, aaO, S. 32.

150 So auch J.I.Packer, *Fundamentalism*, S. 79.

151 Vgl. L.Morris, *Revelation*, S. 92.

152 Vgl. dazu G.R.Lewis, »The Human Authorship of Inspired Scripture«, *Inerrancy*, 1980, S. 229–264.

153 Vgl. G.R.Lewis, aaO, S. 245–249.

154 E.Nida, *Message and Mission*, New York 1960, S. 90 gibt drei Gründe dafür an: (1) die Prozesse menschlichen Denkens und Urteilens (reasoning) sind unabhängig von kultureller Vielfalt im wesentlichen dieselben; (2)

alle Menschen haben einen ihnen gemeinsamen Erfahrungsbereich; (3) alle Völker besitzen die Fähigkeit, die symbolischen »Gitter« anderer Völker wenigstens etwas ihren eigenen Konzeptionen anzupassen.

[155] Vgl. J.I.Packer, »The Adequacy of Human Language«, S. 198.

[156] Vgl. die *Chicago-Erklärung*, Artikel VIII: »Wir verwerfen die Ansicht, daß Gott, indem er diese Schreiber gerade die Wörter gebrauchen ließ, die er haben wollte, dabei ihre Persönlichkeit ausgeschaltet habe«; dazu R.C.Sproul, aaO, S. 19f.

[157] Im angelsächsischen Raum bezeichnet man dieses Zusammenwirken von Mensch und Heiligem Geist mit dem Ausdruck »*concursive*« (bzw. »*concurrent*«); vgl. J.I.Packer, *Fundamentalism*, S. 80; C.H.Pinnock, aaO, S. 92; G.R.Lewis, aaO, S. 256; P.D.Feinberg, aaO, S. 282; I.H.Marshall, aaO, S. 40, 42.

[158] Vgl. G.R.Lewis, aaO, S. 241ff.

[159] Vgl. auch J.I.Packer, aaO, S. 78, 81.

[160] Vgl. J.I.Packer, aaO, S. 79f. und vor allem W.A.Grudem, »Scripture's Self-Attestation«, S. 53–57.

[161] Vgl. J.I.Packer, aaO, S. 89f.; C.H.Pinnock, aaO, S. 89–92; R.Pache, *Inspiration*, S. 65–71 (wo der Begriff »*inspiration verbale*« in nicht adäquater Weise mit »wortgemäßer Inspiration« übersetzt wird).

[162] Dies wird auch von J.Barr, *Fundamentalism*, S. 287 ausdrücklich betont (obwohl er selbst ein erklärter Gegner der Verbalinspiration ist).

[163] Vgl. C.H.Pinnock, aaO, S. 86–89; R.C.Sproul, aaO, S. 16–18.

[164] C.H.Pinnock, aaO, S. 87.

[165] Vgl. hierzu C.H.Pinnock, aaO, S. 81–86; G.L.Archer, »The Witness of the Bible to its Own Inerrancy«, *The Foundation of Biblical Authority*, hrsg. von J.M.Boice, 1978, S. 88f.; G.L.Bahnsen, »The Inerrancy of the Autographa«, *Inerrancy*, hrsg. von N.L.Geisler, 1980, S. 151–193; R.C.Sproul, *Explaining Inerrancy*, S. 23f.; J.D.Woodbridge, R.H.Balmer, »The Princetonians and Biblical Authority«, *Scripture and Truth*, hrsg. von D.A.Carson, 1983, S. 271–276. Wir schließen uns in den folgenden Ausführungen vor allem G.L.Bahnsen an.

[166] Vgl. oben S. 201 Anm. 34.

[167] Vgl. G.L.Bahnsen, aaO, S. 168f.

[168] Gegen J.Rogers, »The Church Doctrine of Biblical Authority«, *Biblical Authority*, 1977, S. 39 und andere.

[169] Vgl. die ausdrückliche diesbezügliche Bemerkung von B.B.Warfield, »The Inerrancy of the Original Autographs«, *Selected Shorter Writings of B.B.Warfield*, hrsg. von J.E.Meeter, Nutley 1973, II, S. 584.

[170] Es ist deshalb nicht zutreffend, wenn I.H.Marshall, *Inspiration*, S. 69 schreibt, daß bei der Unvollkommenheit des heutigen Textes ein weiteres Maß an Unsicherheit auf der Ebene des Urtextes die Situation auch nicht mehr viel ändere.

[171] Vgl. M.Silva, »The New Testament Use of the Old Testament«, S. 147f.

[172] Zum Bestand der Handschriften und den Methoden der Textkritik vgl. E.Würthwein, *Der Text des Alten Testaments: Eine Einführung in die Biblia*

Hebraica, Stuttgart ⁴1973; B.M.Metzger, *Der Text des Neuen Testaments: Eine Einführung in die neutestamentliche Textkritik,* Stuttgart 1966; K.Aland, B.Aland, *Der Text des Neuen Testaments: Einführung in die wissenschaftlichen Ausgaben sowie in Theorie und Praxis der modernen Textkritik,* Stuttgart 1982. Zum Zusammenhang von Urtext und Textkritik im Blick auf die Inspiration vgl. D.Stuart, »Inerrancy and Textual Criticism«, *Inerrancy and Common Sense,* hrsg. von R.Nicole, J.R.Michaels, Grand Rapids 1980, S. 97–117. G.Maier, *Ende,* S. 80f. zieht anstelle des Begriffs »Textkritik« das Wort »Textfindung« vor.

173 Aland, aaO, S. 282.

174 *Novum Testamentum Graece* von Nestle-Aland, 26. Auflage, 1979 (4. Druck 1981), und *Greek New Testament,* 3. Ausgabe 1975. Zum Herausgebergremium gehören K.Aland, M.Black, C.M.Martini, B.M.Metzger, A.Wikgren.

175 Vgl. J.I.Packer, *Fundamentalism,* S. 91.

176 Vgl. J.Barr, *Bible,* 1973, S. 23ff.; P.J.Achtemeier, *Inspiration,* S. 37, 159; auch J.D.G.Dunn, »Authority«, S. 114, der die Autorität der Bibel beschreibt als »a power that grasps the hearer, so that conscience, mind and will cry out, ›This is the Word of God‹«.

177 Vgl. dazu Artikel II der *Chicago-Erklärung:* »Wir bejahen, daß die Schrift die höchste, schriftliche Norm ist, durch welche Gott das Gewissen bindet, und daß die Autorität der Kirche der Autorität der Schrift untergeordnet ist. Wir verwerfen die Ansicht, daß kirchliche Bekenntnisse, Synoden oder Deklarationen eine die Autorität der Bibel übertreffende oder ihr gleichkommende Autorität hätten«.

178 Vgl. dazu J.I.Packer, »»Sola Scriptura‹ in History and Today«, *God's Inerrant Word,* hrsg. von J.W.Montgomery, 1974, S. 43–62; R.C.Sproul, »Sola Scriptura: Crucial to Evangelicalism«, *The Foundation of Biblical Authority,* hrsg, von J.M.Boice, 1978, S. 103–119.

179 Vgl. R.C.Sproul, aaO, S. 9.

180 Vgl. besonders C.H.Pinnock, aaO, S. 69–81; J.W.Montgomery, »Biblical Inerrancy: What Is at Stake?«, *God's Inerrant Word,* S. 15–42; J.M.Boice, *Does Inerrancy Matter?,* Oakland 1979; und vor allem P.D.Feinberg, »The Meaning of Inerrancy«, *Inerrancy,* 1980, S. 267–304, bes. S. 287–304, dem wir für die Definition und Qualifikation der gewählten Terminologie folgen.

181 Vgl. *Alle Welt soll sein Wort hören,* Lausanner Dokumente 1, Telos-Dokumentation 901, Neuhausen-Stuttgart 1974, S. 10. Für John Stotts Interpretation dieses Passus, die mit der oben genannten offenbar nicht übereinstimmt sondern in Richtung auf das klassische Verständnis der Unfehlbarkeit der Schrift zu tendieren scheint, vgl. J.R.W.Stott, »Die Lausanner Verpflichtung: Eine Auslegung und Erläuterung«, *Lausanne geht weiter,* Telos-Dokumentation 909, Neuhausen-Stuttgart 1980. S. 128f.

182 Vgl. G.C.Berkouwer, *Holy Scripture,* Grand Rapids 1975, S. 184–194 und passim; J.Rogers, »The Church Doctrine of Authority«, 1977, S. 17–46; D.Hubbard, »The Current Tensions«, ebd., S. 149–181; D.G.Bloesch, *Es-*

244

sentials of Evangelical Theology: God, Authority, and Salvation, San Francisco 1978, S. 67–70; anscheinend auch I.H.Marshall, Inspiration, S. 52f.,
65f.

[183] Für das Folgende vgl. P.D.Feinberg, aaO, S. 290f. Was den polymorphen
Begriff der Wahrheit betrifft, vgl. oben S. 133–135.

[184] Vgl. R.Knierim, Art. »šagag«, THAT 2 (1976) 871f., der K.Elliger, Handbuch zum Alten Testament, hrsg. von O.Eissfeldt, 4, S. 68 zitiert.

[185] Vgl. W.Bauer, Wörterbuch, col. 22; F.F.Bruce, The Epistle to the Hebrews,
Grand Rapids ⁸1978, S. 191 mit Anm. 46 (anders W. Schmithals, EWNT
1, 1980, S. 50).

[186] Vgl. G.Wahrig, Hrsg., Wörterbuch der deutschen Sprache, München 1982,
S. 810.

[187] Vgl. zum Beispiel die Definition von S.T.Davis, Debate, S. 23: »The Bible
is infallible if and only if it makes no false or misleading statements on
any matter of faith and practice.«

[188] So lautet die Verwerfung von Artikel XI der Chicago-Erklärung: »Wir
verwerfen die Ansicht, daß die Bibel unfehlbar sei und sich zugleich in
ihren Aussagen irren könne. Unfehlbarkeit und Irrtumslosigkeit können
zwar unterschieden, aber nicht getrennt werden.«

[189] Vgl. Arikel XV der Chicago-Erklärung: »Wir bejahen, daß die Lehre von
der Irrtumslosigkeit in der Lehre der Bibel über die Inspiration ihren
Grund hat.«

[190] Vgl. C.H.Pinnock, aaO, S. 176.

[191] Vgl. G.L.Archer, »The Witness of the Bible to its Own Inerrancy«, The
Foundation of Biblical Authority, hrsg. von J.M.Boice, 1978, S. 85–99.

[192] Wenn P.J.Achtemeier, Inspiration, S. 36 meint, der Mensch operiere in
anderen Bereichen des Lebens auch nicht mit dem Prinzip, daß ein einziger Fehler bzw. Irrtum alle anderen Aussagen oder Handlungen, die von
derselben Quelle kommen, völlig vertrauens-unwürdig sind, so ist darauf zu antworten, daß dieser Schluß von niemandem im Blick auf die Bibel gezogen worden ist. Lediglich die Möglichkeit weiterer Fehler und
Irrtümer wird als grundsätzlich gegeben dargestellt. Außerdem gibt es
sehr wohl Bereiche, in denen ein einziger noch so kleiner Fehler zu
grundsätzlicher Ungewißheit oder Fehlhaftigkeit führen kann (z.B. die
Gene, Computerprogramme).

[193] Vgl. die konsequenten Ausführungen von S.T.Davis, aaO, S. 71f., 76f.,
116, 120.

[194] Für das Folgende vgl. wieder P.D.Feinberg, aaO, S. 295–302.

[195] Wenn die Bibel zum Beispiel die Aussage enthielte, der Jordan fließe
vom See Genezareth über Jerusalem ins Mittelmeer, könnte man diese
Aussage durchaus als falsch widerlegen!

[196] Vielleicht gehören auch die sog. »Rachepsalmen« (Ps 69; 109; 137) in
diese Kategorie: sie können als menschlicher Aufschrei und Offenbarung des menschlichen Herzens (aber auch als prophetische Voraus-
schau auf den furchtbaren Zorn Gottes) verstanden werden; vgl.
G.Maier, Ende, S. 73.

197 Vgl. J.Jeremias, *Neutestamentliche Theologie*, Gütersloh ³1979, I, S. 38.

198 Vgl. dazu M.Silva, aaO, S. 147–165.

199 Vgl. jetzt auch C.H.Pinnock, »Inspiration and Authority: A Truce Proposal«, *The Other Side*, Mai/Juni 1976, S. 61–65.

200 Vgl. W.A.Grudem, aaO, S. 368 (vgl. Anm. 84).

201 So J.I.Packer, *Fundamentalism*, S. 100.

202 Vgl. C.H.Pinnock, *Revelation*, S. 79f., 171f.

203 J.I.Packer, »Infallible Scripture and the Role of Hermeneutics«, *Scripture and Truth*, hrsg. von D.A.Carson, 1983, S. 351.

204 Vgl. Artikel XIV der *Chicago-Erklärung:* »Wir bejahen die Einheit und innere Übereinstimmung der Heiligen Schrift. Wir verwerfen die Ansicht, daß angebliche Fehler und Diskrepanzen, die noch nicht gelöst wurden, den Wahrheitsanspruch der Bibel hinfällig machten.« Zum Folgenden vgl. J.I.Packer, »Upholding the Unity of Scripture Today«, *Journal of the Evangelical Theological Society* 25 (1982) 409–414; D.A.Carson, »Unity and Diversity in the New Testament: The Possibility of Systematic Theology«, *Scripture and Truth*, S. 65–95.

205 Vgl. W.Bauer, *Rechtgläubigkeit und Ketzerei im ältesten Christentum*, Tübingen ²1964; J.D.G.Dunn, *Unity and Diversity in the New Testament: An Enquiry into the Charakter of Earliest Christianity*, London 1977.

206 Vgl. zum Beispiel C.Westermann, *Theologie des Alten Testaments*, Göttingen 1978, S. 5–8; W.G.Kümmel, *Die Theologie des Neuen Testaments nach seinen Hauptzeugen*, Göttingen ⁴1980, S. 14–19, 286–295; W.Lohff, »Zur Einführung: Über die Möglichkeit, Theologie im Überblick darzustellen«, *Wissenschaftliche Theologie im Überblick*, hrsg. von W.Lohff, F.Hahn, Göttingen 1974, S. 5–12; G.Strecker, Hrsg., *Das Problem der Theologie des Neuen Testaments*, Darmstadt 1975. Ausnahmen sind in Deutschland H.Gese, *Zur biblischen Theologie: Alttestamentliche Vorträge*, BEvTh 78, München 1977 und P.Stuhlmacher, *Schriftauslegung auf dem Wege zur biblischen Theologie*, Göttingen 1975 in Tübingen.

207 Vgl. dazu J.I.Packer, »An Evangelical View of Progressive Revelation«, *Evangelical Roots*, hrsg. von K.S.Kantzer, Nashville 1978, S. 143–158.

208 D.A.Carson, aaO, S. 81f.

209 Im Bereich des NT versucht dies D.Guthrie, *New Testament Theology*, Leicester 1981, einem Werk von über tausend Seiten. Für eine gesamtbiblische Theologie vgl. G.Vos, *Biblical Theology: Old and New Testaments*, Grand Rapids 1948 (=1975).

210 Vgl. C.H.Pinnock, *Revelation*, S. 97–101; W.C.Kaiser, »Legitimate Hermeneutics«, *Inerrancy*, S. 128–130.

211 Vgl. O.Weber, *Grundlagen*, I, S. 310, der M.Kähler zitiert.

212 Vgl. G.Maier, *Das Ende der historisch-kritischen Methode*, Wuppertal ²1975; ders., *Wie legen wir die Schrift aus?*, Gießen/Basel ²1982; ders., *Heiliger Geist und Schriftauslegung*, Wuppertal 1983.

213 Vgl. auch W.C.Kaiser, aaO, S. 117–147; C.H.Pinnock, aaO, S. 208–227; J.I.Packer, »Infallible Scripture and the Role of Hermeneutics«, S. 325–356.

246

[214] Vgl. J.I.Packer, aaO, S. 353f. Wir können I.H.Marshall, *Inspiration*, S. 90f. nicht zustimmen, wenn er betont, daß unser Schriftverständnis im Licht der Ergebnisse der Bibelwissenschaft je nach dem modifiziert werden muß. Wenn er erklärt, es sei gefährlich, eine Schrifthaltung einzunehmen, welche die Ergebnisse von »ehrlicher, unvoreingenommener Forschung« ignoriert, müssen wir darauf hinweisen, daß es eine »unvoreingenommene« (unbiased) Exegese nicht gibt: »biblical criticism« ist nicht neutral-objektiv, sondern geht von ganz bestimmten Voraussetzungen aus. Ein adäquates Schriftverständnis ist nicht induktiv zu erreichen – da müßte es alle paar Jahre modifiziert werden –, sondern deduktiv abzuleiten (vgl. oben, 1.).

[215] Vgl. G.Maier, *Heiliger Geist*, S. 31–36; J.I.Packer, »Infallible Scripture«, S. 349–353. Zu Punkt 3 vgl. I.H.Marshall, »Historical Criticism«, *New Testament Interpretation*, hrsg. von I.H.Marshall, Exeter 1977, S. 132f. (Marshall ist in diesem von evangelikalen Theologen geschriebenen Aufsatzband leider der einzige, der die Konsequenzen der Schriftinspiration für das Gebiet der Interpretation zu bedenken versucht).

[216] G.Maier, *Schrift*, S. 40; Vgl. J.I.Packer, aaO, S. 349f.

[217] Vgl. G.Maier, aaO, S. 27f.

[218] Vgl. J.I.Packer, aaO, S. 354.

[219] Vgl. G.Maier, *Ende*, S. 10f., 22–37, 43–45; ders., »Einer biblischen Hermeneutik entgegen?«, *Theologische Beiträge* 8 (1977) 152f.; ders., *Schrift*, S. 36f.

[220] Vgl. J.I.Packer, aaO, S. 350.

[221] Für eine Darlegung der exegetischen Methoden im Bereich der historisch-kritischen Theologie vgl. J.Schreiner, Hrsg., *Einführung in die Methoden der biblischen Exegese*, Würzburg 1971; H.Barth, O.H.Steck, *Exegese des Alten Testaments: Leitfaden der Methodik*, Neukirchen ⁵1974; K.Berger, *Exegese des Neuen Testaments*, UTB 658; Heidelberg 1977; I.H.Marshall, Hrsg., *New Testament Interpretation: Essays in Principles and Methods*, Exeter 1977; K.Koch, *Was ist Formgeschichte? Methoden der Bibelexegese*, Neukirchen ⁴1981; H.Zimmermann, *Neutestamentliche Methodenlehre: Darstellung der historisch-kritischen Methode*, Stuttgart ⁷1982; G.Fohrer et al., Hrsg., *Exegese des Alten Testaments: Einführung in die Methodik*, UTB 267; Heidelberg ⁴1983.

[222] Vgl. G.Maier, *Ende*, S. 84.

[223] Vgl. besonders D.A.Carson, »Redaction Criticism: On the Legitimacy and Illegitimacy of a Literary Tool«, *Scripture and Truth*, hrsg. von D.A.Carson, 1983, S. 119–142.

[224] Vgl. D.A.Carson, aaO, S. 140.

[225] Vgl. dazu J.I.Packer, *Fundamentalism*, S. 107–110; C.H.Pinnock, aaO, S. 175–206; G.L.Archer, *Encyclopedia of Bible Difficulties*, 1982, S. 15–17.

[226] So K.Berger, aaO, S. 207.

[227] Die Krise in Theologie und Kirche wurde von evangelikaler Seite wiederholt dokumentiert: vgl. G.Bergmann, *Kirche am Scheideweg: Glaube oder Irrglaube*, Gladbeck 1967; K.Bockmühl, *Atheismus in der Christen-*

heit. *Teil I: Die Unwirklichkeit Gottes in Theologie und Kirche,* Wuppertal 1969; H.Brown, *Kirche im Ausverkauf? Protest eines beunruhigten Protestanten,* Gießen/Basel 1970; H.Frey, *Die Krise der Theologie,* Wuppertal ²1972; J.Motschmann, F.-W.Künneth, Hrsg., *Das neue Rotbuch Kirche,* Stuttgart 1978; G.Huntemann, *Die verratene Reformation,* Bremen 1983.

[228] P.Stuhlmacher, »Zum Thema ›Hermeneutik‹«, *Communio Viatorum* 23 (1980) 181f.

[229] Vgl. besonders K.Bockmühl, *Glauben und Handeln: Beiträge zur Begründung evangelischer Ethik,* Gießen/Basel 1975, S. 30–49; G.Huntemann, *Der verlorene Maßstab: Gottes Gebot im Chaos dieser Zeit,* Bad Liebenzell 1983, S. 14–41.

[230] Vgl. G.Huntemann, aaO, S. 24ff.

[231] So auch N.H.Söe, *Christliche Ethik,* München ²1957, S. 86, zitiert bei K.Bockmühl, aaO, S. 30.

[232] K.Bockmühl, aaO, S. 38–41 schildert diesen Prozess am Beispiel von Helmut Thielicke.

[233] D.M.Lloyd-Jones, *Preaching and Preachers,* Grand Rapids ⁴1974, S. 13. Vgl. auch J.M.Boice, »The Preacher and God's Word«, *The Foundation of Biblical Authority,* 1978, S. 126; auch L.Newbigin, »Text and Context: The Bible in the Church«, *Theological Review* 5 (1982) 6.

[234] Zum Folgenden vgl. J.M.Boice, aaO, S. 127–141; J.R.W.Stott, *I Believe in Preaching,* London 1982 (³1982!), S. 96–109.

[235] Im angelsächsischen Raum nennt man dies »*expository preaching*«, wörtlich »erklärendes«, d.h. am Text entlanggehendes Predigen.

[236] »The Seoul Declaration: Toward an Evangelical Theology for the Third World«, abgedruckt in *International Bulletin of Missionary Research* 7/2 (1983) 64f. (besonders in Punkt 3: »Our Biblical Foundation« und am Ende von Punkt 4: »Our Theological Agenda«).

[237] Cf. B.R.Ro, R.Eshenaur, Hrsg., *The Bible and Theology in Asian Contexts: An Evangelical Perspective on Asian Theology,* Taichung 1984, S. 3–19, hier S. 5.

[238] Vgl. B.J.Nicholls, »Towards a Theology of Gospel and Culture«, *Gospel and Culture,* hrsg. von J.R.W.Stott, R.T.Coote, 1979, S. 74f.

[239] So in Punkt 2c des *Willowbank-Report* (auf deutsch abgedruckt in *Lausanne geht weiter* 1980, S. 46; die deutsche Übersetzung ist an dieser wie leider auch an anderen Stellen völlig ungenügend). Das in Anm. 237 genannte Buch ist der Sammelband der auf der in Willowbank abgehaltenen Konsultation über Evangelium und Kultur (der Report ist abgedruckt auf S. 433–461).

[240] So in Punkt 1 der »Frankfurter Erklärung zur Grundlagenkrise der Mission«, die maßgeblich von P.Beyerhaus formuliert wurde. Abgedruckt in *Informationsbrief* Nr. 50 der Bekenntnisbewegung »Kein anderes Evangelium«, Juni 1975; vgl. auch *Weg und Zeugnis,* hrsg. von R.Bäumer et al., Bad Liebenzell/Bielefeld 1980, S. 203–208.

[241] Vgl. C.H.Pinnock, *Revelation,* S. 128.

FREMD- UND FACHWÖRTERERKLÄRUNG

Adiaphora   Mitteldinge, ethisch indifferente Dinge

Akkomodation   Anpassung, Angleichung

anthropozentrisch   den Menschen in den Mittelpunkt stellend

Antilegomena   Bücher des NT, deren Aufnahme in den Kanon früher umstritten war

aposteriorisch   oder *a posteriori:* aus der Wahrnehmung gewonnen, nachträglich

apriorisch   oder *a priori:* von der Erfahrung unabhängig, von vornherein

Authentizität   Echtheit, Zuverlässigkeit, Glaubwürdigkeit

Autographen   Urschriften, Originalschriften der Verfasser

Axiom   ohne Beweis anerkannter, geforderter Grundsatz

Biblizismus   Haltung, welche die Bibel in allen ihren Teilen als autoritatives Wort Gottes versteht und ihr für die jeweilige Gegenwart unmittelbar verpflichtende Geltung beimißt; in der kritischen Theologie meist abschätzig gebraucht

Christologie   Lehre von Jesus Christus

christozentrisch   Jesus Christus in den Mittelpunkt stellend

deduktiv   vom Allgemeinen ausgehend, durch Ableitung beweisend

deskriptiv   beschreibend

Ekklesiologie   Lehre von der Kirche

Epistemologie   Wissenslehre, Erkenntnistheorie

Eschatologie   Lehre von den letzten Dingen, von der Endzeit

Evidenz   Augenscheinlichkeit, Deutlichkeit, das Einleuchtende, Offenbare

existentialistisch   zur Existentialphilosophie gehörig

explizit   erklärt, ausdrücklich dargestellt (im Gegensatz zu implizit)

Gnosis (gnostisch)   frühchristliche, jüdisch-hellenistische Irrlehre, die scharf zwischen Gott und Welt, Materie und Geist unterschied und Erlösung durch besondere »Erkenntnis« (griech. »Gnosis«), d.h. durch philosophische Spekulation, lehrte

Hermeneutik   Lehre vom Verstehen, Theorie der Bibelauslegung

Heteronomie   heteronom, Fremdgesetzlichkeit, sich einem anderswoher kommenden Gesetz beugend (im Gegensatz zur Autonomie)

Hypostase   Vergegenständlichung eines nur in Gedanken existierenden Begriffs; Personifizierung göttlicher Eigenschaften

Illumination   Erleuchtung; Einstrahlung ewiger Wahrheiten in den menschlichen Geist (Augustin)

implizit   inbegriffen, eingeschlossen, mitgemeint

inadäquat   nicht passend, nicht entsprechend

induktiv   vom Einzelnen zum Allgemeinen hinführend (im Gegensatz zu deduktiv)

Inkarnation   Fleischwerdung, Menschwerdung Jesu

Inverbation   Wortwerdung des Geistes Gottes

Kondeszendenz   die gnädige Herablassung Gottes (zu seinen Geschöpfen)

Konjektur   hypothetisch angenommene, als richtig angesehene Lesart, im Grundtext ohne handschriftliche Belege

Konsensus   Zustimmung, Einwilligung, Übereinstimmung

Kontext   umgebender Text (Zusammenhang) einer Bibelstelle

Korrespondenz   Übereinstimmung

Locus (pl. Loci)   von lat. Ort, Stelle; Grundlehre der Dogmatik

Matrix   geordnetes Schema, für das bestimmte Regeln gelten

Metapher   durch einen Vergleich zustande kommender bildlicher, übertragener Ausdruck

monergistisch   aus einer einzigen Wirkungskraft (griech. »Energeia«) hervorgehend; im 7. Jh. zur Betonung von einer einzigen gottmenschlichen Wirkungskraft (Willen) in Christus gebraucht

Normativität   Maßgeblichkeit, Verbindlichkeit

phänomenologisch   das Gegebene, die Phänomene betreffend

Postulat   sachlich oder denkerisch notwendige Annahme, die unbeweisbar, aber durchaus glaubhaft und einsichtig ist

präskriptiv   vorschreibend, verordnend

Primat   Vorrang, Vorherrschaft

Rationalismus   im 18. Jh. entstandene Geisteshaltung, welche die menschliche Vernunft (lat. »ratio«) als einzig maßgebliche Erkenntnisquelle betrachtet

Repristination   Wiederherstellung von etwas Früherem

Soteriologie   Lehre von der Erlösung

Subjektivität   persönliche Auffassung, Eigenart

Suffizienz   Hinlänglichkeit, völliges Ausreichen

Syllogismus   der aus drei Urteilen bestehende Schluß vom Allgemeinen auf das Besondere

Symbol   Sinnbild

Synoptiker   die drei ersten Evangelisten, deren Evangelien im Aufbau weitgehend übereinstimmen

Theopneustie   göttliche Einhauchung

PERSONENVERZEICHNIS

251

BIBELSTELLENREGISTER

Altes Testament

Genesis	
1–2	128
1,1	110,127
1,3	132
1,6ff.	132
1,26	75,128
1,27	128
1,28	128
2,2	125
2,17	129
2,19–20	128
2,24	123,125
3,6–7	129
3,8–19	130
3,8	128
3,22	130
5,1	127
6,6	112,113
6,7	112,113
6,18	130
17,2–4	131
22,18	126
24,27	135
24,67	112
32,10	135
38,12	112
42,16	135

Exodus	
3,6	126
3,14	110
3,15–16	126
4,16	115
6,18	176
17,4	141
18,21	135
20,1–2	169
20,4	109
20,16	159
24,3–4	114
24,4	141

24,12	114,120,141
30,3–17	131
31,18	114,120
32,12	112
32,14	112
32,16	114
34,6	111,135
34,27–28	114,120, 234
34,27	141

Leviticus	
4,2	170
4,22	170
4,27	170
5,15	170
11,44	159
19,2	111

Numeri	
15,27–29	170
23,19	111,112,114, 159
24,2	115
24,2–4	120
33,2	141

Deuteronomium	
1,1	114
4,2	114,127,160, 164
4,13	114
5,10	111
10,4	114
12,32	114,160,164
13,1	114
13,1–2	115
13,1–5	116
17,18	164
18,15	150
18,18	150

18,22	116
19,20	115
24,1	141
25,4	127
28,58	114
28,61	114
30,10	141
30,14	114
31,19	141
31,22	141
32,4	111
34,10	150

Josua	
8,31–41	114
20,3	170
20,9	170
21,45	113
23,14–15	113
24,14	135
24,26	114,163

Richter	
3,4	163
21,6	112
21,15	112

1. Samuel	
2,8	172
6,20	111
15,11	112,113
15,29	112,114
15,35	112,113

2. Samuel	
2,6	135
7,4	115
7,28	113
13,39	112
22,31	114
23,1–3	116

23,2	115,163	Psalmen		119,96	114,158
24,16	112	1,2	114	119,118	170
		2,1–2	125	119,137	111,113
1. Könige		4,11	201	119,140	114,158
2,3	164	8,6	128	119,160	113,114,
2,4	135	12,7	113,158		159,174
8,26	113	15,2	135	121,4	109
8,27	109	16,10	125	136	111
8,56	113	18,31	114,158	137	245
17,24	113	19,5–7	177	139	109
		19,8	113,114	139,1–4	110
2. Könige		19,9	113	143,10	109
21,9	171	19,13	170	145,18	135
22	164	25,10	111,135	147,18	118
22,7	135	31,6	111,133	148,8	118
24,6	242	33,4	113		
		33,6	109	Sprüche	
1. Chronik		36,6	111		
16,34	111	36,10	109	8,8	114,159
17,23	113	40,11–12	135	12,19	135
28,9	110	69	245	30,5	114,159,174
		69,25	125	30,6	164
2. Chronik		78,5	114		
1,9	113	78,10	114	Prediger	
6,17	113	82,6	126	3,14	127
33,9	171	85,11	135		
35,22	115	89,35	114	Jesaja	
36,12	115	89,36	114	2,1	116
36,21–22	115	90	109	5,24	114
		90,2	110	6,3	111
Esra		93,5	113	6,6–9	115
1,1	115	94,8–11	110	6,8	115
7,14	164	95,7–11	125	6,9–10	125
9,15	111	102,27–28	110	7,1ff.	151
		109	245	7,14	125
Nehemia		109,8	125	7,18ff.	151
8,8	164	110,1	123,125,126	8,1	152,163
9,6	110	110,4	112	8,16	152
9,8	111	115,3	110	8,20	164
9,13	113	117,2	135	10,5ff.	151
9,30	115	119,1ff.	114	11,24	118
		119,10	170	28,29	111
Hiob		119,21	170	30,1ff.	151
9,12	110	119,43	113	30,2	115
19,4	170	119,66f.	170	30,8	163
37,16	110	119,89	114,159	30,9	114